教育部人文社会科学重点研究基地重大项目"东北亚地区跨境合作开发与东北边疆安全战略研究"（2009JJD810008）

吉林省教育厅"十二五"社会科学研究规划项目"朝鲜经济改革动向及中朝经贸合作研究"（吉教科文合字〔2015〕第350号）

东北亚研究丛书

东北沿边地区开发开放战略研究

STUDY ON THE STRATEGY FOR
DEVELOPMENT AND OPENING UP IN BORDER AREAS
IN NORTHEAST CHINA

衣保中 等 著

社会科学文献出版社
SOCIAL SCIENCES ACADEMIC PRESS (CHINA)

摘　要

本书立足区域经济联动发展的可度量性，科学设计东北沿边地区与腹地联动发展的评价指标，通过对东北沿边地区与腹地联动发展的现状分析、联动发展不足的成因分析，提出推进东北沿边地区与腹地联动发展的对策。从联动模式、经济社会和政府政策三个层面开展联动发展的战略研究，提出相应的对策和政策建议。首先，提出东北沿边地区开发开放，必须发挥边境口岸的前沿优势和窗口作用，大胆创新跨境合作模式，提升开放水平，在对外合作的体制机制上勇于先行先试，力争在国际合作中实现突破；其次，探讨边疆经济与社会协调发展的机制和对策，提出东北沿边地区开发开放与社会和谐发展的战略构想；最后，分析生态环境制约因素，提出应建立环境影响评价机制，实施生态环境可持续发展战略。在上述论述的基础上，提出东北地区沿边口岸开发开放战略、东北沿边地区开发开放与生态环境可持续发展战略、中俄跨境区域经济合作战略、长吉图开发开放先导区发展战略、图们江地区开发开放与边疆安全战略，使本书的研究具有现实意义。

Abstract

On the premise that integrated development of regional economy is quantifiable, this study works out a scientific index system to assess the integrated development of the border areas in Northeast China and its hinterland, and analyzes the current situation of the integrated development and the reasons why it is lacking in interaction and coordination. Countermeasures and policy suggestions are put forward based on these analyses and examination of the integrated development from three perspectives, i. e. integrating patterns, society – economy and government policy. Firstly, in order for the border areas in Northeast China to open – up and develop, it is advisable to give full play to the advantages of its being the frontier and window, to innovate trans – territory cooperation patterns and expand the opening – up, to be the first mover in new institutional mechanism of cooperation, and to strive to achieve breakthrough in international cooperation. Secondly, the mechanism and countermeasures are discussed for border area's economy and society to develop in coordination. A strategic vision of the ports' opening – up and development being in harmony with the societal development in Northeast China is drawn up in this study. Lastly, restraining ecological factors are analyzed, and it is prudent to establish a mechanism of environmental impact assessment and to implement sustainable development. Based on above – mentioned argument, a series of strategies are formulated, demonstrating the practical significance of this study. The strategies are as follow: opening – up and development strategy for border area in Northeast China, sustainable development strategy for development and ecological environment in Northeast China's border area, Sino – Russian trans – territory economic cooperation strategy, opening – up and development strategy for Chang – Ji – Tu pilot zone, development and border security strategy for Tumenjiang River.

目　录

导论：东北沿边地区开发开放的战略思路 ……………………… 1

第一章　相关概念和理论研究综述 ……………………………… 4
    一　相关概念 …………………………………………………… 4
    二　相关经济理论 ……………………………………………… 9
    三　研究现状 …………………………………………………… 14

第二章　东北沿边地区与腹地联动发展战略 …………………… 19
    一　沿边地区与腹地联动发展的评价指标设计 ……………… 19
    二　东北沿边地区与腹地联动发展的现状分析 ……………… 22
    三　东北沿边地区与腹地联动发展不足的成因分析 ………… 37
    四　推进东北沿边地区与腹地联动发展的对策 ……………… 43

第三章　东北地区沿边口岸开发开放战略 ……………………… 52
    一　辽宁省沿边口岸开发开放战略 …………………………… 52
    二　吉林省延边口岸建设与发展战略 ………………………… 60
    三　黑龙江省绥芬河口岸跨境经济合作战略 ………………… 70
    四　黑龙江省其他重要口岸开发开放战略 …………………… 89
    五　内蒙古满洲里口岸开发开放战略 ………………………… 110

第四章　东北沿边地区开发开放与生态环境可持续发展战略 …… 120
    一　可持续发展战略对东北沿边地区开发开放的意义 ……… 120
    二　东北沿边地区资源环境可持续发展的战略思路 ………… 121

三　东北沿边地区实施可持续发展战略的对策建议 …………… 127

第五章　中俄跨境区域经济合作战略 ……………………………… 133
一　中俄跨境区域经济合作的战略路径选择 …………………… 133
二　基于地缘结合模式的中俄跨境区域合作战略 ……………… 139
三　"飞地经济"模式与中俄毗邻地区经济合作战略 ………… 146
四　建立中俄自由贸易区的战略构想 …………………………… 152
五　黑瞎子岛中俄自由贸易区的战略构想与对策 ……………… 157

第六章　长吉图开发开放先导区发展战略 ………………………… 164
一　创新沿边开发开放模式，推进长吉图开发开放先导区战略 … 164
二　长吉图开发开放先导区与朝鲜罗先特别市联动发展战略 … 169
三　长吉图开发开放先导区海关特殊监管区发展战略 ………… 176
四　加强图们铁路通道建设的战略对策 ………………………… 181
五　以跨境旅游业为突破口推进图们江跨境区域合作 ………… 184
六　以开放促转型，创新对外经济合作模式 …………………… 189

第七章　图们江地区开发开放与边疆安全战略 …………………… 194
一　地缘政治与边疆安全问题 …………………………………… 194
二　图们江地区对外开放对边疆安全的影响 …………………… 199
三　促进图们江地区和谐稳定的战略对策 ……………………… 207
四　加强边疆地区安全预警机制的建议 ………………………… 221

参考文献 …………………………………………………………… 223

后　记 ……………………………………………………………… 227

Contents

Introduction: Strategic Thought of the Development and Opening up in Border Areas in Northeast China / 1

Chapter 1   Summary of Related Concepts and Theories / 4
   1. Related Concepts / 4
   2. Related Economic Theories / 9
   3. Summary of Related Research / 14

Chapter 2   Strategy for Interactive Development of Border and Central Areas in Northeast China / 19
   1. Evaluation Index Design for Interactive Development of Border and Central Areas / 19
   2. Current Status Analysis of Interactive Development of Border and Central Areas in Northeast China / 22
   3. Analysis on Factors Restricting Interactive Development of Border and Central Areas in Northeast China / 37
   4. Countermeasure for Promoting the Interactive Development of Border and Central Areas in Northeast China / 43

Chapter 3   Strategy for Development and Opening up of Border Ports in Northeast China / 52
   1. Strategy for Development and Opening up of Border Ports in Liaoning Province / 52

2. Strategy for Construction and Development of Yanbian Port of Jilin Province / 60

3. Strategy for Cross Border Economic Cooperation in Suifenhe Port of Heilongjiang Province / 70

4. Strategy for Development and Opening up of other Major Border Ports of Heilongjiang Province / 89

5. Strategy for Development and Opening up of Manzhouli Port of Inner Mongolia Autonomous Region / 110

Chapter 4 Development and Opening up in Border Areas in Northeast China and the Strategy of Sustainable Development of Ecological Environment / 120

1. The Significance of Sustainable Development Strategy for the Development and Opening up in Border Areas in Northeast China / 120

2. The Strategy of Sustainable Development of Resources and Environment in Border Areas in Northeast China / 121

3. Countermeasures and Suggestions for Sustainable Development Strategy in Border Areas in Northeast China / 127

Chapter 5 Strategy for Sino – Russian Cross – Border Regional Economic Cooperation / 133

1. Strategic Path Selection for Sino – Russian Cross – Border Regional Economic Cooperation / 133

2. Strategy for Sino – Russian Cross – Border Regional Economic Cooperation Based on Geopolitical Combination Mode / 139

3. Enclave Economy Mode and Strategy for Sino – Russian Cross – Border Regional Economic Cooperation / 146

4. Strategic Conception of the Establishment of Sino – Russian Free Trade Zone / 152

5. Strategic Conception and Countermeasure of Bolshoy Ussuriysky Island Free Trade Zone between China and Russia / 157

Chapter 6   Pilot Area Development Strategy for Development and Opening up of Changchun – Jilin – Tumen / 164
1. Innovating the Mode for Development and Opening up in Border Areas and Promoting Pilot Area Development Strategy in Changchun – Jilin – Tumen / 164
2. Strategy for Interactive Development of Changchun – Jilin – Tumen Pilot Area and Rason / 169
3. Development Strategy for Special Customs Controlling Zone of Changchun – Jilin – Tumen Pilot Area / 176
4. Countermeasures for Strengthening of Railway Passage Construction in Tumen / 181
5. Taking Cross – Border Tourism Industry as a Breakthrough to Promote Cross – Border Regional Cooperation in Tumen / 184
6. Promoting Transformation through Opening up and Innovating Foreign Economic Cooperation Mode / 189

Chapter 7   Development and Opening up in Tumen and Strategy of Border Security / 194
1. Geopolitics and Border Security / 194
2. Impact of Opening up in Tumen on Border Security / 199
3. Strategic Countermeasure for Promoting Harmony and Stability in Tumen / 207
4. Suggestion for Strengthening Safety Warning System in Border Areas / 221

References / 223

Postscript / 227

导论：东北沿边地区开发开放的战略思路

传统意义上的东北地区，包括东北三省和内蒙古东部地区。东北地区位于东北亚腹心之地，周边与蒙古国、俄罗斯、朝鲜有漫长的陆地边界，隔海与韩国、日本相望，是我国面向东北亚区域对外开放的前沿阵地。中央实施东北老工业基地振兴战略以来，东北沿边地区发挥地缘优势，积极参与东北亚区域合作，跨境区域合作全面展开，经济开放程度不断提高。尤其是自2009年以来，伴随着《辽宁沿海经济带发展规划》《中国图们江区域合作开发规划纲要》的批准实施，《中国东北地区面向东北亚区域开放规划纲要（2012~2020年）》已经启动，《中国东北地区同俄罗斯远东及东西伯利亚地区合作规划纲要（2009~2018年）》《朝中罗先经济贸易地带和黄金坪岛经济地带共同开发计划纲要》等双边合作开发规划也开始实施，东北地区面向东北亚的开放迎来了新的大发展时期。目前，尽管东北亚局势复杂多变，但伴随着经济全球化和区域经济一体化进程的加快，东北亚区域合作也在不断推进。中日韩自由贸易区谈判已经启动，俄罗斯加入世贸组织后积极推进远东地区开发开放，朝鲜、蒙古国与中国的经济合作态度也日趋积极。国家发改委编制的《东北振兴"十二五"规划》和《全国老工业基地调整改造规划（2013~2022年）》都把提升对外开放水平和扩大对外开放作为重要战略任务。在新的形势下，贯彻实施《辽宁沿海经济带发展规划》《中国图们江区域合作开发规划纲要》等国家战略规划，充分利用国家赋予的先行先试权利，推进东北地区对外开放的体制机制创新，加快满洲里开发开放试验区、中国图们江区域（珲春）国际合作示范区以及东北各地海关特殊监管区等开放平台建设，在借港出海、跨境合作以及国际产业转移等方面取得重点突破，都是亟待研究和解决的重大课题。

东北沿边地区开发开放战略的总体思路，是以科学发展观为统领，以转变经济发展方式为主线，坚持统筹国际与国内两个市场，实现沿边与腹地联动发展、经济与社会协调发展、区域开发与生态环境可持续发展，把东北地区建设成为经济繁荣、社会发展、民族团结，具有和谐、稳定和可持续发展能力的对外开放前沿地带。根据东北边疆地区以及东北亚周边安全环境的特点，东北沿边地区开发开放应该坚持腹地中心城市与边境口岸联动发展、在沿边地区推进跨境经济合作以及经济、社会、环境协调发展和可持续发展的战略思路。

加快东北沿边地区开发开放是振兴东北老工业基地战略的重要组成部分，同时也是对外开放战略下东北地区参与和加强国际合作、提升国际竞争力的必然要求。但是，在东北沿边地区开发开放过程中存在一些困难和问题，如除个别重要沿边城市外，近年来多数沿边地区发展相对缓慢，出现人口内迁、边境日益萧条等问题，沿边地区与腹地发展失衡的形势日趋严峻；周边地区复杂多变的国际环境和地缘政治造成双边交往层次不深，地区形势不稳定，经贸往来过多地依赖资源性贸易和边境小额贸易；沿边口岸城市的窗口作用发挥不足，缺少与内陆腹地的协调互动；等等。为了解决东北沿边地区与腹地发展不平衡的问题，近年来我国先后批准实施了《辽宁沿海经济带发展规划》《中国图们江区域合作开发规划纲要》，其战略意图是通过沿海带动内地，腹地中心城市支持沿边地区开发开放，为解决边疆与内地发展不平衡问题提供新的发展路径。

东北沿边地区6000多公里的边境线上分布着50多个口岸，其中中朝边境沿线的丹东、图们、圈河等口岸，以及中俄边境沿线的珲春、东宁、绥芬河、饶河、抚远、同江、黑河、满洲里等口岸都是我国东北地区重要的对外经贸通道和窗口。东北沿边地区开发开放，必须发挥边境口岸的前沿优势和窗口作用，大胆创新跨境合作模式，提升开放水平，在对外合作的体制机制上勇于先行先试，力争在国际合作中实现突破。通过支持中国图们江区域（珲春）国际合作示范区建设和内蒙古满洲里重点开发开放试验区建设，实施《中国东北地区面向东北亚区域开放规划纲要（2012～2020年）》，落实《中国东北地区同俄罗斯远东及东西伯利亚地区合作规划纲要（2009～2018年）》和《朝中罗先经济贸易地带和黄金坪岛经济地带共同开发计划纲要》，是东北沿边地区开发开放的战略重点。

伴随着开放度和自由度的提高，以及边境地区外来人流和物流的增加，边境地区的社会管理也面临一系列挑战。近年来，东北边疆地区非法越境、非法传教、跨境犯罪和非法婚姻现象日益增加，对边疆地区的社会稳定和安全构成严重威胁，应该引起足够的重视。边疆地区的开发开放和经济发展必须建立在民族团结与社会和谐的基础之上，因此，本书将深入边境地区，对沿边地区开发开放中存在的各种影响边疆社会稳定的因素展开深入调查，探讨边疆经济与社会协调发展的机制和对策，提出东北沿边地区开发开放与社会和谐发展的战略构想。

东北沿边地区开发开放与跨境合作中有一个重要的障碍性因素，就是双方的边境地区一般是生态敏感地带。近年来，中俄、中朝、中蒙之间的很多双边合作开发项目，都因对生态环境造成负面影响而被搁置。环境问题是最易引起国际纠纷乃至冲突的因素，界河的任何一方因滥砍滥伐而引发水土流失，或者任何一方进行矿产开采或发展工业而导致界河污染，都会遭到对方国家和人民的强烈反对。由于产业结构的原因，目前中国在与东北亚周边国家的合作中，资源开发在经济合作中占很大比重，如中俄合作主要是开采俄方的森林资源和石油、天然气资源，中蒙合作的重要领域是开采蒙古国的矿产资源，中国吉林省对朝鲜的投资也以矿产开采为大宗。在这种合作开发模式下，由于对方经常会产生我方掠夺其资源的想法，出于国内资源保护和环境保护的民意压力，这种合作往往遭到很多质疑和阻碍。因此，在东北沿边地区开发开放与跨境合作中，必须分析生态环境的制约因素，建立环境影响评价机制，实施生态环境可持续发展战略。

第一章
相关概念和理论研究综述

一　相关概念

1."东北沿边地区"的地域范围

沿边地区是指我国具有法定国界、与外国国土相毗邻、沿国界线内侧分布并包括相应腹地范围的特定社会经济区域，是国家领土主权的有机载体。

本书研究的区域范围是我国东北部沿边地区（见图1-1），包括黑龙江省、吉林省、辽宁省和内蒙古自治区东部（即"东五盟市"：赤峰市、兴安盟、通辽市、锡林郭勒盟、呼伦贝尔市）的沿边地区。这4个省区陆地沿边口岸众多，这些口岸在地区国民经济发展中的作用重大。本书即以这一区域为研究对象，探讨我国东北沿边地区与腹地之间经济社会联动发展的内涵、现状、存在的问题及改进的策略等。

2."沿边口岸"的含义

沿边口岸是供国内外不同国籍人口、物资、交通工具等出入境的设施及通道。目前国家的政策法律规定，我国沿边开放口岸分为两类：一类口岸和二类口岸。一类口岸是指由国务院批准开放的口岸（包括中央管理的口岸和省、自治区、直辖市管理的口岸）；二类口岸是指由省级政府批准开放并管理的口岸。国家发改委、商务部等部门编制的《沿边地区开发开放规划（2011~2020年）》明确提出建设120个口岸，分为一类口岸和二类口岸，其中一类口岸有87个，三大沿边开放区域——东北地区将建成面向东北亚等区域开放的重要枢纽，西北地区将建成面向中西亚开放的桥头

图 1-1 我国东北部沿边地区

堡,西南地区将建成主要面向东盟、东南亚地区开放的重要通道。① 东北沿边地区开放口岸非常集中,东起丹东,西至二连浩特,共有30个国家级一类沿边开放口岸,占全国总数的近40%。具体情况如下。

黑龙江省与俄罗斯接壤,边界线长3040公里,界江长约2300公里,共有25个开放口岸,其中17个已经成为旅游口岸,绥芬河、黑河、东宁、抚远边境的出入境游客量排在前4位。主要有黑河口岸、嘉荫口岸、萝北口岸、东宁口岸、密山口岸、佳木斯口岸、同江口岸、饶河口岸、虎林口岸、富锦口岸、逊克口岸、绥芬河口岸、呼玛口岸、孙吴口岸、绥滨口岸、抚远口岸、桦川口岸、齐齐哈尔口岸、哈尔滨水运口岸、哈尔滨航空口岸、哈尔滨铁路货运口岸、大兴安岭地区口岸,绥芬河口岸是其中最大的一个。

吉林省位于东北地区中部,其沿边口岸分布在与俄罗斯和朝鲜接壤的地区。其中,吉林省与俄罗斯的边界线长232公里,与朝鲜隔鸭绿江、图们江相望,边界线长1106公里。共有15个沿边口岸,其中一类口岸有7个,还有11个临时过货点。15个运营中的国家对外开放口岸分别是长春航空口岸、延吉航空口岸、开山屯公路口岸、三合公

---

① 任志华:《黑龙江省沿边开放带发展战略研究》,东北林业大学硕士学位论文,2011,第11~12页。

5

路口岸、南坪公路口岸、古城里公路口岸、图们铁路口岸、图们公路口岸、珲春公路口岸、圈河公路口岸、沙坨子公路口岸、珲春铁路口岸、长白公路口岸、临江公路口岸、集安铁路口岸，其中最具代表性的是珲春、图们等的口岸。

辽宁省位于东北地区南部，与朝鲜接壤，边界线长226公里。在200多公里的边界线上有13个口岸，其中最重要的是丹东口岸。丹东有铁路、水陆一类口岸，也是整个东北沿边地区唯一沿边、沿江和沿海的"三沿"口岸，具有优越的发展条件，因此其地位也更加重要。

内蒙古自治区东部具有狭长的边界线，分别与俄罗斯和蒙古国接壤。内蒙古边界线长达4221公里，有5个盟、18个旗市分布在边境地区。[①] 其中，内蒙古东部与俄罗斯的边界线长达700公里，与蒙古国的边界线长达1300公里。内蒙古东部边界线上分布着一类口岸6个，在这些口岸中，最具代表性的是满洲里口岸。

据统计，我国东北沿边地区共分布着50多个口岸，其中一类口岸30个、二类口岸20多个，这些口岸构成了我国东北地区的对外开放体系（见表1-1）。在这些口岸中，规模较大、开发开放程度较高的有黑河、绥芬河、东宁、珲春、丹东、满洲里等10多个不同类型的口岸。[②] 以这些口岸为中心，形成了中国东北地区沿边口岸群。本书将结合各口岸的实际情况，以地域性差异为突破口，选择几个重点沿边口岸地区开展针对性研究，如辽宁省的丹东，吉林省的延边，黑龙江省的绥芬河、东宁、黑河等，试图通过对这些沿边地区与各自腹地之间的联动发展展开论述，探讨我国东北沿边地区与腹地联动发展的现状、问题和解决对策等。

3."腹地"的含义

"腹地"的原意是港口集散物资的地域，又称"吸引地区""吸引范围""背后地"等。后来，"腹地"的含义逐渐扩大到与港口有密切联系的附近陆地区域。例如，荷兰鹿特丹港的腹地覆盖了欧洲大陆的半数国家；上海港的广义经济腹地是长江流域，包括川、渝、湘、鄂、

[①] 张庆辉：《内蒙古口岸经济地理特征》，《北京工商大学学报》（社会科学版）2008年第1期，第120~124页。

[②] 韩玉玫、牛德林：《论陆路口岸在我国东北部经济发展中的作用》，《大连大学学报》2003年第1期，第87页。

苏、浙、沪等在内的众多省市。腹地是港口兴衰的重要基础。

表1-1 我国东北地区对外开放体系一览

省 区	一类口岸数量（个）	口岸总数（个）	边境经济合作区数量（个）	沿边市县总数（个）	沿边开放城市数量（个）	边界线长度（公里）
黑龙江	15	25	2	19	15	3040
吉 林	7	15	1	5	5	1338
辽 宁	2	13	1	3	1	226
内蒙古	6	16	1	18	6	4221

资料来源：根据黑龙江省、吉林省、辽宁省和内蒙古自治区历年统计年鉴相关数据整理。

随着经济学研究领域的扩展，尤其是区域经济学等应用经济学科的发展，"腹地"的含义逐渐扩大和完善。在区域经济学中，"腹地"是指某个经济中心的毗邻地区，受中心城市经济发展的影响，为中心城市提供资源要素和产品市场，接受中心城市的文化渗透和公共服务。如果没有腹地，经济中心就失去了赖以存在的基础。同样，如果没有经济中心，也就无所谓经济腹地。

本书所提到的"腹地"即扩展延伸后的含义。在研究我国东北沿边地区与腹地联动发展时，"腹地"是指与沿边地区相对应的内地中心城市和经济发达地区。由于"腹地"的概念本身就是一个地域范围，因此有广义上的腹地和狭义上的腹地。从广义上讲，我国东北地区的每个开放口岸都是以整个东北地区为腹地来参与国际经济合作与竞争的；而从狭义上讲，腹地又存在一种"边界"效应，是指"起决定性支撑作用和联系作用的经济腹地"。[1] 我国东北地区的沿边口岸呈现明显的省域化特点，如丹东港的主要腹地是以辽中南尤其是沈阳地区为主的经济区域，牡丹江市的绥芬河、东宁等沿边口岸的经济腹地主要是以哈尔滨、牡丹江等为主的黑龙江省经济发达地区。因此，为了使研究具有可操作性和针对性，本书研究的"腹地"是指狭义上的腹地。

---

[1] 杨家文、周一星：《虚拟腹地：中国大陆口岸地位的度量与解释》，《人文地理》2001年第6期，第2页。

4. "联动发展"的含义

世界经济全球化和区域经济集团化是当今世界经济发展的两大趋势。两大趋势的共同点是不同经济体之间联动趋势的增强。通过资本、技术、信息、劳动力等生产要素和产品的充分流动,在不断深化的合作背景下构筑整体利益框架,并在此利益框架的基础上通过相互协调、密切合作、建立利益共享和调整机制来谋求各方利益最大化,是区域经济联动发展的基本含义。

在"联动发展"的概念提出之前,区域经济"协调发展"和"一体化发展"已经成为学术界和政策制定者广泛接受的区域发展策略。本书认为,"联动发展"的概念与二者有所区别。"协调"在《辞海》中被解释为"和谐""同心协力、互相配合"。学术界对区域协调发展含义的探讨很多,各种定义既存在一定的共识,又有明显的分歧。彭荣胜(2006)认为,区域协调发展是指区域之间相互联系、经济交往日益密切、区域分工趋于合理、区域经济高效增长以及区域之间的经济发展差距控制在合理、适度范围内并逐渐收敛。[①]"一体化发展"通常是指地理位置相邻或经济特征相似的经济主体之间,通过统一商品市场、服务市场、资本市场、劳动力市场等生产要素市场,协调政策管理,改变各自为政、相对独立的状态,逐步融为一体的过程,是区域之间融合程度不断提高的结果,是区域经济协调发展的一种高度体现。区域经济"联动发展"与"协调发展"和"一体化发展"在含义上有紧密联系,三者有相通甚至相同的地方,但它们又有明显的区别。

具体而言,"联动发展"是指以地理上相邻、经济上密切相关的区域为依托,以政府宏观调控为指导,以市场配置资源为导向,以基础设施对接为基础,通过引导资源要素合理有效配置,不断优化区域产业结构,促进地区间的信息交流,建立地区间协调发展的体制机制,最终实现区域经济一体化发展。"协调发展"是相对宽泛和初级的阶段;"联动发展"是对"协调发展"的进一步完善和明确,较"协调发展"的程度进一步提高;"一体化发展"是最高阶段,"协调发展"和"联动发展"是实现区域经济"一体化发展"的必经阶段。三者的根本目标是一致

---

① 彭荣胜:《区域经济协调发展内涵的新见解》,《学术交流》2009年第3期,第103页。

的，体现了区域发展过程中的不同阶段和特点，而区域"联动发展"是一个"中观"概念，更具有具体性和针对性。①

区域经济"联动发展"是一个相邻区域之间相互整合的交互系统，其具体实现形式可以从区域发展整合程度、区域发展协调程度和区域发展可持续程度等方面来研究。② 这个系统能够带来区域整体功能和效益的提升，是一个多元化、多层次的网络系统，包含一系列紧密相连的制度安排。区域经济联动包括区域之间的功能协调、区域在空间上的集聚、区域之间的互动加强和集约发展等。总之，区域经济"联动发展"的含义不同于区域经济"协调发展"和区域经济"一体化发展"，它是介于两者之间的一种区域发展程度。

二 相关经济理论

1. 区域分工理论

早期的区域分工理论主要有亚当·斯密的绝对成本理论、大卫·李嘉图的比较优势理论以及赫克歇尔和俄林的要素禀赋学说等。亚当·斯密在《国民财富的性质和原因的研究》中提出了绝对成本理论，主张在国际贸易中按照绝对成本的大小参与国际分工和贸易合作。③ 根据这一理论，在商品生产各方面均处于绝对劣势的国家将不能通过国际贸易改变自身状况。大卫·李嘉图在《政治经济学及赋税原理》中提出了比较优势理论，基于资本和劳动力不能在国家间完全自由流动的观点，根据各自的比较优势开展国际分工与贸易将使各国的收益增加。④ 要素禀赋学说是由赫克歇尔与俄林提出的。该理论认为区域或国家之间的要素禀赋差异是它们之间

---

① 吕涛、聂锐：《产业联动的内涵理论依据及表现形式》，《工业技术经济》2007年第5期，第2~4页。
② 徐子青：《区域经济联动发展研究——以海峡西岸经济区为例》，福建师范大学博士学位论文，2010，第29~40页。
③ 〔英〕亚当·斯密：《国民财富的性质和原因的研究》，郭大力、王亚南译，商务印书馆，1972，第6~31页。
④ 〔英〕大卫·李嘉图：《政治经济学及赋税原理》，郭大力、王亚南译，商务印书馆，1962，第108~128页。

出现分工和贸易的主要原因。① 20世纪中期以来，区域分工理论得到进一步发展。20世纪90年代后，世界范围内呈现区域经济一体化发展的趋势，区域经济一体化理论日益受到学者和政府的关注。一体化理论主张不同主体之间在生产、消费、贸易等领域开始一体化进程，实现产品市场、服务市场和生产要素市场的经济政策及管理机构的统一。一体化在空间上的表现形式是生产要素流动所形成的"经济集聚核心和经济扩散点"。② 区域经济一体化是区域分工的必然结果，也是实现帕累托最优的过程。总之，区域分工及贸易理论为区域联动发展研究提供了重要的理论支撑，是区域联动发展研究的重要理论基础。

2. 区域空间结构理论

20世纪60年代，弗里德曼将"中心－外围"理论引入区域经济学。该理论认为区域经济系统都由中心和外围两个子空间系统组成。弗里德曼据此提出"核心区域发展战略"，通过创造有利环境促进核心地区率先发展，并以此来带动落后地区发展，最终实现区域整体的共同发展。保罗·克鲁格曼结合贸易理论和区位理论，建立了"中心－外围"模型，分析了运输成本降低、规模经济效应和制造业集聚对"中心－外围"体系的作用。③"点轴开发理论"是增长极理论的延伸，新经济地理学派强调要改善地区发展的区位条件和交通条件，指出一个地区的生产成本、运输成本等综合成本会随交通干线的完善而降低，进而会改善区位条件，发展成为"点"增长极。"线状"分布的基础设施把众多的"点"增长极连接在一起，从而形成经济增长"轴"。这一理论认为点轴开发有利于推动区域经济协调发展。此外，还有在点轴开发理论基础上发展起来的"网络开发理论"。该理论主张在点轴开发的基础上，进一步完善点轴的分布，最终形成一种密切协调、有机互动的网络体系，使区域经济发展呈现网络一体化态势。常见的空间结构理论还有克里斯塔勒的中心地理论以及区域经济发展梯度转移理论等。总之，空间结构理论是联动发展的重要理论依据。

---

① 李小建：《全新框架的〈经济地理学〉》，《中国大学教学》2000年第5期，第36页。
② 安筱鹏：《制度变迁与区域经济一体化》，《当代财经》2003年第6期，第17~20页。
③ Krugman, "Increasing Returns and Economic Geography", *Journal of Political Economy*, 1991, Vol. 99, No. 3, pp. 483–499.

3. 区域经济不平衡增长理论

区域经济不平衡增长理论是区域经济理论的重要组成部分。在沿边与腹地联动发展研究中，增长极理论、循环累积理论、倒"U"形理论等都是重要理论来源。瑞典经济学家缪尔达尔在《经济理论和不发达地区》中建立了"循环累积模型"[①]，提出了"地理上的二元经济"结构理论，分析了"扩散效应"和"回流效应"两种机制。发达地区与不发达地区相互作用，发达地区表现为一种螺旋上升的正反馈运动，不发达地区则表现为不断下降的负反馈运动，循环累积因果效应由此产生，逐步拉大了区域差异。在区域发展初期，"回流效应"远大于"扩散效应"，缪尔达尔因此认为政府要通过不平衡发展战略，优先发展那些有竞争优势的地区，然后利用"扩散效应"带动其他地区发展。20世纪50年代，美国区域经济学家赫尔希曼在《经济发展战略》中提出了不平衡增长理论。[②] 赫尔希曼提出了"涓滴效应"和"极化效应"的概念。在经济发展的初级阶段，"极化效应"逐渐拉大区域差异，而"涓滴效应"则缩小区域差异。因此，赫尔希曼认为政府应对区域经济的发展进行干预，从而使得区域的发展能够彼此协调，避免区域发展差距过大。此外，威廉姆森提出倒"U"形理论，弗朗索瓦·佩鲁提出增长极理论，等等。

4. 区域经济合作理论

区域经济合作理论分为一般区域经济合作理论和标准区域经济合作理论。一般区域经济合作理论是以国内某区域为起点，向外进行经济贸易合作的。例如，王维平、赵玉华（2006）提出一国区域内部、区域与国内周边相邻区域之间、区域与国内远距离相关区域之间、区域与国际周边相邻区域之间、区域与国际远距离相关区域之间五个层次的经济合作关系[③]（见图1-2）。

标准区域经济合作理论是将国家看作一个整体，以国家为单位向外进行经济贸易合作的。区域经济合作理论认为国家之间组建关税同盟后，区

[①] 陆大道：《区域发展及其空间结构》，科学出版社，1995，第57~132页。
[②] A. O. Hirscluman, *The Strategy of Economic Development*, Yale University Press, 1958, pp. 58 - 87.
[③] 王维平、赵玉华：《开放经济下五个层次的区域经济合作关系延伸圈及其构建对策》，《青海社会科学》2006年第6期，第28页。

```
          区域与国际远距离相关区域经济合作
          区域与国际周边相邻区域经济合作
          区域与国内远距离相关区域经济合作
          区域与国内周边相邻区域经济合作
                 区域内部经济合作
```

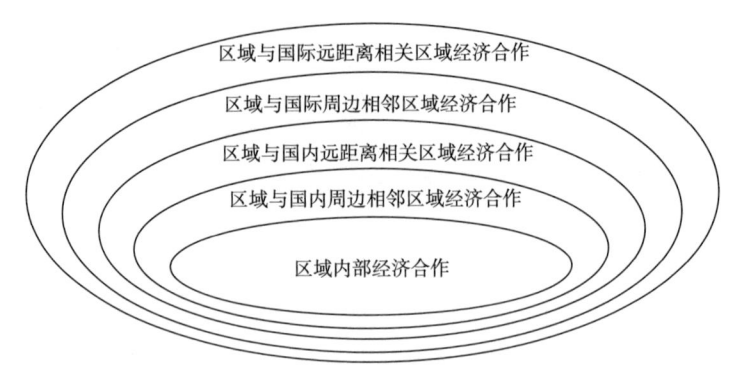

图 1-2　区域经济合作的层次

域经济一体化将对区域内国家产生静态效应和动态效应。静态效应主要包括贸易创造效应和贸易转移效应。贸易创造效应是指区域经济合作以后，成员方之间相互取消关税和非关税壁垒导致的贸易规模扩大、相互出口产品价格下降所带来的经济福利的增加。贸易转移效应是指区域经济合作以后，成员方与高成本产品成员方的相互贸易代替了成员方与低成本产品非成员方之间的贸易造成的福利损失。动态效应主要包括规模经济效应、促进竞争效应和吸引外资三种。规模经济效应也称为市场扩大效应，日本学者小岛清提出协议分工理论，认为区域经济集团组建以后，不同经济分散的小市场结成统一的大市场，企业摆脱了市场规模的限制，并通过协议使各成员方分享规模经济效益。促进竞争效应是指关税同盟建成以后，各国的企业从国内竞争转为面临区域内更多企业的竞争，各企业为了取得有利地位，必然加大研究开发的力度，以求降低成本，从而导致区内技术进步和生产率的提高。吸引外资是指关税同盟建成以后，区外国家为了保持原来的市场和产品竞争优势，会选择将生产转移到区内，绕过关税和非关税壁垒。因此，区域经济一体化使外资通过区内设厂生产，绕开区域经济同盟的壁垒限制，从而产生了大量资本，以吸引外资。[①]

区域经济合作的动因可分为政治动因和经济动因。一国参与区域经济合作是为了合理分配区域内部的资源，消除区域内部冲突的根源，维护区域内部的稳定，从而提高区域整体的实力，以抗衡区域外部的势力，增强

---

① 黄有爱：《区域经济合作理论对发展中国家区域经济合作的影响和启示》，《经济界》2006年第1期。

自身在全球政治经济体系中的话语权,这就是区域经济合作的政治动因。一国参与区域经济合作的另一个动因是为了获得区域经济合作的效益,如获取其他市场开放的利益、获取贸易创造效益、吸引外资进入以及利用优势互补获得经济发展所需的资源和能源等。

区域经济合作可以从不同角度分为不同类型,如从合作的性质看,区域经济合作可分为功能性合作、制度性合作和过渡型合作。功能性合作一般属于区域经济合作的初级阶段,以市场为主;制度性合作则属于区域经济合作的高级阶段,有政府参与及有效的制度做保障,合作变得更加成熟;过渡型合作介于两者之间,具有灵活性和涣散性的特点。从合作发展的程度看,可以划分为优惠关税区、自由贸易区、关税同盟、共同市场、经济同盟和完全的经济一体化六种类型。比较典型的区域性经济合作组织有欧盟、北美自由贸易区、南美共同体和亚太经合组织。

5. 边境区经济合作理论

边境区经济合作是指毗邻国家在其边境接壤地区的区域经济合作。其目的是就近利用边境区的区位优势,变潜在资源优势为经济优势,改变各自边境地区的经济滞后状态,从而增强边境区域的竞争优势。[①] 边界对边境区经济发展和经济合作有两个方面的影响:一方面,边界是两个经济地域系统的分界线,国家对外经济贸易政策往往集中体现在边境地区,如出于保护本国民族工业和国内市场考虑而设置的关税和非关税贸易壁垒,加之边界两侧国家的基础设施、海关规则、语言、文化等差异以及信息传输的障碍,会导致跨边界的商品、服务和资本难以自由流动,从而降低了资源配置和市场利用的效率,阻碍了国家之间的经济联系;另一方面,在当前经济全球化和区域经济一体化的背景下,边界也是国家间经济交往的接触面,边界两侧的边境区域经济交往具有天然的优势,会给边界两侧地区带来经济合作的机会。

边境区位是多种资源的结合体,在经济一体化趋势下其中介效应和经济实力迅速增强,地缘政治上的屏障正在转化为地缘经济的增长极。地缘经济增长极的发展演变和区位利益的不断增加又会促进边境地区的资源和

---

① 冯革群:《欧洲边境区合作模式探析——以上莱茵边境区为例》,《世界地理研究》2001年第4期。

企业产生集聚效应①。边境区位利益是由对边境区位自然资源的开发、对外部要素（如资本、人才和技术等）的集聚与优化重组的产出或增值等共同构成的，其形成与发展是以产业为基础、以产品为根本、以技术为依托、以市场为导向和政府引导调控的综合性产物。②

三 研究现状

国内学术界对沿边地区经济发展的研究较多，并取得了很多颇有影响力的成果。整体上看，国内研究相对于国外研究，更多的是从实证的角度提出促进沿边地区经济发展的相关对策，即以分析个别沿边地区的经济发展为切入点展开研究。而涉及沿边地区与腹地关系的研究时，则缺乏专门的论述。在研究方法上，侧重定量和定性相结合的方法，根据地区发展的现实数据和材料，解释问题并提出政策建议。同时，也包含一些基础性的理论研究，主要是对我国沿边地区的基本状况进行理论界定和总结梳理。总之，国内对沿边地区开发开放理论的研究在路径上往往直接从实际问题出发，着眼于政策需要，重在提出相关的政策建议，而对沿边地区和腹地联动发展的研究则较少。

1. 对"联动发展"内涵、特征的研究

国内对"联动"的相关研究似乎从未停止过，但整体进展相对缓慢。20世纪90年代后，区域经济联动发展的相关研究开始活跃并不断深入。慈廷光（1996）认为，区域经济横向联合包括"联合体"及"经济联系"两部分，不同区域在平等互利原则下，通过签订合同、协议、章程等组织起来，建立经济联合体和相应的制度联系。③ 王由礼（2003）通过对区域"联动"和区域"互动"进行比较分析，提出区域"联动"是以行政经济为基础的，主要依靠行政外力推动的区域经济交互系统；区域"互动"是

---

① 黎鹏：《CAFTA背景下中国西南边境跨国区域的合作开发研究》，东北师范大学博士学位论文，2006。
② 王中昭、黎鹏：《边境区位利益博弈与企业行为效应分析》，《中南财经政法大学学报》2007年第6期。
③ 慈廷光：《横向联合是区域经济协调发展的重要途径》，《前沿》1996年第3期，第19~20页。

区域"联动"的进一步演进，主要依靠市场的力量推动实现。① 邓正琦、李碧宏（2009）的研究更进一步，指出区域联动是"地域相连的不同区域之间包括居民、企业、社会中介、政府等，为满足相互需求，依据互利互惠的原则，共享资源、信息、基础设施等"，以实现互动协调发展。② 由此可见，有关"联动发展"的研究已经取得了不少进展，尤其是在对国内相关区域的实证研究中，但针对东北地区联动发展的研究仍然偏少。

2. 对沿边口岸基础理论的研究和总结

杨清震（2005）比较系统地总结了边境贸易理论中的基础理论，认为边境城市特指在我国实行沿边开放的边境地区与周边国家有密切经贸往来的口岸城市，并对其功能进行了界定，提出其经济功能基本表现在商品集散、生产加工、经济互补、区域极化等方面。③ 王燕祥、张丽君（2002）论证了西部边境城市对中国走向国际化的重要价值，认为边境城市的生产加工、商贸、流通等特殊功能是实现区域整体发展的关键所在，提出边境口岸城市的发展包括资源系统、人文系统和城镇人居生态环境系统等有机子系统的理论，这是边境城市可持续发展研究的一种新的思路和方法。④ 目前对沿边口岸经济发展的研究始终重视口岸地区与区域经济整体的关系，认为沿边口岸的经济发展对内部区域具有促进作用，但这种研究还没有进一步提升到沿边地区与腹地联动发展的程度。

3. 沿边地区发展与区域经济关系问题研究

罗淳、梁双陆（2008）分析了口岸城镇建设依托边贸经济发展对边疆民族地区小城镇建设及区域经济整体发展的作用机制，认为充分发挥边贸经济的作用，有利于促进边境口岸城镇的可持续发展。⑤ 韩玉玫、牛德林（2003）对中国东北地区的沿边口岸展开研究，认为包括内蒙古东部、黑

---

① 王由礼：《论经济的区域联动与良性互动》，《江海学刊》2003年第6期，第59~62页。
② 邓正琦、李碧宏：《区域经济联动与整合研究》，中国社会科学出版社，2009，第46~67页。
③ 杨清震：《中国边境贸易概论》，中国商务出版社，2005，第174~189页。
④ 王燕祥、张丽君：《西部边境城市发展模式研究》，东北财经大学出版社，2002，第141~150页。
⑤ 罗淳、梁双陆：《边贸经济与口岸城镇：西南边疆民族地区小城镇建设的一个依托》，《经济问题探索》2008年第10期，第59~63页。

龙江、吉林、辽宁在内,口岸城镇在东北沿边地区已经形成了一个口岸群,对东北地区的经济发展具有重要作用。这既有利于加快沿边地区的城市化进程,也有利于发挥"兴边、富民、安邦、睦邻"的作用,对东北亚地区的融合与发展意义重大。[①] 王丽明(2000)进一步指出口岸是一种重要的社会经济资源,东北地区陆路口岸资源的开发大大推动了边境地区的贸易往来、城市化建设以及欧亚大陆桥建设。[②] 总之,沿边地区的发展对区域经济一体化具有重要作用,沿边地区与腹地相互影响、相互促进。这种研究方法和研究成果进一步明确了沿边地区和腹地之间的密切联系,为沿边地区与腹地联动发展的研究创造了条件。

4. 边境贸易对区域经济发展作用的研究

边境贸易理论是开展沿边地区研究的必要内容,在开放经济背景下,沿边地区发展的动力不仅来自内部腹地的推动和支持,而且来自外部经济发展的间接带动。国内对于这方面的研究由来已久,近年来又有了新的变化。迟庆林(2001)系统梳理了边境贸易的概念、内涵和发展情况,并对其进行了展望,从改革开放前中国的边境贸易开始谈起,继而分析了20世纪80年代后经济贸易的新特点和新内容。[③] 于国政(2008)对中俄边境口岸进行了全面的分析,指出中俄边境口岸经济区建设势在必行,并探讨了构建边境口岸体系存在的问题及解决对策。[④] 目前对边境贸易的研究还有一个重要特点,就是针对不同国家展开双边贸易和多边贸易研究,在此不再举例说明。东北地区有着绵长的陆路边境线,随着我国全面对外开放战略的进一步实施,沿边地区的对外经贸往来职能将得到强化,有关这方面的研究也越来越多。边境贸易是加强沿边地区与腹地联系的纽带,这种观点也在很多学者的研究中得到了肯定。

5. 促进沿边地区与腹地发展的政策研究

有关沿边地区经济发展的研究中有很大一部分是围绕具体某一个地区

---

① 韩玉玫、牛德林:《论陆路口岸在我国东北经济发展中的作用》,《大连大学学报》2003年第1期,第87页。
② 王丽明:《略谈口岸资源在经济发展中的作用》,《哈尔滨师范大学自然科学学报》2000年第3期,第106~110页。
③ 迟庆林:《边境贸易与经济发展》,中国社会科学院研究生院博士学位论文,2001,第31~44页。
④ 于国政:《中俄边境口岸体系研究》,东北师范大学硕士学位论文,2008,第10~20页。

或沿边口岸而展开的,这种研究倾向于分析现实的问题和障碍,进而提出相应的政策建议,具有很强的针对性和实用性。我国东北地区、西北地区、西南地区等各类沿边地区都展开了很多类似的研究。金昭(2000)认为,以边境贸易为主的沿边开放格局具有较大的局限性,为此提出了"满洲里边境自由贸易区"的构想,主张进一步强化满洲里作为沿边开放口岸的功能定位。① 马伊双(2007)肯定了边境贸易对新疆经济发展的重要作用,但认为目前新疆边境贸易发展中存在一些制约因素,并提出了进一步提高新疆对外贸易水平的政策建议。② 李靖宇、于潇(2007)分析了"东边道"经济带对东北经济区的意义,提出了完整的政策规划和制度安排。③ 这种类型的研究成果很多,对东北地区的研究也非常多。总体来看,这些研究为沿边地区与腹地联动发展的研究提供了很多有益的思考和借鉴,其中很多对策建议都有很大的可行性。这些研究成果有丰富的"联动发展"内涵,从中可以得出很多关于联动发展的启示。

6. 沿边地区与腹地关系问题的研究

沿边地区与腹地关系问题的研究很早便受到国内学者的重视,但从理论上进行解释和总结的很少。近年来,这种研究方兴未艾,尤其是在我国东北地区的沿边开发开放研究中。杨家文、周一星(2001)提出"虚拟腹地"的概念,通过分析进出口商品流向,定量描述口岸对内影响力,确定口岸相对地位,分析了沿边口岸群与腹地的经济联系特征。④ 吴昊(2010)在长吉图开发开放先导区的研究中,提出探索统筹区域发展的新模式,明确提出通过吉林省"长春、吉林、延边"两市一州的一体化开发,探索沿边地区与内陆腹地联动发展的新模式,并将这种联动的含义进一步拓展到省区之间、国家与国家之间的联动协调上。⑤ 这种理念在实践中得到充分

---

① 金昭:《兴边富民——设立满洲里边境自由贸易区的构想》,《国际贸易》2000年第9期,第32~33页。
② 马伊双:《新疆边境贸易发展研究》,西北民族大学硕士学位论文,2007,第5~20页。
③ 李靖宇、于潇:《开发创建东北东边道沿线经济带的价值分析及建议》,《社会科学辑刊》2007年第6期,第108页。
④ 杨家文、周一星:《虚拟腹地:中国大陆口岸地位的度量与解释》,《人文地理》2001年第6期,第2页。
⑤ 吴昊:《长吉图开发开放先导区:探索统筹区域发展的新模式》,《吉林大学社会科学学报》2010年第2期,第9~14页。

的肯定，表现在《中国图们江区域合作开发规划纲要——以长吉图为开发开放先导区》这一国家区域发展战略中。李刚（2010）从理论的层面进一步提出了沿边地区与腹地互动发展的概念，以劳动地域分工理论和系统论为基础，初步分析了互动合作的机制，并建议通过建立政府间互动发展机制、优化产业布局以及推进沿边口岸与沿海口岸互补等措施，促进沿边地区与腹地的整体发展。① 虽然沿边地区与腹地联动发展的研究思路近年来受到了高度重视，但理论方面的系统梳理和研究仍相对匮乏。

7. 国外研究综述

国外研究综述在论文的相关理论梳理部分做了详细介绍。与国内相比，国外相关区域经济理论的研究更多，理论系统更加成熟。区域经济联动发展是经济社会发展到一定阶段的产物，更是世界经济全球化和区域经济一体化不断发展的产物。虽然区域"联动发展"的理念相对较新，目前关于区域"联动发展"的研究也是刚刚起步，但还是能够在西方区域经济理论的"丛林"里找到一些借鉴，从而进一步完善我们对"联动发展"理念的理解。国外对区域经济发展的研究已经形成了比较完善的理论体系，主要有区域分工协作理论、生产力布局理论、产业结构和产业集群理论、区域可持续发展理论等，通过对这些理论中相关内容的梳理，可以为区域经济"联动发展"研究提供众多宝贵的理论支撑。尤其是区域分工协作理论、区域空间结构理论、区域经济极化理论和扩散理论等。系统论在区域经济学研究中占有重要的地位，本书在沿边地区与腹地联动发展的研究中也将运用到这一理论。

---

① 李刚：《东北地区沿海沿边与腹地经济互动发展的问题思考》，《经济纵横》2010年第8期，第46~47页。

第二章
东北沿边地区与腹地联动发展战略

一 沿边地区与腹地联动发展的评价指标设计

沿边地区与腹地联动发展研究是一个"中观"层面的研究,相较于区域经济协调发展研究的宽泛性和一体化发展研究的总括性,联动发展研究更多地体现为一种定量和定性相结合的研究,这种研究必须有相应的评价指标和数据支撑。根据本书现状分析的研究需要,在广泛借鉴吸收相关研究成果的基础上,收集大量相关数据,重点选取几个评价指标进行现状分析,使"联动发展"这种"中观"研究更加具有说服力。

立足区域经济联动发展的可度量性,本书提出区域经济联动发展涉及的核心评价内容在于关联互动,这种评价的关键在于重视经济发展的过程与结果相结合、联动指标的总量与结构相平衡、地区表现的特殊性与统一性相统筹等。本书认为,区域经济联动发展的基本状况、推进过程、发展状态和发展前景是可测度和可量化的。本书将充分利用相关指标和数据,对东北沿边地区与腹地联动发展的现状进行分析。

首先是选择指标。概括来说,这些指标必须能够包含区域经济联动发展的基本方面,如区域整合程度、协调发展程度和发展可持续程度等方面,能够从数量层面、质量层面以及空间层面等不同的方面来考察沿边地区与腹地联动发展的状态。本书将充分收集、整理和运用各个沿边地区与腹地经济社会发展的基本数据,结合具体案例展开分析。具体而言,这些数据资料包括各地区的经济总量、产业发展水平、就业状况、基础设施、政府政策措施等,以便反映区域发展整体状况的各个方面。

本书还选取一些特定评价指标,如产业地域联动水平、区域经济联系隶属度、地区经济发展差异系数、中心城市经济区位熵、外贸依存度等。运用这些指标，结合前文提到的各地区发展的基本数据，共同展现沿边地区与腹地联动发展的现状。上述所列数据指标中，部分指标能够根据历年省、市统计年鉴和国家统计年鉴中相关数据整理得出，部分指标需要利用现有相关研究成果和模型进行计算，如以下所列几个指标。

1. 产业地域联动水平[①]

产业地域联动水平的计算公式为：

$$L_{ij} = \lambda \prod_{i=1}^{2} \exp[\operatorname{abs}(x_i - y_i)/\sqrt{d_{ij}}] \quad (2-1)$$

其中，L_{ij}为区域i和j之间的产业关联度；x_1、y_1为i和j两区域某一产业的产值占上级区域（如全国是各省的上级区域）该产业产值的比重，x_2、y_2为i和j两区域某一产业的从业人员数占上级区域该产业从业人员数的比重；d_{ij}为两地之间的交通距离；λ为权重参数，由于产业联动水平研究的核心是产业由发达地区向欠发达地区转移，故本书的λ是指欠发达地区某产业产值占上级区域该产业产值的比重。

2. 区域经济联系隶属度[②]

城市在促进东北地区资源配置、提高资源利用效率、密切城乡联系以及推动区域协调发展等方面发挥着越来越重要的作用。所以，可以用以下指标来测度区域间的经济联系状况，该模型如下：

$$R_{ij} = (\sqrt{P_i G_i} \cdot \sqrt{P_j G_j})/D_{ij} \quad (2-2)$$

其中，R_{ij}为i、j两城市的产业联系度，P_i、P_j为i、j两城市的人口数量，G_i、G_j为i、j两城市的工业生产总值，D_{ij}为i、j两城市之间的交通距离。通过下面的公式可以计算区域经济联系隶属度：

$$F_{ij} = \frac{R_{ij}}{\sum_{j=1}^{n} R_{ij}} \quad (2-3)$$

[①] 沈正平、简晓彬、施同兵：《产业联动与区域经济竞争力提升》，全国经济地理研究会第十一届学术年会暨中国区域协调发展学术研讨会，2007。

[②] 沈正平、简晓彬、施同兵：《产业地域联动的测度方法及其应用探讨》，《经济地理》2007年第6期，第952~956页。

其中，F_{ij} 为各区域次级中心城市相对于高等级中心城市的经济联系隶属度，n 表示较 i 城市等级高的城市个数。

3. 地区经济发展差异系数[①]

地区经济发展差异系数的计算公式为：

$$v_\sigma = \frac{\sqrt{\frac{1}{n}\sum_{n=1}^{n}(pcy_i - \overline{pcy})^2}}{\overline{pcy}} \qquad (2-4)$$

其中，v_σ 为一个区域的经济发展差异系数，n 为区域内的地区个数，pcy_i 为地区 i 的人均 GDP，$\overline{pcy}$ 为这 n 个地区的人均 GDP 水平。地区经济发展差异系数反映的是区域内部各地区间的经济发展差异状况，因此，这一系数越大，地区之间的经济发展差异就越大。

4. 中心城市经济区位熵[②]

中心城市经济区位熵的计算公式为：

$$R = \frac{P}{MP} \times 100\% \qquad (2-5)$$

其中，R 是指中心城市某一产业的区位熵，P 是指城市某行业就业人口在该城市总就业人口中的比重，MP 是指该行业就业人口占全区域城市就业人口的比重。哈盖特提出的这一理论，成为研究城市产业专门化和区域产业合作的重要依据。如果区位熵大于 1，则该产业是地区的专业化部门，该城市的经济区位熵越大，专业化水平也越高。由于我国东北腹地中心城市如沈阳、长春、哈尔滨等多为以重工业为主的工业城市，因此本书采用中心城市的第二产业区位熵来表示这些城市的经济区位熵。

5. 外贸依存度[③]

外贸依存度的计算公式为：

$$N = \frac{E + I}{GDP} \times 100\% \qquad (2-6)$$

[①] 王芹：《区域经济差异及协调发展研究——以江苏省为例》，广西师范大学硕士学位论文，2008，第 14~20 页。

[②] 姚士谋、朱英明、陈振光：《中国城市群》，中国科学技术大学出版社，2006，第 110~119 页。

[③] 李翀：《我国对外开放程度的度量与比较》，《经济研究》1998 年第 1 期，第 30~33 页。

本书涉及的外贸依存度是指外贸进出口依存度。其中，N表示外贸依存度，E和I分别表示区域的出口总额和进口总额，GDP表示区域国内生产总值。本指标数值越大，表明该地区经济发展对国外市场的依赖程度越高，同时也反映出国际市场对该地区产品的认可度较高。

其次是确定各指标标准值。研究区域经济联动发展，必须有一个衡量尺度。该衡量尺度应具有阶段性、全面性、综合性的特点，既要符合我国整体发展阶段的一般特征，又要适用于当前东北地区发展的现状，尤其要符合沿边地区与各自腹地之间的发展状况。这些都将在标准值确定的过程中给予充分考虑。

本书在确定指标目标值的过程中，主要参考的数据和标准有：国家统计局在党的十七大后制定发布的《全面建设小康社会统计监测指标部门数据表》和《国务院关于进一步实施东北地区等老工业基地振兴战略的若干意见》，东北地区主要省、自治区、直辖市的实际发展水平和各自的《国民经济和社会发展第十二个五年规划纲要》，以及东北亚地区的国际平均水平，等等。

二　东北沿边地区与腹地联动发展的现状分析

1. 黑龙江省沿边地区与腹地联动发展分析

黑龙江省是国家沿边开放大省，与俄罗斯有约3000公里的边界线，同俄罗斯远东的滨海边疆区、哈巴罗夫斯克边疆区、犹太自治州、阿穆尔州和外贝加尔边疆区相邻。随着中俄经贸合作和边境旅游的发展，黑龙江省已获准对外开放口岸25个〔其中河运口岸15个（哈尔滨、佳木斯、桦川、绥滨、富锦、同江、抚远、饶河、萝北、嘉荫、逊克、孙吴、黑河、呼玛、漠河）、公路口岸4个（东宁、绥芬河、密山、虎林）、航空口岸4个（哈尔滨、齐齐哈尔、牡丹江、佳木斯）、铁路口岸2个（绥芬河火车站、哈尔滨内陆港）〕、边境经济合作区2个（1992年黑河边境经济合作区、1999年绥芬河边境经济合作区）。开放区域优势明显，经贸合作基础坚实。多年来，俄罗斯一直是黑龙江省的第一大贸易伙伴。据海关统计，2013年，黑龙江省对俄进出口完成223.7亿美元，同比增长5.8%，占全省进出口总额的57.5%，占全国对俄进出口总额的25.1%。其中，对俄出口完成69.1亿美元，占全省外贸出口总额的42.5%，占全国对俄出口总额的13.9%；自俄进口完成154.6亿美元，同比下降3.3%，占全省外贸进口总额的68.2%，占全国自俄进口总额的39%。2002~2013年，全省对俄贸易额合计为1189.7亿美元。2013年，全省口岸货运量完成2662万吨，同比增长5.4%；全省客运量完成298万人次，同比下降13.7%。

黑龙江省沿边地区由大兴安岭地区、黑河、鹤岗、伊春、佳木斯、鸡西、牡丹江等所辖的沿边地带组成。土地面积约为13.4万平方公里，人口为1100多万人，包括密山、绥芬河、东宁等诸多沿边开放县市（见图2-1）。

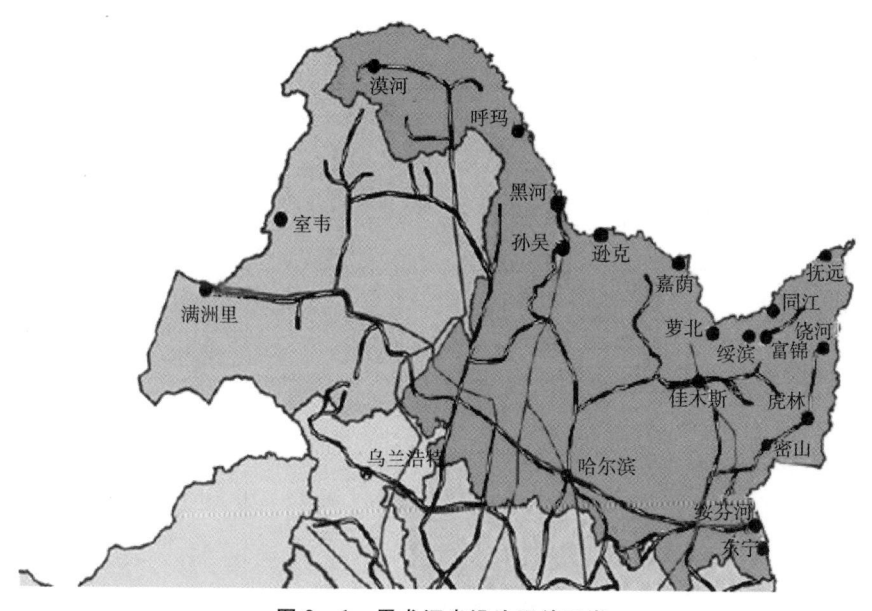

图2-1 黑龙江省沿边开放口岸

目前，黑龙江省沿边开放地区已经形成了依托沿边城镇，以对俄进出口为主的沿边开放格局。但从整体协调的角度来看，黑龙江省沿边开放地区依然是一个空间结构上分隔、封闭的地区，各开放口岸在社会、经济、文化等方面存在较大的差异。各沿边口岸之间、口岸与腹地中心城市之间，还没有形成有机互动的发展模式。具体而言，可以从以下几个方面分析。

（1）沿边中心城市经济区位熵低，基础设施不完善

截至2012年，黑龙江省沿边地区的城市体系中，人口在50万人及以上的城市有7个，即牡丹江、鸡西、佳木斯、鹤岗、伊春、双鸭山和黑河；

23

人口为20万（含）~50万人的城市有6个，即密山、富锦、虎林、东宁、穆棱和萝北；人口为5万（含）~20万人的城市有9个，即呼玛、逊克、嘉荫、同江、抚远、饶河、孙吴、塔河和绥滨（见表2-1）。

表2-1　黑龙江省沿边地区城镇状况统计

人口规模	数量（个）	城市	人口（万人）
50万人及以上	7	牡丹江 鸡　西 佳木斯 鹤　岗 伊　春 双鸭山 黑　河	259.6 185.9 239.4 108.5 124.1 150.4 172.8
20万（含）~50万人	6	密　山 富　锦 虎　林 东　宁 穆　棱 萝　北	42.4 47.3 28.8 21.0 29.1 22.4
5万（含）~20万人	9	呼　玛 逊　克 嘉　荫 同　江 抚　远 饶　河 孙　吴 塔　河 绥　滨	5.3 10.3 7.4 18.0 8.7 14.4 10.5 9.3 18.9

资料来源：《黑龙江统计年鉴2013》。

在黑龙江省漫长的边界线上，缺乏实力强的中心大城市，城镇分布松散，彼此间的经济联系较少；中等城市发育不足，不能起到承接大城市与小城市的作用；散布的众多小县市，人口多在5万人以下，产业化水平低，经济容量小，基础设施不完善，经济水平较低。根据前文提到的中心城市经济区位熵计算方法，从区位熵来看，哈尔滨的工业区位熵较高，2009年第二产业区位熵为1.23（2013年为1.27）。而这一指标在沿边城市中，除鸡西为1.25（2013年为1.66）外，佳木斯为0.65（2013年为0.47），黑河为0.52（2013年为0.86），牡丹江为0.87（2013年为0.80），大兴安岭地区为0.57，众多沿边口岸城市的经济区位熵都低于1，这种城市体系不利于沿边地区和腹地的联动发展。

基础设施建设落后，城乡基础设施发展不平衡。沿边地区地处边疆，长期以来缺乏资金和技术投入，城乡基础设施不能满足地区经济发展的要求。不同区域的城乡基础设施建设水平差距较大，靠近大城市和区域交通走廊的地区，基础设施建设水平明显高于其他地区。经济规模较大的县市，基础设施建设水平也明显高于经济规模较小的县市，农村地区基础设施极度缺乏。[①] 直到2011年，作为黑龙江省对俄贸易最重要口岸之一的黑河市才开通"哈黑"高速，黑河的机场等级仅为4C级，且已多年没有扩建，与俄罗斯阿穆尔州相邻的358公里的黑龙江界河上至今没有现代化永久性桥梁。黑龙江省15个沿边口岸的基础设施水平大多不如黑河市，黑龙江大桥项目至今没有落实。哈尔滨至黑河段铁路运力小、运费高、运速慢，黑河至龙镇段240公里的铁路运输车皮申请困难，远不能满足运力扩大的需求。绥芬河作为黑龙江省最大的对俄开放口岸，对俄进出口额自2001年起连续多年占全省外贸总额的30%以上，年过货量占全省口岸过货量的70%。但其交通设施仍十分落后，仅有滨绥铁路和301国家二级公路与内部腹地联系，航空方面需要依靠153公里外的牡丹江机场。除黑河、佳木斯、双鸭山、绥芬河等少数中心城市外，黑龙江省大部分口岸城市没有开通高速公路和铁路。[②] 其基础设施状况可见一斑。

（2）产业结构不合理，产业地域分工水平低

沿边地区与腹地的联动发展实质上是区域内产业间的联动发展，这就需要沿边地区和腹地形成相互协调、相互配合、密切分工的产业协作体系。我国东北沿边地区与腹地的联动发展在这方面存在不同程度的问题，以黑龙江省为例，其多数口岸城镇第三产业比重明显超出第一、第二产业。例如，2000年前后绥芬河市第三产业比重高达90%，2013年第三产业比重为86.5%。1997年绥芬河市个体小工商户达8000多家，经济发展过

---

① 任志华：《黑龙江省沿边开放带发展战略研究》，东北林业大学硕士学位论文，2011，第34~38页。
② 丁宇、丁荟语：《黑龙江省沿边开放带与俄罗斯区域合作的优势——以沿边开放城市黑河为例》，《经济合作》2011年第2期，第34~39页。

度依赖边境贸易,尤其是小额"倒包"贸易,现代型的产业结构还没有建立起来。这种情况在多数沿边地区仍然存在。

沿边地区与腹地间的产业联系相对较少,缺乏明确的产业对接转移计划。黑龙江省沿边地区的产业发展以加工制造业和资源、能源开发为主,产业外向度不高,结构层次偏低,技术水平不高,自我转型能力不强。[①] 因为缺乏科研创新能力,沿边地区城市产业发展集中于资金密集型的装备制造、石油石化、医药卫生、食品加工、能源生产、电子机械等领域,初级和中级产品多,高附加值、高技术含量的产品比重偏低。沿边中小县市以劳动密集型产业和资源开发型产业为主,技术含量和加工程度更低。多数地区在开发具有区域特色产品和生产高附加值产品等方面表现不足。以黑河为例,自1978年改革开放以来,黑河对外贸易总额累计达220亿美元,在出口商品中,本市产品仅占2%,省内产品不足5%,其余90%以上均来自全国各地,黑龙江省的优势产品如机电产品、优质钢材、木材加工品等也未能占据很大优势。根据前文提到的产业地域联动水平计算公式,2012年,以第二产业为例,黑龙江省"哈牡绥东"地区以绥芬河、东宁为代表的沿边地区与以哈尔滨、牡丹江为代表的腹地之间第二产业联动水平为0.027。如果将牡丹江划归到沿边地区,则计算出的沿边地区与以哈尔滨为主的腹地之间产业联动水平为0.26,这也仅为"中强度"联系。"哈牡绥东"地区是黑龙江省落实对俄经济合作带发展战略的重要区域,经济地域联动发展水平与省内其他"沿边-腹地"区域相比较高,但仍远低于我国东部沿海地区一般水平。由此可见,沿边地区与腹地在产业联动方面存在很大不足。

（3）地区发展差异大,经济社会发展不平衡

各沿边开放口岸的发展条件、发展进程不同,区域发展差异巨大。例如,沿边开放带的10多个县市,经济发展水平悬殊。2013年,人均GDP在4万元及以下的县市有10个,4万~7万元的县市有5个。其中,人均GDP最高的绥芬河为9.62万元,最低的孙吴仅为1.12万元,相差近8倍。从进出口总额来看,2009年,进出口总额排在前三位的是牡丹江市的绥芬

[①] 曲艺峰、李明焕:《黑龙江省在东北亚经济合作中的地位及对策研究》,《东北亚论坛》1994年第1期,第47~52页。

河和东宁以及佳木斯市的同江，三者合计占全省对外贸易总额的51.83%，而排在后三位的是大兴安岭地区的塔河、鹤岗市的绥滨和大兴安岭地区的呼玛，三者合计仅占全省的0.3%；2012年，进出口总额排在前三位的佳木斯、牡丹江、黑河合计占全省对外贸易总额的71.75%，而排在后三位的鹤岗、伊春、鸡西合计仅占全省的9.6%（见图2-2、图2-3）。所占份额虽有所变化，但发展仍不平衡。

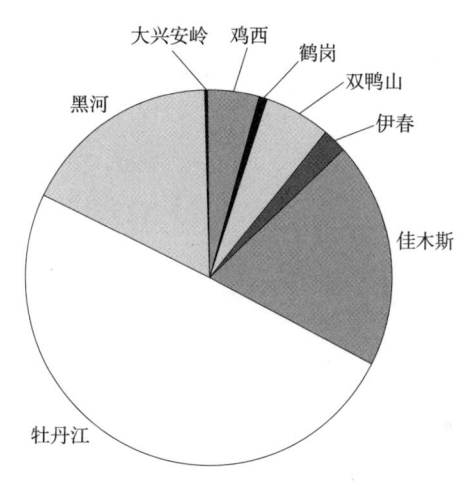

图2-2　2009年黑龙江省沿边地区进出口总额情况

资料来源：《黑龙江统计年鉴2010》。

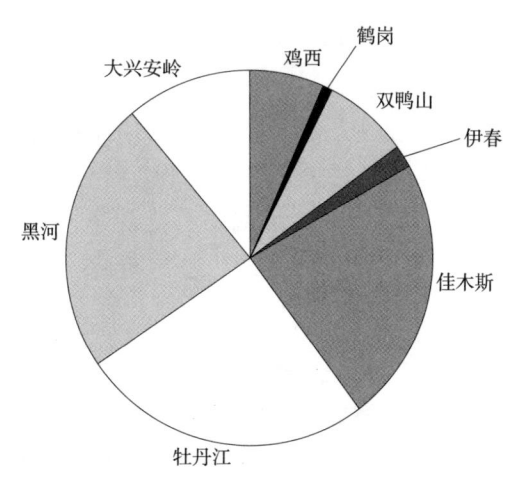

图2-3　2012年黑龙江省沿边地区进出口总额情况

资料来源：《黑龙江统计年鉴2013》。

区域经济发展的不平衡，还表现在沿边地区与腹地之间的巨大差距上。对于黑龙江省的沿边地区而言，腹地经济中心主要是哈尔滨、牡丹江、佳木斯等省会城市和中心地级市，根据统计年鉴，2011年三市GDP合计占全省的比重在45%以上，2013年为49.4%，全省经济高度集中于中心地区。而与此对应，广大沿边县市经济总量过小。巨大的发展差距不仅体现在经济总量上，而且体现在区域的基础设施、资源要素、思想观念、社会文化等各个方面。根据2012年的统计数据，计算沿边地区与腹地之间的区域经济发展差异系数，可以得出以下结论："哈牡佳黑"地区的区域经济发展差异系数为0.68，哈尔滨、鹤岗、伊春、鸡西地区的区域经济发展差异系数为0.61，都高于0.50的标准值。由此可见，黑龙江省沿边地区与腹地的区域经济发展差异较大，这种结果体现出区域经济联动发展的不足。

（4）对外开放模式单一，口岸窗口作用不突出

沿边口岸的建设有一定的盲目性和不协调性，主要表现在：有些口岸的设置并不具备充分的条件，在某种程度上造成人力、物力、财力的浪费；众多口岸的功能和模式趋于雷同，对各自的特点和优势利用不足；基础设施建设不协调，公路等级与换装能力不配套，有些口岸并没有对应俄罗斯境内的经济中心；等等。中俄边境俄罗斯境内主要有布拉戈维申斯克、斯沃博德内、扎维京斯克、比罗比詹、伯力等不足10个沿边城市，而我国仅黑龙江省对俄口岸就有15个。这势必导致口岸的带动作用不强，同时造成资源的浪费。

黑龙江省沿边口岸建设缺乏通盘考虑，口岸之间缺乏合理明确的地域分工。各地区各自为政的开放模式阻碍了口岸之间整体效应的发挥。目前全省各口岸以进出口贸易为主，没有属于自己的统一的出口商品加工基地。自主品牌和高附加值产品出口比较优势不明显。虽然牡丹江、黑河、绥芬河、东宁等口岸加工业的发展较快，但口岸经济结构调整步伐缓慢，加工贸易所占比重仍偏小。边境经济合作区和互市贸易区运行效益一般，有些进出口加工园区建设进展缓慢。饶河、抚远、呼玛、逊克等尚未通铁路，口岸运力不足；口岸的公路网络密度小，路况差，高等级公路缺乏，各口岸与腹地中心城市联系不便，在自洛古河至虎林吉祥口岸之间长约

2600公里的中俄水界上，至今没有一座永久性桥梁。① 总之，黑龙江省在口岸建设的统筹发展、合理布局方面还存在诸多不足，这些都不利于沿边地区与腹地的联动发展。

2. 吉林省长吉图开发开放先导区联动发展分析

吉林省沿边地区是由珲春、图们等构成的区域经济发展带，包括3个地级市辖区内的多个县市，人口约为558万人，占全省总人口的22.4%。在1300多公里的边界线上，分布着各类口岸15个，其中7个为国家一类开放口岸。吉林省的经济总量占全国的比重较低，2013年实现GDP 12981.46亿元，占全国的比重仅为2.28%。因此，要充分利用东邻俄罗斯和朝鲜、地处图们江国际开放合作区核心位置的区位优势，加快东部沿边地区发展，促进省内腹地中心地区与沿边地区协调联动发展。2009年11月，国家正式将长吉图开发开放先导区上升为国家战略，成为我国首个沿边开发开放先导区。从2013年全省各市州出口总额的增幅看，辽源、延边和长春的增幅分别达到63.7%、28.8%和13.3%，高于吉林省的平均水平，体现出"长吉"对吉林省出口增长起到了积极的拉动作用。这一战略的特点是强调沿边地区的开发开放要有强大的腹地做支撑，吉林省参与图们江流域国际合作必须依靠以长春、吉林为主的腹地地区，与延吉、龙井、图们等前沿地区实现密切互动、有机联动的发展。但结合实际分析，目前这一地区的联动发展水平还有待提高。

（1）地区发展不平衡，缺乏地域分工

长吉图开发开放先导区地处东北亚几何中心，包括长春、吉林的大部分区域和延边州，区域面积和人口数量均占全省的1/3左右，GDP占全省的比重超过60%。自"振兴东北老工业基地战略"实施以来，长吉图开发开放先导区年均经济增长率超过15%，高于吉林省和全国平均水平。但长吉图开发开放先导区内部发展严重不平衡，区域经济差异系数计算结果显示，延边州整体与"长吉"腹地的差异系数为42.3%，高于吉林省除四平、白城之外的所有地级市。对延边州各地区进行单独计算，除珲春

---

① 朱麟奇：《中国东北对俄边境口岸体系研究》，东北师范大学硕士学位论文，2006，第15~23页。

（30.01%）、延吉（25.34%）外，其余如龙井、图们等与"长吉"腹地的区域差异系数都在50%以上，其中龙井达到79.56%。由此可见发展差距巨大。

"长吉"作为区域的龙头和核心，集中了区域内的绝大多数经济资源。近年来两市的经济总量一直占长吉图开发开放先导区的80%以上。而延边州不足20%的经济比重分布在10多个各类口岸、县市中，各个口岸经济集聚能力弱，相互之间布局分散。这种地区发展结构使得区域发展梯度转移存在困难。省内腹地和东部沿边地区在发展条件上差距大。如表2-2所示，吉林省的特大城市和大城市大多集中在中部地区；东部地区存在大量的小城市和建制镇，综合发展水平较低。

表2-2 吉林省中部、东部地区城镇分布情况（2012年）

单位：个

指　　标	吉林省	中部地区	东部地区
城市数	28	11	12
特大城市（100万人及以上）数	10	6	2
大城市［50万（含）~100万人］数	6	4	1
中等城市［20万（含）~50万人］数	8	1	6
小城市（20万人以下）数	4	0	3
建制镇数	425	201	150

注：东部地区包括延边州，白山市，通化市，吉林市辖蛟河市、桦甸市；中部地区包括长春市，吉林市及其所辖舒兰、永吉、磐石三县市，四平市及其所辖公主岭、梨树、伊通三县市，辽源市，松原市及其所辖扶余县。

资料来源：根据《吉林统计年鉴2013》相关数据整理。

"长吉"一体化进展缓慢。受行政区经济的影响，长春和吉林之间存在低水平、重复建设现象。两个大城市虽然在省内城市体系中独树一帜，但二者都不是国家一线城市，甚至在东北地区，长春也落后于哈尔滨、沈阳、大连等中心城市。吉林省的发展、长吉图开发开放先导区的建设都必然要求有一个具有主导作用的核心城市。长春、吉林两市由于地缘接近，同处吉林省核心地带，拥有共同的广阔腹地，产业关联度强，经济联系密切，因此推进两市一体化发展成为必然选择。但这种一体化的发展规划受到多种因素的影响，目前实质性的推进工作进展缓慢。

产业竞争力面临挑战，产业地域分工不足。吉林省在产业发展过程中存在一些突出问题，制约了长吉图开发开放先导区未来产业结构的调整和经济发展方式的转变。2010年，交通运输设备中的汽车及零部件出口不足全省出口总额的10%；化工产品出口仅占全省出口总额的7.9%；农产品出口占全省出口总额的8.6%；药材出口占全省出口总额的1.4%。汽车产业受国内外市场调整的影响，前景不容乐观；石化产业资源约束增强，日益向临港地区转移；发达国家的农产品成本低、科技水平高，对吉林省农产品加工业形成挑战，一些国家不断提高农产品的准入门槛，也造成出口减少；医药、电子等优势产业的竞争力有待提高。这些传统优势产业集中于吉林省腹地地区，没有充分发挥沿边地区较好的人力、市场、成本优势和资源条件，产业地域分工缺乏，产业梯度转移受到多种因素限制，最终导致长吉图开发开放先导区的产业地域分工水平较低，不利于产业竞争力的提高和地区经济的长远发展。

此外，主导产业的产业关联度较低，地区间联动效应不强。交通运输设备制造、石油化工和农产品加工等支柱产业对省内上下游产业的关联效应和扩散效应小，长吉图开发开放先导区与腹地的产业地域联动水平低。[①] 根据吉林省2010年相关数据计算，以延边州为主的沿边地区与"长吉"腹地的第二产业地域联动水平为0.016，同时期辽宁省丹东地区与"辽中南"经济区的第二产业地域联动水平为0.024，我国部分沿海发达地区则为0.05以上，而0.04以上就可以视为中等产业关联度。可见，以第二产业为例，长吉图开发开放先导区的产业地域联动水平较低。

（2）联动发展的基础设施不完善

连接长吉图开发开放先导区的交通网络体系尚不发达，现代物流网络建设不足，各类跨境合作区、经济合作区、保税加工区的配套设施不完善。长吉图开发开放先导区的基础设施建设不足是影响区域联动发展的重要原因。

近年来，长吉图开发开放先导区的交通基础设施建设取得了很大进

---

① 张立巍、裴子英：《长吉图开发开放先导区对吉林省工业结构的优化研究》，《企业经济》2011年第7期，第117~119页。

展，但与快速发展的要求仍不相适应。延边州图们江地区主要口岸仅实现二级公路基本连接；延吉朝阳川机场是我国东北边境地区的主要国际空港之一，吞吐能力仍较弱，至2011年才首次突破100万人次大关；首条直达沿边地区的高速公路——长珲高速公路2011年底才实现基本通车；长春至珲春的铁路已贯通，"东边道"铁路规划延边段（白河至和龙段）2008年底已竣工通车，但运力和运速都有待提高；"长图线"高速铁路建设开始规划，但尚未动工。[①]

此外，国际通道"通而不畅"，长吉图开发开放先导区对外经济合作与国际交流受到影响，沿边开放的潜力尚未充分发挥出来。我国珲春口岸为一类口岸，对应的俄罗斯库拉斯基诺则为公务通道；我国珲春圈河段现为一级公路，而对岸元汀里—罗津段尚属于四级公路水平，影响了集装箱联运；黑龙江绥芬河的铁路换装能力已达500万吨，而俄罗斯格罗捷阔沃的铁路换装能力仅为200万吨；俄、朝、蒙地方市场容量小，商品需求不稳定，我国相应的基础设施建设难以进行持续调查和跟踪研究，因而在实际操作中带有较大的盲目性；珲春经扎鲁比诺至韩国束草、经罗津至釜山的陆海联运航线初步实现了"借港出海"，但仍有诸多不确定性，需要继续稳定和深化合作关系。[②] 这些因素影响了沿边地区经济的发展，阻碍了沿边中心城市窗口作用的发挥。

（3）经济外向度不高，沿边开放带动作用小

根据外贸依存度的测量方法，本书计算得出的吉林省外贸依存度一直不高，不仅低于沿海发达省市，而且远低于全国平均水平。吉林省2013年的外贸依存度为13.5%，远低于全国平均水平（50%）。从1992年UNDP联合东北亚各国启动大图们江合作开发项目以来，吉林省与东北亚各国的经济合作取得了很大进展。但与发达省份相比，吉林省对外贸易总额和引资规模都较小，而且增速也较为缓慢。尤其是2009年，受国际金融危机的影响，吉林省进出口总额同比下降11.9%，在全国排名第18位。2010年，吉林省对外贸易出现反弹性增长，全年完成进出口

[①] 于潇：《长吉图开发开放先导区的国际大通道建设》，《吉林大学社会科学学报》2010年第2期，第16页。

[②] 夏雨虹：《加强区域国际合作，构筑吉林省对外开放的新优势——以图们江区域为视角》，《行政与法》2009年第12期，第58页。

总额 168.46 亿美元，占全国的比重为 5.67‰，而且贸易逆差扩大。2013 年，吉林省对外贸易再次保持了稳步增长的良好态势，全年完成进出口总额 258.53 亿美元，比上年增长 5.2%，占全国的比重为 6.21‰。其中，完成出口总额 67.57 亿美元，比上年增长 12.9%；完成进口总额 190.96 亿美元，比上年增长 2.8%。

2013 年，吉林省实际利用外资 67.64 亿美元，比上年增长 16.3%，仅占全国的 5.75%，其中外商直接投资 18.19 亿美元，比上年增长 10.4%。在全省 41 个县（市）中，2013 年出口额过亿美元的只有珲春、敦化、延吉、抚松、安图、德惠 6 个县（市），梨树、扶余、伊通 3 个县（市）的出口额还不足 100 万美元。① 珲春等口岸"通而不畅"的问题依然存在，影响了对外经济合作层次的提高。长吉图开发开放先导区缺少具有国际竞争力的产业体系，制约了沿边地区开发开放潜力的发挥。图 2-4 为 2000~2013 年吉林省与全国的外贸依存度对比，由此可知，吉林省的对外贸易水平远低于同时期全国的平均水平。这种整体上偏低的开放程度无疑会制约吉林省沿边地区对腹地经济的开放带动作用，从而也降低了两者的联动发展水平。

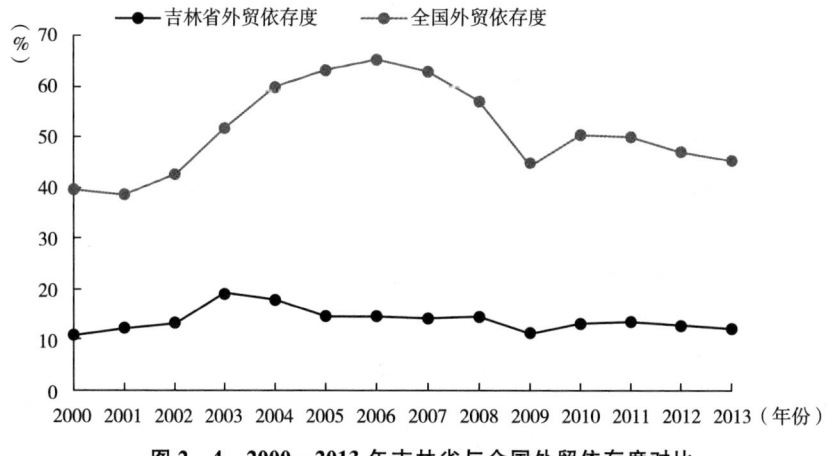

图 2-4 2000~2013 年吉林省与全国外贸依存度对比

资料来源：历年《吉林统计年鉴》；国家统计数据库，http：//219.235.129.58/welcome.do。

---

① 王爽：《吉林省对外贸易发展现状及前景探析》，吉林大学硕士学位论文，2011，第 10~21 页。

3. 辽宁省沿边地区与腹地联动发展分析

在辽宁省 200 多公里的边界线上有 13 个口岸，其中最重要的是丹东口岸。丹东是铁路、水陆一类口岸，也是东北地区唯一的沿海、沿边、沿江"三沿"城市，其区位重要性不言而喻。本书分析辽宁省沿边地区的发展主要围绕丹东地区展开。

辽宁沿海经济带战略和沈阳经济区战略有利于促进腹地与沿海、沿边的互动发展。分析辽宁省沿边地区与腹地联动发展的现状必须抓住辽宁省的这两大区域发展战略，二者对以丹东为代表的沿边地区影响重大。丹东是辽宁沿海经济带的东部起点，沿海经济带的开发需要腹地的支撑，而腹地的发展更需要沿海经济带的强力牵动，因此，陆海联动发展是必然选择。沈阳经济区于 2010 年成为继浦东、滨海等之后的第八个国家综合配套改革试验区，包括沈阳、鞍山、抚顺等 8 个城市在内的辽中南城市群逐渐形成集交通、电信、产业集群、商贸物流、金融投资、旅游服务及现代化管理于一体的经济区域，地区发展呈现巨大的活力，对周边地区的带动作用越来越大。以两大战略为依托，辽宁省在沿边地区与腹地的联动发展上将取得较大进展。

整体来看，辽宁省沿边地区经济社会发展的联动水平要强于东北其他沿边地区。这一方面是因为丹东本身就是辽宁省重要的经济中心城市，经济发展条件较好，从而带动沿边地区实现了较好的发展；另一方面，以丹东为主的沿边地区与辽宁省的经济中心区域——沈阳经济区和辽宁沿海经济带密不可分。但是，与黑龙江省、吉林省的实际情况类似，辽宁省在沿边地区与腹地的联动发展上也存在一些问题。

（1）区域发展差距大

丹东的发展应该立足大辽宁、大东北的腹地之上，充分对接省内经济发达地区的产业转移，优化产业地域分工，发展外向型的出口加工业和对朝贸易优势产业。但目前辽宁省沿边地区与腹地的巨大差距不利于这一目标的实现。2013 年，丹东的 GDP 为 1117 亿元，仅为沈阳的 15.4%，不足沈阳经济区的 8%，在全省 14 个主要地级市中排在第 9 位，排名仍然比较靠后。丹东与辽中南地区主要城市经济指标比较见表 2-3。

表 2-3　辽宁省部分地级市经济指标统计

城　市	GDP（亿元） 2012年	GDP（亿元） 2013年	地方财政收入（亿元） 2012年	地方财政收入（亿元） 2013年	工业总产值（亿元） 2013年	实际使用外资（亿美元） 2012年	实际使用外资（亿美元） 2013年	全社会固定资产投资（亿元） 2012年	全社会固定资产投资（亿元） 2013年	常住人口（万人） 2011年
沈　阳	6606.8	7223.7	715.04	801.0	3522.2	58.04	58.10	5643.4	6470.0	810.6
鞍　山	2687.1	2638.0	234.40	239.0	1048.5	12.75	13.80	1699.5	1970.0	364.6
抚　顺	1242.4	1348.0	130.15	134.2	2697.3	1.26	5.21	966.5	1106.0	213.8
辽　阳	1010.3	1110.0	110.21	111.3	531.1	4.50	5.20	625.6	696.3	185.9
本　溪	1112.4	1230.0	123.52	129.7	589.5	4.61	5.50	723.2	870.0	170.9
铁　岭	981.4	1050.0	114.61	103.6	3486.9	4.02	5.56	925.2	1050.0	271.8
丹　东	1015.4	1117.0	127.97	136.0	458.1	12.01	10.00	875.25	1050.0	244.5

丹东经济结构的突出问题是工业所占比重小。丹东工业在经济总量中的比重不仅低于辽中南地区的经济中心城市沈阳、鞍山、抚顺等，而且远低于锦州、营口、铁岭、辽阳等省内二线城市。2013 年，丹东第一产业比重为 13.4%，远高于其他同级城市。丹东产业结构存在历史遗留问题，重化工业的建设发展缓慢。在工业结构中形成了"轻工过重"和"重工过轻"的格局，"工业经济的发展与工业化应达到的进程不对称"。[①] 2010 年，仅纺织、造纸行业产值就占到工业总产值的 17.8%。2013 年，轻、重工业增加值的比例为 27.7∶72.3。丹东在未来的产业结构调整过程中逐渐重视重化工业的发展布局，如在丹东市"十二五"规划中，提出利用沿海港口城市有利于重化工业集聚的条件，引进布局重化工项目。丹东临港产业园区把建设临港大工业、先进设备制造、出口加工、高新技术和现代服务业"五大产业基地"作为与腹地发展相结合的契机。然而，这些发展目标面临来自沈阳经济区内同等级众多城市如铁岭、本溪、辽阳等的挑战。根据沈阳经济区的统一规划，铁岭专用汽

---

① 张亮、曹建洲：《丹东地缘经济环境的空间优化问题》，《辽东学院学报》（自然科学版）2011 年第 2 期，第 167～171 页。

车产业园、辽阳芳烃及化纤原料基地、抚顺新型材料产业集群、营口沿海产业加工基地等都已初具规模。与丹东相比，它们同样具有优越的经济、社会、政策条件。

（2）港口众多，面临同质竞争

沿海经济带的建设为丹东地区加强与广阔腹地的联系创造了条件，"滨海大道"等一系列交通通道的建设促进了基础设施的完善，丹东港与腹地的经济联系通道更加畅通。但是，辽宁省港口众多，丹东在港口口岸的竞争中处于劣势。目前大连拟建设成为"东北亚国际航运中心"，沈阳要建设成为"国家级区域物流服务中心"。大连瞄准整个东北亚地区建设国际航运中心，难免与丹东大东港在新增物流量上产生激烈竞争。[①] 丹东的区域物流基地建设与大连的国际物流中心建设趋同，而丹东的竞争力很难与大连匹敌。同时，丹东的物流中心建设面临沈阳这一枢纽城市的强大挑战，沈阳是东北地区最大的中心城市和枢纽城市，随着交通条件的逐渐改善和物流基础设施的日益完善，东北亚地区的新增物流将选择通过沈阳向全国及国外输运，这对丹东吸纳跨国物流、建设东北亚物流集散地的目标是一个巨大挑战。而且，来自锦州、营口、葫芦岛等辽东半岛西部港口城市的竞争也将日益激烈。

（3）区域经济联系隶属度不高，呈现分散特点

根据前文对区域经济联动测度的相关指标，可以得出辽宁省沿边地区与腹地的联系隶属度不高，呈现分散特点（见表2-4）。

表2-4 辽宁省部分地区经济联系隶属度分析

单位：%

城市	沈阳	大连	鞍山	辽阳	抚顺	本溪
丹东	49.73	33.37	16.90	—	—	—
宽甸	35.64	23.47	12.21	8.07	10.18	10.44
桓仁	43.83	16.14	9.95	6.56	13.55	9.97
抚顺	90.06	9.94	—	—	—	—
本溪	90.25	9.75	—	—	—	—

资料来源：根据《辽宁统计年鉴2013》相关数据整理计算。

[①] 程国平、张东军、宁磊：《辽宁丹东建设东北东部区域物流中心研究》，《法制与社会》2008年第1期，第14~15页。

丹东、宽甸、恒仁是辽宁省沿边地区主要的县市，由表2-4可知，三县市对辽宁省腹地中心城市的隶属度比较分散，隶属度不仅远低于相关研究中长三角、珠三角等地区，而且远低于抚顺等省内城市与各自腹地的隶属度联系。分散的区域隶属度关系，表明区域联动发展缺乏产业支撑，经济地域联系不强。[①]

(4) 区域合作意识淡薄，行政区经济影响大

联动发展需要建立密切的区域协调机制，目前缺少针对沿边地区与腹地联动的制度安排。在沿海经济带与腹地联动发展上，"合作共赢意识淡薄，7个沿海城市的经济运行带有明显的行政区利益特征"。[②] 港口间重复布局；招商引资"倾销式"竞争；产品重复征税，生产要素流动受限。例如，丹东产业园区和大连庄河花园口工业园区相距仅100公里，在产业规划和功能定位上，二者不可避免地存在同质化竞争。类似的现象广泛存在于辽宁沿海经济带内，截至2013年，该地区已规划建设8个国家级开发区和19个省级开发区。

"东边道"概念缘起于清朝的封禁政策，近年来逐渐演变成对东北东部地区铁路的总称。[③] 1998年铁道部正式提出恢复和建设"东边道"铁路，并首次明确定义了广义的"东边道"，即指东北东部地区北起黑龙江省牡丹江市，南至辽宁省大连市，途经吉林省图们市、通化市以及辽宁省丹东市等，全长1380公里的铁路通道。"东边道"方案涉及不同地区，地方利益主体目标多元化，在线路选定、运力分配、资金筹集、管理运营等诸多方面存在难以协调的利益诉求，整个项目进展缓慢，影响了丹东地区与整个东北经济腹地的联动发展。

三　东北沿边地区与腹地联动发展不足的成因分析

作为我国沿边开发开放的重要区域，东北地区绵延数千公里的沿边地

[①] 车慧恩、孟庆民：《甘肃与毗邻省区区域经济联系研究》，《经济地理》1998年第3期，第51~55页。

[②] 李靖宇、韩青：《关于辽宁沿海城市群经济带开发的推进论证》，振兴东北网，2010年5月10日，http://www.chinaeast.gov.cn。

[③] 董爽：《"东边道"建设与东北东部地区经济空间结构研究》，东北师范大学硕士学位论文，2006，第25~30页。

带拥有良好的发展条件，也具有强烈的发展愿望，但是通过以上分析，我们发现多数沿边地区存在制约其发展的各种问题，这些问题尤其体现在广大沿边地区与广阔的经济腹地之间联动发展的不足上。总结起来，这种不足可以归纳为以下几个方面。

第一，区域整合联动不足，区域综合发展程度与区域整合程度较低。具体而言，沿边地区与腹地之间往往存在较大的经济、社会发展差距，腹地经济发达地区的辐射力尚不能对沿边地区产生综合性、及时性的影响，沿边地区大多仍处于发展滞后的阶段。第二，产业地域联动不足。从联动方向上看，无论是前向产业联动还是后向产业联动，都面临动力不足的问题。不同地区之间在区域分工、产业协作上缺乏科学的规划和布局，地域间的产业联动不足。人为的区域分割以及地方保护主义的存在，也制约了产业的联动发展。第三，基础设施建设联动不足。沿边地区与腹地之间的距离较远，缺乏现代化的交通运输网络体系。物流设施、信息网络等各种配套设施的建设缺乏整体协调。第四，地区合作交流机制流于"务虚主义"，缺乏实质性的区域联动发展政策支持。各自为政、地方保护主义仍然存在，合作联动的机制不足，区域内信息、市场、资源分割，区域管理各自为政，利益协调、补偿机制不健全。总之，东北沿边地区与腹地的联动发展存在诸多方面的不足，总结这些不足的表现形式，有利于分析联动发展不足的原因。

我国东北沿边地区与腹地联动发展的不足有多方面原因。既有客观自然方面的原因，又有历史和现实因素的影响；既有经济社会方面的原因，又有民族和文化等方面的影响；既有国家和地方政府决策的原因，又有国际环境和地区形势的影响。东北沿边地区与腹地联动发展不足的原因，可归纳为以下几个方面。

1. 区域经济发展严重不平衡

发展的不平衡是影响沿边地区与腹地有效联动的重要基础性制约因素。沿边地区自然地理、社会文化等区位条件复杂，多数分布在山区、林区以及大江大河流域沿线，人口分布稀疏，民族结构复杂，文化差异巨大。同时，沿边地区的生态环境脆弱，地区经济社会发展的环境承载力不足，最终导致沿边地区与腹地之间发展差距巨大。根据区域经济极化理论等相关区域经济理论，这种发展的不平衡仍处于要素集聚阶段，集聚效应大于扩散效应。① 如果不采取相应的政策措施加以引导，这种发展的差距可能会进一步拉大。

对于东北沿边地区与腹地经济的联动发展而言，区域内部存在发展不平衡的现象，沿边地区与腹地之间存在不同程度的经济差距是一种客观的现实。根据区域经济发展不平衡理论，首先，经济差异使得资源要素向增长极过度集聚，欠发达地区的发展条件进一步恶化，循环累积效应的结果使得二者的联动发展越来越难。其次，沿边地区与腹地在发展水平上的差距使得促进二者联动发展的措施难以发挥有效作用。不相配套的发展环境、基础设施、产业结构、技术资本等条件，不仅不利于消除二者的发展差距，反而会导致沿边地区与腹地的发展差距进一步拉大。

2. 中心城市的"增长极"作用不足

实现联动发展，必须有强大的动力支撑。腹地中心城市的辐射能力、沿边经济中心城市的增长极作用、沿边地区外国经济中心的带动作用是区域联动发展的三个主要动力源。在我国东北地区，这三大动力源都存在动力不足的问题。

腹地中心城市的辐射能力对于沿边地区与腹地的联动发展非常重要，是最主要的驱动力。但我国东北地区腹地中心城市对沿边地区的辐射力还不足，增长极作用没有得到很好的发挥。哈尔滨、长春、沈阳三个中心城市是东北地区腹地经济的核心，在与沿边地区的联动发展上，三者存在不同程度的问题。第一，作为中心城市，它们在经济辐射力上对远在边疆的沿边地区的影响力不大；第二，虽然三者都是各自省域内首屈一指的大城市，但三大城市的产业结构相对单一，在地域分工合作体系中的作用没有得到很好的发挥，与地方经济的联系程度仍有待提高；第三，以特大城市为中心的基础设施、物流网络建设有待完善，这也制约了它们在促进与沿边地区联动发展中作用的发挥。

沿边地区的中心城市存在增长极作用不突出的问题。我国东北沿边地区缺少具有重要影响力的经济中心，以吉林省的延边州为例，作为大图们江流域国际开发合作的核心区域，这里并没有一个强大的经济中心。延吉市经济总量过小，而图们、龙井等更不能承担起这样的功能。黑龙江省漫

---

① 陆大道：《区域发展及其空间结构》，科学出版社，1995，第117~199页。

长的边界线上分布着众多口岸,但大多规模太小,不能很好地起到国内与国外发展纽带的作用。

与我国东北沿边地区接壤的外国区域也缺乏较大的经济中心。如俄罗斯的哈巴罗夫斯克、布拉戈维申斯克以及朝鲜的罗先特区等都是较小的经济中心,区域经济影响力不大。

3. 产业结构、发展方式的差异影响经济关联度

区域分工与合作理论认为,不同区域之间产业结构的关联性越强、产业联动越多,区域经济的发展联系就会越密切。这一点适用于沿边地区与腹地的联动发展研究。不同地区之间经济联系的纽带是产业关联,以及各类生产要素包括资本、技术、人力、信息等的充分流动。只有不断提高沿边地区与腹地之间的产业关联度,二者的联动发展才成为可能。我国东北沿边地区与腹地的产业关联仍处于较低水平。这从各自的产业结构中可以看出,产业结构的差异进而造成不同地区之间生产要素的流动受到很大的限制,不同区域间缺乏经济交流,很难建立全方位、深层次的联动发展关系。

除了产业关联和要素流动的限制外,沿边地区不同的发展方式也影响其与腹地的联动发展。如满洲里、黑河等口岸是能源资源进出口专业型口岸,延吉地区围绕朝鲜族聚居特色建立起消费型经济社会,辽宁丹东依托海陆两型口岸的优势大力发展临港工业、建设"大丹东",等等。沿边地区不同的发展方式意味着其与腹地的联动呈现不同的特点,同时也提出了不同的要求。而这些要求在其与腹地的联动发展中并没有得到很好的体现,成为制约二者实现联动发展的因素。

4. 利益主体的目标多元化

在区域合作交流中,不同主体的利益协调至关重要。实现沿边地区与腹地联动发展必须有相应的利益协调、补偿机制,而目前这种机制仍然不足。

在沿边地区与腹地的联动发展中,参与的区域主体较多,目标多元化限制了联动发展的进行。例如,辽宁省以发展"大丹东"为目标,突出丹东在辽宁沿海经济带东半部分的核心地位,同时谋求在东北"东边道"中发挥关键作用,将丹东建成东北沿边经济发展的龙头区域;吉林省则着力打造长吉图开发开放先导区,将其发展成为我国沿边开发开放的重要区域、面向东北亚开放的重要门户和东北地区新的增长极;蒙东

地区和黑龙江省也提出了沿边发展的主要目标,将最具对俄合作潜力的地区打造成外向型的"东北北部沿边经济带"。[1] 由此,在东北振兴战略和辽宁省、吉林省、黑龙江省各自发展战略的大背景下,三省已经出现互不相同、各自为政的"混战"局面,而在不同省区内部,各级市区之间的利益诉求更是各不相同。由于区域经济合作的主体在目标设定上存在诸多差异,经济较为发达的地区倾向于强调保持自身发展优势,经济相对落后的沿边地区则强调加快本地发展,这些无疑都增加了联动发展的难度,使多边合作机制难以形成。

5. "行政区经济"长期存在

"行政区经济"不同于利益主体的目标多元化。利益主体的目标多元化是指站在合理的立场上,通过市场公平竞争原则,谋求地区发展的利益最大化;而"行政区经济"更多的是通过行政手段强制实施,阻碍资源的合理流动,为了自身的发展利益而采取非市场经济行为,从而影响其他区域经济利益的实现,影响区域"帕累托最优"的实现。[2]

区域联动发展的一个重要表现形式是区域发展梯度转移。东北地区的经济发展水平存在明显的梯度特征,哈尔滨、长春、沈阳等中心城市处于发展的较高阶段,而沿边地区仍处于发展的初级阶段,要通过鼓励和促进区域产业梯度转移实现区域协调发展。但"行政区经济"制约了产业梯度转移目标的实现。如在经济相对落后的地区,政府发展本地经济的意愿强烈,往往越过市场经济原则采取行政手段发展地方经济,更关注自身利益而忽视区域整体利益的改善。"行政区经济"的广泛存在影响了我国东北沿边地区与腹地的联动发展。

6. 联动发展的企业主体发育不完善

不同所有制、不同规模、不同组织形式和不同生产类型的企业,是区域经济联动发展的微观主体。只有通过将各种生产要素在沿边地区与腹地之间进行优化配置,企业之间加强联系与合作,实现产业关联互动,才能真正实现沿边地区与腹地的联动发展。而目前我国东北沿边地区与腹地联

---

[1] 谢和亮:《黑吉两省边境贸易比较研究》,吉林大学硕士学位论文,2007,第10~21页。

[2] 豆建民:《中国区域经济合作组织及其合作成效分析》,《经济问题探索》2003年第9期,第43~46页。

动发展的企业主体发育不完善。

第一，东北地区的产业组织形式以国有企业为主，尤其是中央直属的大型企业在一定程度上主导着东北区域经济的发展。以国有企业为主的装备制造、能源化工等产业基本上形成了比较固定的产业分工体系，其他企业难以参与到这种分工体系之中，垂直产业链条没有在东北区域内广泛建立。第二，部分国有企业尚未建立现代企业制度，现代市场经济主体发育不完善，跨地区的产业布局经常受行政力量的干预。第三，民营经济在东北地区发展不足，吉林省民营经济占经济总量的比重远低于全国平均水平，民营经济融资困难、实力有限、投资领域狭窄等问题阻碍了民营企业的成长。第四，行业协会等行业组织缺乏，影响力不足。以企业为主体的民间组织的协调程度不够，不能承担起协调区域经济发展的作用。这些都不利于实现沿边地区与腹地的联动发展。

7. 国际区域经济合作总量不足

系统论作为一种富有哲理的科学理论和方法，要求全面而不是局部、开放而不是封闭、动态而不是静态地分析沿边地区与腹地的联动发展。边界线以外的外国地区作为系统的一部分具有重要影响。我国东北沿边地区主要与蒙古国、俄罗斯东西伯利亚及滨海边疆区、朝鲜北部接壤，这些地区的发展水平相对较低，发展条件复杂多变，与我国的经贸合作基本处于较低级阶段。因此，国际区域经济合作总量不足是制约沿边地区加快发展的重要外部因素。

国际区域经济合作总量不足主要表现在以下几个方面。第一，缺乏较大的经济中心。如与黑河相对应的俄罗斯的布拉戈维申斯克、比罗比詹、伯力等都是规模较小的城市。第二，通道建设不足，有限的通道运输能力制约了双边贸易的发展。黑龙江省10多个沿边口岸大多为公路口岸和水路口岸，铁路口岸缺乏，在一类口岸中，仅满洲里、绥芬河为铁路口岸。黑龙江上永久性桥梁建设不足制约了货物通关能力的提高。第三，初级贸易结构和单一贸易方式决定了大的经济中心难以形成，缺乏综合性、区域性的经济中心。[①]

---

① 李海东：《关于在中俄沿边口岸建立保税区问题的研究》，黑龙江大学硕士学位论文，2009，第50~61页。

8. 传统的沿边开发开放观念与模式

国际贸易中的比较优势理论、要素禀赋理论等是沿边地区开展国际合作的理论基础。我国东北沿边地区在对外开放中对这些理论有着充分的运用。然而，守土固边的传统视角、特殊政治经济环境下的区域限制开发、沿边城市缺乏长远准确的自我定位和单一的沿边地区发展模式，导致沿边地区的开发开放不足，对沿边地区与腹地联动发展的重视不够。

我国东北沿边地区在对外开放中存在的问题主要有以下几个方面：第一，开放的形式单一，结构雷同，缺乏大经贸的结构框架；第二，口岸商贸是主要的贸易方式，小额贸易与"旅游倒包"占较大比重；第三，对外开放的其他形式和制度安排缺乏，跨国直销、自由经济贸易区和边境贸易的财政、税收配套政策仍不完善；第四，口岸地区主要发挥"二传手"的作用，城市本身的发展壮大进程缓慢，缺乏适度超前的发展规划和长远目标，沿边地区自身的经济发展较慢。

四　推进东北沿边地区与腹地联动发展的对策

沿边地区与腹地联动发展的战略研究可以归纳为三个层面：第一，从联动发展的区域经济学含义出发，需要探讨联动发展的具体模式、演进形态和实现过程，即战略研究的联动模式层面；第二，沿边地区和腹地的联动发展是一个社会系统过程，涉及经济社会发展的各个方面，因此要从经济社会层面探讨具体的策略措施；第三，推动我国东北沿边地区与腹地的联动发展，最主要、最有力的推动者是各级政府，因此要从政府政策层面出发进行战略研究。所以，本部分将分别从联动模式、经济社会和政府政策三个层面开展联动发展的战略研究，并提出相应的对策和政策建议，以使本书的研究具有现实意义。

（一）联动模式层面

区域经济联动发展具有鲜明的模式化特点。在我国区域经济协调发展模式的探索过程中，总结出了许多不同的模式。如环渤海经济圈、长三角经济圈、珠三角经济圈等在一体化进程中呈现"圈状"模式；而长江经济带、沿海经济带、海峡西岸经济带等区域经济发展战略则呈现鲜明的带状特点。① 不同区域的联动发展模式需要充分考虑本区域的实际。本书认为，我国东北沿边地区与腹地联动发展的模式遵循以下路径。

1. 以"点线联动"为突破口，促进联动发展

在本书的研究中，无论是沿边地区还是腹地地区，基本上以点状经济中心为主，尚未形成连片状的经济区域。因此，以"点线联动"为突破口，促进沿边地区口岸城市与腹地中心城市的经济联系，是实现东北沿边地区与腹地联动发展的首要环节。

"点线联动"要求统筹沿边地区与腹地中心城市的发展，城市是"点"，只有把点与点有机连接起来才能促进区域的联动发展。构建区域开发整体战略，推动基础设施的一体化建设，解决产业布局、人才流动、信息交流等方面的问题，给予全方位的财政、税收、金融政策支持。统筹规划沿边地区与腹地中心城市的产业布局，拉长产业链，从区域经济联动发展的高度整合经济资源，实现产业错位发展和链条式发展。这种大产业体系是"点线联动"的核心。加强沿边口岸的基础设施建设，加强腹地中心城市的物流基础设施建设，以"大通关"理念为指导，推行腹地中心城市"一次申报、一次检查、一次放行"的通关模式，大幅度提高物流效率，降低物流成本②，从而使腹地的支撑能力与沿边口岸的窗口作用得到更好的发挥。2009年9月，长吉图开发开放先导区上升为国家战略，并被赋予了沿边开放先行先试的使命。这一战略明确提出依托长春、吉林两大腹地中心城市，促进我国参与东北亚图们江流域的国际开发合作。这是重视"点线联动"的表现。目前吉林省的长吉图开发开放先导区、辽宁省的沈阳—丹东地区、黑龙江省的"哈牡绥东"地区都应该以"点线联动"为突破口，促进区域联动发展。

2. "带状推动"促进区域经济联动发展

区域经济"带状推动"是"点线联动"的进一步演进。区域经济开发战略中的点轴开发理论认为，"轴"实际上是产业带，这种产业带是产品生产和流通的基地，也是经济发展的纽带。产业带必须处于交通线上及其周围，发达而稠密的交通网络体系的建立，把区域经济的各个中

---

① 郝寿义：《区域经济学原理》，上海人民出版社，2007，第283～315页。
② 金英笋：《大图们江地区开发对吉林省对外开放的影响》，《延边大学学报》（社会科学版）2009年第4期，第17～20页。

心连成一片，能够最大限度地提高区域内的物流效率，使区域经济利益最大化。

实现沿边地区与腹地"带状发展"，必须以沿边地区为龙头，以腹地中心城市为支撑，构建优势互补、良性互动的带状格局。构建生产、流通、服务系统网络，建立企业之间、产业之间、园区之间、城市之间的多层次的交流协调体系，使其发展成为高度融合的带状区域。2009年7月，《辽宁沿海经济带发展规划》获国务院批准，这是东北地区"带状发展"战略首次上升为国家战略。黑龙江省早在2008年就提出"哈牡绥东"贸易加工区的构想，并将其正式命名为"'哈牡绥东'对俄贸易加工区"，目前正努力申请将其上升为国家战略，该省还有《"哈牡佳黑"产业带计划》《黑龙江省沿边开发开放带发展规划》等。这些规划都强调沿边地区与腹地联动发展的"带状推动"。吉林省的长吉图开发开放先导区、辽宁省的沈阳—本溪—丹东经济带等也应该坚持这样的发展方向。

3. "整体联动"实现区域一体化发展

区域"整体联动"是联动发展的高级阶段。在这一阶段中，区域内贸易自由化，投资便利化，资源要素充分流动，区域经济向一体化发展。在"点线联动""带状推动"的基础上，区域内经济中心逐渐集聚强大的辐射能力，通过梯度推进、极化扩散等作用，逐步实现区域"整体联动"发展。我国东北沿边地区与腹地联动发展的目标即实现区域"整体联动"发展。

吉林省延边州地处中、俄、朝三国交界处，具有重要的开发价值和广阔的发展前景。2007年，《延吉、龙井、图们城市空间发展规划纲要》通过吉林省政府批准并颁布实施，"延龙图"一体化进入实施阶段。通过实施"开放、品牌、转型、协调、聚集、一体化"的区域城市化战略，"延龙图"将在不久的将来成为人口过百万、以"一主、两副、两轴、多核"的空间布局为特征的大型"组合城市"。"延龙图"一体化将打破旧的行政区划，构筑"延龙图"经济、社会一体化发展的平台，建设成为推进"长吉图"开发开放的前沿中心城市，提高区域经济核心竞争力。该规划纲要的实施，配合新出台的长吉图开发开放先导区战略，为吉林省沿边地区与腹地联动发展的大步推进奠定了良好的平台基础。

（二）经济社会层面

1. 构建联动发展的产业体系

东北沿边地区与腹地的联动发展关键在于区域内的产业联动发展，把腹地产业优势转化为区域整体产业优势，通过产业转移，拉长产业链，实现区域内资源的优化配置。由于历史原因，沿边地区的产业发展滞后，与腹地中心城市存在巨大差距，缩小这种差距，必须建立沿边地区与腹地联动发展的产业分工体系。丹东要利用临港产业园区的优势，重点发展汽车及零部件、装备机械制造、食品饮料、生物医药、仪器仪表、纺织服装、电子元器件等支柱产业，逐步与辽中南腹地建立优势互补的产业分工合作体系，为园区大发展打下基础。吉林省的沿边地区目前设有珲春出口加工区、中朝罗先经贸区等发展园区，要注重发展农产品加工、木制品加工、服装加工、电子产品加工等特色产业，加快发展汽车零部件、农产品深加工、石化、化纤、生物制药等优势产业。黑龙江省在"哈牡绥东""哈大齐满""哈牡佳黑"等经济规划带的产业发展规划中应突出其优势产业和对俄贸易的传统重点领域，主要加强跨境贸易、对俄劳务合作、服装与家电出口、汽车和建材出口等方面的合作。[①]

提升产业竞争力、优化产业结构是实现产业联动的另一个重要方面。我国东北沿边地区目前仍处于工业化的初级或中级阶段，过度依赖资源开发和加工制造，产业结构层次较低，产业外向度也不高。如大兴安岭、伊春、鹤岗、牡丹江、黑河等地区多以石油化工、电子机械、能源生产加工、装备制造等资金密集型企业为主，产品多为初级和中级产品，技术水平低，更新换代缓慢，国际竞争力不足。因此，沿边地区与腹地的产业联动要重视优化产业结构，提高区域整体产业竞争力。

构建产业联动的布局体系。辽宁沿海经济带、长吉图开发开放先导区和黑龙江东北沿边经济带应充分进行地域产业分工协作。丹东要以辽宁沿海经济带为依托，充分利用港口优势，建设面向东北亚的生产、储运和销售中心；长吉图开发开放先导区要以延吉、珲春等为龙头，重点发展能源

---

① 陈才、丁四保：《东北地区边境口岸经济发展现状的调查与分析》，《东北亚论坛》1999年第2期，第49页。

合作、新能源汽车和生物产业等，打造东北地区新的增长极；黑龙江省要利用沿边口岸众多的优势，发展高新技术产业和先进装备制造业[①]，加快推进农产品加工、新能源、装备制造、生物医药等产业的发展，吸引腹地产业向沿边地区梯度转移，优化产业结构。

2. 促进要素自由流动，实现资源优化配置

资源要素充分流动是区域经济联动发展的基础。东北沿边地区与腹地之间在人力、资本、技术等生产要素的充分流动方面严重不足，主要原因有：沿边地区与腹地存在巨大的发展差距，极化作用使得要素向发达地区集中；交通、通信等基础设施不完善，资源流动的成本巨大，流通不畅；地区间发展思路不统一，协调统筹不足，存在资源要素的恶性竞争现象。要实现东北沿边地区与腹地的联动发展，必须大力促进人力、资本、技术等要素的充分流动，实现资源要素优化配置。

具体的措施有：建立区域间人员交流和人才培养机制，鼓励人力资源服务机构发挥作用，建立人力资源信息共享平台；加大金融、资本政策扶持力度，发挥市场机制的基础性作用以改善资本流动，建立融资平台，鼓励本地和外地金融机构参与区域内资本市场；加强科学技术交流合作，鼓励科技型企业、研发机构、高等院校、科研院所等开展产学研合作，设立研发基金，联合研发重大项目，建立高端科研平台；等等。资源要素的充分流动是沿边地区与腹地联动发展的推动力。

3. 推动现代服务业一体化建设

现代服务业是伴随信息技术和知识经济的发展而产生的，要用现代化的新技术、新业态和新服务方式改造传统服务业，创造需求，引导消费，向社会提供高附加值、高层次、知识型的生产服务和生活服务。发展现代服务业能够进一步挖掘沿边地区与腹地联动发展的潜力，拓宽联动发展的渠道，加深联动发展的程度，加快联动发展的进程。

在沿边地区与腹地中心城市的联动发展中，要充分利用信息技术、互联网等要素，建立互动发展的信息平台和网络体系。沿边地区与腹地要共建信息网络，充分发挥政府、企业及民间信息平台的作用，推进信息一体

---

① 王洛林、魏后凯：《振兴东北地区经济的未来政策选择》，《财贸经济》2006 年第 2 期，第 8~9 页。

化建设。优化发展区域内的金融、物流、电子商务、文化娱乐、医疗保健、餐饮住宿等现代服务业，全面改善区域内的经济社会条件。此外，发展现代旅游业是一个重要的方向。应整合区域旅游资源，共享市场信息，建立东北地区旅游合作的联动运行体系，形成覆盖东北沿边地区与腹地的旅游市场网络。在设计旅游产品时，要注重打造东北旅游的整体形象，制定沿边地区与腹地联动的旅游精品路线，并做好对外宣传工作。开发高附加值旅游资源，形成集观光、休闲、会展、民俗、商务等于一体的综合旅游产品，大力发展旅游相关产业。

(三) 政府政策层面

政府是推动区域联动发展的关键主体。实现我国东北沿边地区与腹地的联动发展，最有效的推动力来自政府。要充分发挥和依靠政府的宏观调控职能，通过中央政府和各级地方政府的有力推动，加快沿边地区与腹地的联动发展。我国区域经济的重要特征是"行政区经济"广泛存在，地方政府担当行政主体和市场主体的双重角色，为了局部利益，限制跨地区的要素流动，这是我国区域经济发展不平衡、不协调的一个重要原因。这一问题在东北沿边地区与腹地的联动发展中同样存在。从政府政策层面讨论联动发展的对策，主要包括以下几个方面。

1. 建立地方政府间联动制度

沿边地区与腹地的联动发展，需要各级政府的共同推动，逐步建立区域间统筹联动的互动机制、互助机制和利益补偿机制等。

互动机制是实现区域联动发展的基本机制。互动机制要求充分发挥各区域的比较优势，进行多层次、全方位的区域合作，通过制度化的区域合作，实现区域优势互补、协调发展和互利共赢。为此，要鼓励沿边地区与腹地企业开展多种形式的合作，建立跨区域的企业合作机制与平台。

互助机制是实现区域联动发展的必要保障。建立联动发展的互助机制，就要做好腹地发达地区对沿边落后地区的对口支援和协助工作，搞好资金、技术、项目各方面的互助合作，充分发挥腹地对沿边地区的示范、辐射作用。

利益补偿机制是实现区域联动发展的重要保证。利益补偿机制从区域发展的整体性出发，对区域内各地区间的分工合作进行利益协调。在充分发挥市场机制作用的基础上形成完善的价格机制，建立沿边地区与腹地之间合理的生态补偿机制，建立"谁污染谁治理、谁开发谁保护"的生态保护制度。对跨区域的项目给予相关政策倾斜，对跨区域的产业布局给予优惠扶持，对积极推进区域间合作的部门和人员进行表彰，等等。总之，通过上述一系列制度，鼓励沿边地区与腹地开展合作互动，推动区域联动发展。

政府间的合作机制和合作平台是上述各种机制发挥作用的有效载体。沿边地区与腹地之间可以建立跨区域的经济调节委员会，以一些专项领域合作为突破口，如煤炭、风能合作开发等，逐步拓展区域合作领域。建立"城市联盟"制度，深化目前"4+4"城市合作、丹东"1+12"合作模式等。建立东北区域内部跨省区的地方干部交流轮值制度，通过官员职务调动，增强官员对东北地区的整体认知，培养协调发展的理念。鼓励和扶持各种非政府组织（NGO）、企业协会等发挥协调作用，为沿边地区与腹地的联动发展创造条件。

2. 统筹区域城镇化建设

城镇化既是区域经济发展的结果，也是区域经济快速发展的动力和契机。从一定意义上讲，沿边地区与腹地的联动发展，就是沿边地区中心城市与腹地中心城市之间的联动发展。提高东北沿边地区与腹地的城镇化水平，有利于提高区域经济联动发展的水平。我国东北地区城镇化水平整体较高，尤其是在腹地地区，城镇化水平要高出全国平均水平近10个百分点。但在广大沿边地区，城镇化水平仍然偏低。另外，东北地区的城镇化质量偏低，只是完成了初级的城镇化，在向城市现代化过渡方面落后于国内沿海发达地区。

加快东北沿边地区与腹地的城镇化建设需要从三个方面着手。第一，提高腹地中心城市的现代化水平，增强城市的现代化服务功能，优化产业机构，促进产业升级，逐步向沿边地区及周边地区转移落后产业和劳动力密集型、资源密集型传统产业。第二，大力提高沿边地区的城市化水平，提高沿边城市的对内窗口作用和对外商贸作用。提高沿边地区城市化水平的重点在于完善沿边城市基础设施、改善沿边地区居民生活水平、提升沿边城市资源集聚能力、扩大沿边城市对外贸易影响力等。第三，实现沿边城市与腹地中心城市的联动统筹，提高区域城镇化联动效率。从沿边地区与腹地联动发展的高度推进区域城镇化建设，使沿边地区与腹地在基础设施对接、产业优化布局、企业跨区发展、要素流通平台共建等方面开展实质性合作，制定城镇化发展的联动协议框架。在省级政府的主导和支持下，建立跨区域的城镇化建设指导委员会，积极开展研究论证，做好城镇化联动发展先行先试及推广工作。

3. 加强国际合作与调整对外开放战略

对外开放是沿边地区经济发展的重要内容，研究我国东北沿边地区与腹地的联动发展，要始终重视这一点。扩大和完善沿边口岸地区的经贸功能，能够为沿边地区与腹地的联动发展提供强大的动力支持。

东北亚国际开发合作环境的不断改善，要求我国进一步提高东北地区对外开放的层次和水平，进一步优化东北地区对外开放的布局和方向，进一步推动我国东北地区对外开放战略的调整，适度超前，先行先试，提高沿边地区与腹地联动发展的水平。

党的十七大明确提出，要"提升我国沿边开放带的建设水平"。目前，小额边境贸易与"旅游倒包"是沿边口岸城市共同的基本贸易形式，这对振兴地方经济、增加地方财政收入具有积极意义，但这种开放形式过于单一。各类边境经济合作区基本没有形成良性发展的能力，对区域经济的支撑作用不强。因此，应拓展口岸经济的内容，实现商品贸易、技术贸易和服务贸易一体化发展，加快中俄黑龙江流域的合作，推进中蒙铁路接轨与内蒙古东部地区开发，全面参与图们江流域多国合作与开发，抓住机遇进行中朝图们江流域与鸭绿江流域的综合开发，全方位提高东北沿边地区的对外开放水平。

进一步优化东北沿边地区对外开放的布局。发挥区域优势，减少沿边口岸地区的盲目竞争和重复建设。黑河是重要的河港口岸，应积极拓展黑（河）—布（拉戈维申斯克）两市的互市贸易，加快外向型加工业出口基地建设，推进黑河公路铁路大桥项目，建设国际枢纽城市；绥芬河作为中俄国际大通道与国际商贸城，面向俄罗斯滨海边疆区及东南港口群，应重点发展出口加工基地，建设好综合保税区；图们江地区的珲春、圈河口岸位于三国交界处，邻近俄朝港口群，应加快招商引资，发展出口加工业，大力发展珲春边境经济合作区和延吉外向型产业基地，发展交通运输业和跨国旅游业，与"长吉"地区的优势产业对接互动；满洲里承担了60%以上的中俄贸易运输量，是最重要的中俄贸易口岸和中俄、中欧国际大通道，应依托中俄互市贸易区建立立体化、综合型的贸易体系，发展特色旅游服务业；丹东是对朝经贸往来最重要的铁路、公路口岸和港口口岸，同时还是输油管道口岸，应借助辽宁沿海经济带战略的规划实施，推动中朝边境地区的开发与建设，抢占未来中朝经贸合作的先机。

推动我国东北地区对外开放战略的调整。这是促进东北沿边地区与腹地联动发展的要求，也是我国参与国际竞争的必然要求。国家应参照沿海地区对外开放政策，结合东北老工业基地振兴的要求，给予东北沿边开放更多政策优惠和先行先试权。应鼓励省级政府和地方政府通过科学的评估，向国家相关部门申请，将有条件的互贸区向边境自由贸易区转化；建立综合保税区，建设保税工厂，发展转口贸易等；海关、税收、金融、土地管理等部门要给予更多的政策支持；开展外商从事商业零售和金融业务的试点，促进区域性金融市场的发展，拓宽投融资渠道。例如，吉林省应积极推动珲春出口加工区升级为综合保税区，与长春长东北综合保税区在政策、物流和项目等方面加强协作与联动。[①] 黑龙江省应积极推动"哈牡绥东"对俄贸易加工区建设和对俄开放经济带建设。

---

① 衣保中：《建设长吉图先导区保税物流体系》，《新长征》2010年第7期，第19~21页。

第三章
东北地区沿边口岸开发开放战略

一 辽宁省沿边口岸开发开放战略

1. 辽宁沿海经济带开发上升为国家战略

2009年7月1日，辽宁沿海经济带开发上升为国家战略，并且明确了"立足辽宁，依托东北，服务全国，面向东北亚"的战略定位。

辽宁沿海经济带作为东北地区唯一的沿海区域，是东北地区对外开放的重要出海通道。辽宁沿海经济带开发的国家战略推进，有利于东北地区的综合运输体系建设，保障东北地区对外贸易加快发展，进一步推进区域经济一体化进程，实现沿海与腹地之间的良性互动和优势互补。同时，还有利于促进东北地区产业结构的优化升级，全面提升东北区域经济的整体竞争能力，加快东北老工业基地全面振兴的步伐。

辽宁沿海经济带开发，有利于拓展东北地区产业结构调整空间。邻近港口的沿海区域是适宜重化工业布局的良好区域。目前，东北地区石化、钢铁等企业所需的铁矿石、原油等原料的33%，以及成品油和钢材等产品的50%左右，需经辽宁海港调入和运出。辽宁沿海已成为东北腹地石化、钢铁等产业发展的重要依托。开发建设辽宁沿海经济带，既可以推动石化、冶金等原材料工业以及重型装备制造业向沿海地区布局，也可以有效承接国际重化工业产业转移，使辽宁沿海经济带成为国家新型产业基地的主要承载地。而东北地区作为辽宁沿海经济带的广阔腹地，可以进一步加速海陆联动进程，通过"以内促外、以外带内"的有效形式，进行产业升级调整，淘汰落后产业，更新传统产业，引进高新技术产业，大力发展现代服务业，促进产业结构优化升级，优化东北地区经济布局，加快国家新型产业基地建设。

辽宁沿海经济带开发，有利于构筑东北地区全方位开放新格局。从某种意义上讲，区域经济发展空间的大小取决于其开放的深度与广度，而开放水平的高低，也同样决定了区域经济发展的程度。辽宁近年来虽然利用外资保持高速增长，开放型经济建设呈现良好发展态势，但潜在优势并没有得到充分发挥，特别是濒临日韩的区位优势还没有充分利用。辽宁沿海经济带的开发建设，既可以提高辽宁对日韩资本的吸引力，又可以发挥辽宁工业基础雄厚的优势，促进外向型加工业发展，拓展腹地产业发展空间。同时，辽宁沿海经济带的开发建设，有利于发挥沿海地区利用国内国外两种资源和两个市场的地缘优势，进而提高整个东北地区经济的外向度、国际化水平和国际竞争力，有利于形成全方位对外开放的新格局，全面提升东北地区对外开放的质量与效益。

辽宁沿海经济带开发，有利于形成沿海与东北腹地间的良性互动。东北老工业基地的振兴离不开对外开放，而对外开放的重要手段之一就是实现沿海与腹地的互动发展。辽宁沿海经济带开发作为国家战略的实施，就是要通过沿海地区的交通、能源、供水等基础设施建设，加强沿海各县市的经济合作与交流，推进辽东半岛沿海经济区、辽西沿海经济区和辽宁中部城市群经济区建设，进而把沿海开发融入辽宁省域经济乃至东北老工业基地振兴进程中。这样既有利于形成"点—轴—面"模式，又有助于充分发挥沿海经济带对广大腹地的辐射带动效用，进而形成沿海与腹地良性互动的对外开放新格局。

2. 丹东港开发开放战略

丹东港是环渤海经济带的重要组成部分，同时也是连接朝鲜半岛与欧亚大陆的最便捷的水路通道，在辽宁及东北地区对外开放格局中发挥着独特且不可替代的重要作用。作为辽宁沿海经济带东端起点和东北东部地区新的出海通道，丹东港在东北东部地区和丹东市的社会经济发展与综合交通运输体系中承担着枢纽港的作用。丹东港依托辽宁、吉林、黑龙江、内蒙古四省区的广阔腹地，随着东北东部铁路和丹通高速公路的开通，沿线辐射的粮食、煤炭、矿石、钢材等大宗货物将以最短运距通关出海，临港产业集群迅速发展，形成东北东部地区专业化物流中心。

丹东实施对外开放战略，外经贸取得显著成就。2013年，丹东市外贸进出口总额为49.82亿美元，比上年增长8.4%。其中，出口总额为32.72亿美元，比上年增长13.8%；进口总额为17.10亿美元，比上年下降0.7%。从贸易方式看，一般贸易出口17.69亿美元，比上年增长20.4%；边境小额贸易出口7.30亿美元，比上年增长15.7%；来料加工贸易出口2.65亿美元，比上年下降1.5%；进料加工贸易出口1.73亿美元，比上年下降18.8%；保税仓库进出境货物出口2.91亿美元，比上年增长5.8%。港口货物吞吐量为12065万吨，比上年增长24.9%，其中集装箱吞吐量为150.8万标准箱，比上年增长20.6%。全市实际利用外商直接投资11亿美元，比上年下降8.4%，全年新签利用外资项目21项，合同金额为3.23亿美元。新办三资企业21家，年末三资企业实有683家。全年对外新派劳务合作人员2303人次。

丹东还大力推进旅游业发展。2011年，共接待国内外游客2686.2万人次，比上年增长17.8%。其中，国内游客2646.1万人次，境外入境游客40.1万人次，比上年分别增长17.7%和22.5%。旅游总收入为279.6亿元，比上年增长27.6%，旅游创汇收入为2.1亿美元，全年组织赴朝旅游人数达4.5万人次，比上年增长80%。赴朝旅游收入为5600万元，比上年增长75%。2013年，共接待境外入境游客53万人次，比上年增长8%。全年旅游总收入为377亿元，比上年增长12%。其中，国内旅游收入为358.6亿元，旅游外汇收入为2.98亿美元。

丹东工业经济已初步形成了以汽车及零部件为主导的装备制造业以及矿产品加工业、农产品加工业、纺织服装业、电力能源工业等优势产业，大客车、车桥、化纤等产品在国内外有较高声誉。丹东电力资源充足，总装机容量达到159万千瓦，随着一批电力能源工程的竣工达产，3~5年装机容量将达到500万千瓦。农业方面已初步形成海水精品和鸭绿江珍品渔业带以及优质稻米、板栗、草莓、蓝莓等特色农业基地，是全国最大的草莓、板栗和贝类养殖生产和出口基地。商贸服务业、物流业蓬勃发展，现已与世界100多个国家和地区建立了贸易关系，兴办三资企业累计超过1600家。在辽宁加快实施沿海开放战略中，丹东作为辽宁"五点一线"对外开放格局中的重要一极，面临前所未有的发展机遇，丹东新区开发与建设将使丹东由"江城"变成"港城"，为国内外客商投资丹东提供了一个新的更高品位的理想空间。

丹东加大沿海产业园区的综合开发力度。丹东产业园区是辽宁省沿海城市群的东端起点，具有独特的区位优势、交通优势、腹地优势、产业优势和生产要素优势。丹东临港产业园区把重点建设以临港大工业、先进设备制造、出口加工、高新技术和现代服务为主的"五大产业基地"同经济腹地发展相结合、相融通。丹东的经济腹地主要包括辽宁、吉林、黑龙江的13个市（州），总面积为28万平方公里，人口为2700多万人，这一地区是东北主要的粮食、煤炭、木材、钢铁生产基地。13个市（州）山水相连，地缘相近，经济相关。丹东作为13个市（州）经济带中唯一的港口城市，是东北东部最便捷的出海口。丹东作为中国对朝经贸合作桥头堡的地位愈加突出，丹东对朝贸易占全国对朝进出口总额的50%以上。

港口是丹东对外开放的最大优势。作为东北东部城市群中最近的出海口，丹东港目前有三个港区，分别为大东港区、浪头港区和海洋红港区。生产性泊位有30余个，拥有粮食、矿石、煤炭、油品、集装箱、客滚、散杂货、通用等专用泊位和配套的专业化、自动化装卸系统及货物存放库场，港口年综合吞吐能力达2亿吨。目前已与日本、韩国、俄罗斯、美国、巴西、印度等70多个国家和地区的90多个港口开通了散杂货、集装箱、客运航线。2012年，丹东港货物吞吐量为9656万吨，比上年增长26.5%，其中集装箱吞吐量完成125万标准箱，比上年增长73.9%。2013年，丹东港货物吞吐量达1.2亿余吨，同比增长24.5%，集装箱吞吐量完成156万标准箱，同比增长24.8%。丹东港的发展规划是，"十二五"期间，丹东港将建设成为货物吞吐量达3亿吨的大港，庙沟港池主要建设粮食、通用、散杂货和舾装泊位，大东沟港池主要建设5万~30万吨级煤炭、矿石、油品、汽滚、集装箱等大型专业化深水泊位，海洋红港区形成深水港口；2020年，港口吞吐能力将达到5亿吨，成为现代化、专业化、集约化、深水化的国际一流综合贸易商港。大孤山经济区作为辽宁沿海经济带黄海翼丹东与大连的连接枢纽，在"举全省之力打造"的大背景下，又一个大港在向我们招手。2010年11月24日，丹东市政府与大连港集团合作开发大孤山经济区海洋红港区项目签约仪式在丹东山上宾馆隆重举行，标志着丹东沿海开发开放取得重大突破，也标志着丹东落实辽宁沿海经济带战略迈出了崭新的一步。未来的亿吨大港——海洋红港将成为东北东部新的出海大通道。除加快建设丹东港、海洋红港两个港口外，还开工建设两个口岸区，即中朝鸭绿江界河公路大桥口岸区和安民口岸区，以期进一步打通出边通道，全面深化东北东部区域合作，进一步扩大腹地支撑优势。

坐拥两港，背靠腹地，丹东肩负着东北东部地区乃至东北亚走向世界"大通道"的重任。也正是在这个意义上，丹东积极加强与省内外的经贸交流，通过"窗口"牵动"腹地"，实现大开放、大开发、大发展。向西，丹东积极融入大连核心圈，逐步建立与大连区域互补、产业链条关联度高的产业结构。国际综合物流网络是丹东港现代物流发展战略的重要组成部分。未来5年，丹东港将在东北、内蒙古、长江流域及东南沿海等区域建设30余个物流中心，其中本溪、沈阳、通化、长春、哈尔滨、佳木斯、牡丹江等陆港已建成运营，虎林、阿尔山、绥芬河、白城等陆港正快速推进。同时，在韩国、中国香港、新加坡、美国、巴西等国家和地区建设远程陆港，形成以丹东港为枢纽，辐射东北、内蒙古东部、俄罗斯远东地区及国内南方、东南亚、欧美等地的国际综合物流服务网络。2013年，丹东港迈入亿吨大港行列，在东北三省和内蒙古等地建成陆港21个，到长春、牡丹江等地的8条海铁联运专线先后启动，东北东部区域合作进一步推进。丹东沿边开发开放试验区报批工作取得实质性进展。

继珠三角、长三角之后，辽宁沿海经济带、长吉图开发开放先导区和沈阳经济区先后上升为国家战略，东北成为新的经济活跃区，区域合作势头强劲。国家继续实施振兴东北老工业基地战略，支持沿边地区加快开发开放，辽宁沿海经济带进入全面建设时期，为丹东加快合作步伐、承接先进技术和产业转移、增强在东北亚地区的影响力和吸引力、争取国家政策和资金支持提供了难得契机。同时，一批重大交通基础设施陆续投入使用，丹海高速公路于2011年9月17日竣工通车，丹通高速公路于2012年9月26日建成通车，东北东部铁路将在两年内正式通车，届时东北东部沿线12个市（州）将与丹东连成一线，经济发展腹地不断向东北东部延伸扩大，成为东北东部广阔腹地的新出海通道。建设中的沈丹铁路客运专线、丹大快速铁路正在全速推进，丹东即将迎来"高铁经济时代"，与沈阳、大连共同构成"金三角"，融入同城化的"一小时经济生活圈"。这也意味着一个集海、陆、空于一体的四通八达的交通网络正在形成，凭借这一发展优势，丹东将成为汇聚人流、物流、资金流的"大磁场"。

丹东将积极促进加工贸易转型升级，加快培育以技术、品牌、质量、服务为核心竞争力的新优势。推动加工贸易向上下游延伸，延长加工贸易国内增值链，推进市场多元化。同时，进一步加大对农产品、纺织服装、机电产品、水产品加工等外贸出口骨干企业的支持力度，培育出口品牌，建设一批在世界有一定影响力的特色产业出口基地。2015年，全市外贸出口总额达到40亿美元，年均增长20%。此外，不断提高利用外资的质量和水平。进一步拓宽利用外资的渠道，在继续大力吸引韩国、日本及中国的港澳台等国家和地区对丹东扩大投资的基础上，积极争取欧盟、北美等发达经济体对丹东的投资。全面优化招商引资环境，改进招商方式，加大产业集群招商和园区招商的力度，由引资向选资转变。"十二五"期间，实际利用外资累计达100亿美元，年均增长37%。

开发开放既是辽宁沿海经济带开发建设的核心所在，也是丹东潜在优势释放的爆发点。只有通过大开发、大开放，才能进一步凸显丹东重要的区位优势和优越的开放地位，把地处边境、毗邻半岛的潜在优势转化为现实优势，推进"辽宁对外开放新窗口、东北东部出海新通道、东北亚地区国际化港口城市"的战略目标。

丹东应进一步加快推进基础设施和功能区建设，着眼于路、港、区一体化发展，建设"路港直达、口岸连通、出关入海、通达国际"的基础设施和口岸服务体系。进一步加快推进沿江沿海开发建设，以丹东—东港"同城化"为契机，加快黄海大道两侧的开发建设步伐，统筹沿江沿海开发建设和城乡一体化发展，把"一核两翼"迅速做大。进一步加快推进区域合作进程，找准区域合作发展的切入点和突破口，在对内与对外联动、沿海与腹地互动中发挥更为重要的作用。在对内合作方面，加快推进"西进东联、南北互动"战略。主动融入大连核心圈，重点在商贸、旅游、金融、会展、交通、城建等方面加强合作。推进与东北东部城市合作机制向常态化发展，加快推进陆港、经济合作先行区等重点项目，进一步扩大外经贸规模，提升外经贸水平。把沈阳经济区作为区域合作新的战略重点，依托沈丹高速公路和客运专线，主动接受沈阳经济区的辐射，成为南北互动发展的重要节点。

3. 中朝合作开发黄金坪和威化岛战略

黄金坪岛，简称黄金坪，位于鸭绿江上，面积为11.45平方公里，是鸭绿江中的第二大岛。该岛土地肥沃，是朝鲜新义州地区的代表性粮仓地带。黄金坪与丹东浪头镇陆地相连，中间仅隔着一道铁丝网。威化岛，位于丹东与新义州中间的鸭绿江江心，面积约为60平方公里，隶属朝鲜民主主义共和国新义州市，岛上居民很少，主要以农业为主。威化岛对于朝鲜人民具有重大的历史意义，朝鲜有着近500年历史的李氏王朝就是在这个名不见经传的小岛上启幕的。丹东作为我国最大的边境城市，在中朝贸易中发挥着重要的作用。丹东港货物吞吐量占中朝货物吞吐量的70%左右，且中朝进出口货物量和进出口总额每年分别以13%和25%的速度递增。从地图上可以看出，丹东与朝鲜新义州隔江相望，而黄金坪与威化岛正处于丹东与新义州中间的核心位置，因此，两岛的开发对中朝两国的经贸往来具有深远的意义。

2009年，正逢中朝两国建交60周年，中朝两国高层接触频繁，不仅仅是热络的政治关系，经济关系也变得更加密切，外交方面呈现的多方配合的新气象意味着中朝关系步入了崭新的发展阶段。2010年2月23日，韩国媒体报道，朝鲜为了吸引外国投资，开放位于中朝边境鸭绿江上的两国面积最大的岛屿，并交由中国企业开发。2010年12月，朝鲜合营投资委员会和中国商务部在北京缔结《合作发展黄金坪的谅解备忘录（MOU）》，向中方租借黄金坪并转让开发权，租借期为50年，可延长50年，朝鲜黄金坪的开发引起了多方的关注。2011年6月6日，朝鲜最高人民会议举行常任委员会会议，批准了"黄金坪和威化岛经济区的开发计划"。2012年9月15日，"中朝共同开发和共同管理黄金坪经济区管委会"办公大楼在朝鲜黄金坪奠基，标志着中朝共管"两岛经济区"中的黄金坪开发工作正式启动，从此，中国和朝鲜共同开发、共同管理黄金坪的计划正式拉开帷幕。朝鲜政府已经制定了一项特别法律，允许在黄金坪岛上设置自由贸易区。根据规划，黄金坪岛将被开发成一个物流、旅游和制造业中心，旨在把黄金坪岛和威化岛打造成朝鲜的"香港"。目前，黄金坪岛上的道路等基础设施正在建设之中，全长3030米的新鸭绿江公路大桥已完成主体工程施工。

黄金坪与威化岛的开发立足中朝两国"继承传统、面向未来、睦邻友好、加强合作"发展方针的基础之上，以"政府主导、企业为主、市场运作、互利共赢"为主旨展开的黄金坪开发是朝鲜打开国门的重要举措。它不仅反映了朝鲜国家发展政策逐步倾向于经济发展的基调变化，而且符合朝鲜高层领导人意欲改善民生的愿望。另外，黄金坪的开发也与中国政府要把东北沿海地区建设成为东北亚经济中心的宏伟计划相契合。

当然，黄金坪与威化岛的开发也面临一系列问题。例如，开发面临较高的贸易风险。与朝鲜进行国际贸易不同于与其他国家进行的贸易往来。朝鲜的金融机构在国际市场上的信用度较低，因此国际金融机构很少与朝鲜进行贸易往来。所以，要想与朝鲜进行贸易往来就要经由第三国担保或者是进行现金交易。黄金坪的开发权或属香港新恒基，未来新恒基可能会在黄金坪投入100亿美元进行项目开发，由于朝鲜方面的贸易风险高，新恒基提出开发由中国政府做担保，如果投资失败，中国要承担80%的损失，政府要对企业进行补偿。基础设施落后也制约着开发进程。尽管黄金坪有土地肥沃、资源丰富的优势，但其硬件设施和基础设施还停留在六七十年前的水平，基础设施落后对大规模的投资建设造成了相当大的困难。以丹东与朝鲜新义州的桥梁为例，迄今唯一一座可以使用的桥梁是1943年修建的鸭绿江大桥。这座桥一侧是铁轨，另一侧是可通行小型车辆的宽仅为3.1米的单行线公路，每当火车通过时，桥上禁止一切车辆通过。可以想象，这样一座高龄"老桥"如何能满足逐年递增的中朝边境贸易以及旅游需求，而航空贸易的可能性更是微乎其微。与贸易风险高、基础设施水平落后相比，朝鲜半岛局势的不稳定更令投资方担忧。朝鲜半岛一直是世界关注的热点地区，韩朝关系自从李明博上台以来就一直处于僵持状态。2010年3月的"天安号事件"以及同年11月的"延坪岛事件"更使得本已剑拔弩张的朝鲜半岛局势雪上加霜。2011年韩美军事演习以及韩朝间对话断绝带来的战争阴影不仅使半岛局势蒙上阴影，而且给黄金坪和威化岛的开发增加了不稳定因素。不仅如此，朝核问题和朝鲜内部局势问题也都对黄金坪和威化岛经济区的建设与开发起着负面作用。

虽然黄金坪和威化岛经济区的建设与开发面临很多困难，但我国与朝鲜方面都对经济区的建立投入了很大努力。我国对朝鲜进行了大量的援助建设，对朝鲜基础设施的投资包括港口、货物装卸区和仓库等。一些企业也在推进港口连接公路建设、铁路网养护等事业。其中，对交通基础设施的投入力度是非常大的，新鸭绿江大桥的建设就是其中最具代表性的项目。中朝贸易流通量的70%是通过连接丹东与新义州的交通网络进行的，对这一地区的基础设施进行投资和建设，不仅为丹东的发展提供了便利条件，而且为黄金坪和威化岛经济区的开放与发展奠定了良好的基础。丹东的企业家表示，中国在获得黄金坪开发权后，将加快鸭绿江新桥所在的丹东新区国门湾的开发速度。目前黄金坪的合作开发归丹东边境经济合作区管理，合作区还单独设立了"两岛"开发办公室，具体负责合作开发事宜。

2012年8月14日，中朝共同开发、共同管理罗先经济贸易区以及黄金坪和威化岛经济区联合指导委员会第三次会议在北京召开。中国商务部部长陈德铭和朝鲜劳动党中央行政部部长张成泽共同主持会议，联合指导委员会双方成员单位有关负责人出席会议。双方一致认为，在两国政府和企业的共同努力下，黄金坪和威化岛经济区的开发合作已取得显著成果，进入实质性开发阶段。双方已共同编制完成有关规划纲要，推动机制建设、人才培训、详细规划编制、法律法规制定、通关便利化、通信、农业合作以及具体项目建设不断取得新的积极进展。朝方还为此专门制定了《黄金坪、威化岛经济区法》。会议期间，双方宣布成立黄金坪、威化岛经济区管理委员会，并签署了成立和运营管理委员会的协议、经济技术合作协定，以及农业合作、园区建设、详细规划等相关协议。

从上述中朝双方的努力我们可以看出，尽管黄金坪和威化岛的开发还存在或大或小的问题，但是凭着两国政府和人民的共同努力，黄金坪和威化岛经济区将会被开发成一个物流、旅游和制造业中心。而且黄金坪和威化岛经济区的开发作为朝鲜打开国门的一项重要举措，不仅有利于朝鲜经济向着更加积极的方向发展，而且有利于中朝两国的互利共赢，符合两国人民的共同利益。

二 吉林省延边口岸建设与发展战略

随着《中国图们江区域合作开发规划纲要》被国务院批准实施，吉林省延边州作为长吉图开发开放先导区中的重要战略地带，其各口岸的窗口作用更为瞩目，在畅通对外通道工程中的地位更为凸显。延边州位于中、朝、俄三国交界处，面临日本海。东与俄罗斯滨海边疆区接壤，南隔图们江与朝鲜咸镜北道、两江道相望。边界线总长768.5公里，其中中俄边界线长246公里，中朝边界线长522.5公里。全州有5个边境县市（珲春、图们、龙井、和龙、安图），边界线上有12个对外开放口岸（其中临时口岸1个、航空口岸1个、对俄口岸2个、对朝口岸8个），口岸数量占全省对外开放口岸总数的60%，在全国少数民族自治州中位列第一。改革开放以来，延边州政府坚持积极扩大对外开放方针，实行"开放带动"，坚持依托大口岸、建设大通道、形成大开放、促进大发展战略，紧紧抓住图们江下游地区暨珲春对外开放和国际合作开发机遇，十分重视口岸建设，口岸建设取得了一定的成就。为进一步加强口岸建设，提高口岸效率，全面贯彻落实《中国图们江区域合作开发规划纲要》，发挥口岸在长吉图开发开放先导区建设战略布局中口岸集群的窗口作用和前沿作用，提升延边州口岸的基础设施建设水平，完善口岸功能，形成全州口岸统一谋划、重点建设、协调发展的综合服务体系，促进延边州及周边地区经济和社会更好更快地可持续发展。

1. 延边州口岸基本概况

珲春公路口岸。珲春公路口岸（原称长岭子口岸）现为国际客货公路运输口岸，位于珲春市区东南中俄边境，距珲春市区14.74公里，对面为俄罗斯克拉斯基诺口岸。珲春公路口岸是1988年5月经国务院批准设立的吉林省唯一对俄罗斯开放的国际货物运输口岸。1993年4月，国务院批准该口岸为国际客货公路运输口岸，允许第三国人员持有效证件通行。1996年开通了由珲春公路口岸经扎鲁比诺港（俄）至尹予山岛（日）的陆海联运航线。1998年5月5日，珲春公路口岸获准正式过客，现已开通至扎鲁比诺、海参崴等地的出境旅游线路。1999年8月18日开通了珲春—波谢特（俄）—秋田（日）集装箱陆海联运航线。2000年4月30日开通了珲春—扎鲁比诺（俄）—束草（韩）客货陆海联运定期航线。2001年2月，国务院批准开始经珲春公路口岸开展中俄互市贸易。2004年8月，公安部、外交部等批准珲春公路口岸对外国入境人员开展落地签证业务。为适应珲春扩大对外开放、发展对外经贸和旅游业的需要，珲春市于2000年8月15日对珲春公路口岸查验设施进行改造扩建。新建联检楼面积为4894平方米，过货能力为60万吨/年，过客能力为60万人次/年，实现了客货分流、出入境通道分设、功能齐全的目标。2013年，珲春公路口岸过货量为8.6万吨，同比增长0.8%；过客量为31.8万人次，同比增长1.4%。

圈河公路口岸。圈河公路口岸现为中朝国际客货公路运输口岸，位于珲春市敬信乡东南图们江畔，距珲春市区42公里，距朝鲜罗津51公里，对面是朝鲜元汀口岸，连接圈河公路口岸和元汀口岸的跨境公路大桥始建于1936年，是我国连接朝鲜罗先经济贸易区的重要通道。新中国成立后一直作为国家二类口岸运行，后改为公务通道。1998年12月17日，经国务院批准，圈河公路通道升格为国家一类口岸，允许第三国人员持有效证件通行。1999年11月开始兴建圈河公路口岸基础设施，2000年12月竣工并交付使用，联检楼面积为4127平方米，口岸过货能力为60万吨/年，过客能力为60万人次/年。2013年，圈河公路口岸过货量为23.4万吨，同比增长18.5%；过客量为36.9万人次，同比增长10.2%。

珲春铁路口岸。珲春铁路口岸为国际客货铁路运输一类口岸，1998年12月17日经国务院批准设立。位于珲春市边境经济合作区南侧铁路换装站内，距俄罗斯卡梅绍娃亚国际铁路口岸26.7公里。设计初期货物进出口换装、查验能力为50万吨/年，旅客运输查验能力为50万人次/年。中期设计通过能力为货物250万吨/年、旅客100万人次/年。2001年10月25日，珲春铁路口岸正式对外开放，允许中俄双方及通过双方铁路运输的第三国的货物和人员通过。1999年5月12日开通了中俄珲春—卡梅绍娃亚国际铁路联运业务。2004年8月由于俄方原因停运。2013年8月恢复运营，截至2014年6月，珲春铁路口岸累计运输煤炭33.7万吨。

沙坨子口岸。沙坨子口岸现为国家二类口岸，位于珲春市三家子乡，距珲春市区11公里，对面是朝鲜赛别尔口岸。沙坨子口岸始建于日伪时期，与赛别尔口岸间有国境公路大桥相通。目前口岸查验能力为过货10万吨/年、过客5万人次/年。由于沙坨子口岸规模较小，设施陈旧，其升级和扩建改造规划已被列入《国家"十五"口岸发展规划》。2013年，沙坨子口岸过货量为1.4万吨，同比下降14.8%；过客量为0.5万人次，同比增长1.3%。

图们口岸。图们口岸包括公路口岸和铁路口岸两个部分，是我国对朝鲜的第二大陆路口岸。位于图们市区图们江畔，对面是朝鲜南阳国际口岸，距朝鲜清津市177公里。图们口岸形成历史较早，1933年设图们税关，日伪时期建成图们与南阳间国境大桥。1950年9月国家在图们口岸正式设立边防检查站。改革开放前，图们公路口岸主要通行双方探亲人员、公务人员和汽车运输双方边地贸易货物。1985年新建图们公路口岸联检楼等口岸设施，口岸运行能力为进出口货物20万吨/年、出入境人员10万人次/年。第三国人员可持有效证件从该口岸通行。2013年，图们口岸过货量为12.6万吨，同比下降4.42%；过客量为2.8万人次，同比下降5.51%。

图们铁路口岸。1954年图们铁路口岸开通了国际货物联运，我国列车经此可通往朝鲜或经朝鲜铁路换装至俄罗斯铁路运输线，货物联运能力为25万吨/年，是吉林省过货量较大的口岸之一。2013年，图们铁路口岸实际过货量为5.4万吨，同比下降36.52%；过客量为715人次，同比下降50.86%。

开山屯口岸。开山屯口岸为客货公路运输口岸，位于龙井市开山屯镇，距龙井市区37公里，对面是朝鲜三峰口岸。开山屯口岸与三峰口岸间有永久性国境公路大桥相通。该口岸设立时间较早，新中国成立后曾是中朝两国边民探亲互访的通道。改革开放以后，作为边贸、地贸、进出口通道发挥了重要作用。目前口岸过货能力为10万吨/年，过客能力为5万人次/年。开山屯口岸规模较小，设施陈旧，急需进行改扩建。2013年，开山屯口岸过货量为1.7万吨，同比增长64.6%；过客量为0.5万人次，同比下降33.2%。

三合口岸。三合口岸为双边客货公路运输口岸，位于龙井市三合镇南部图们江畔，距龙井市区47公里，距朝鲜清津市87公里，对面是朝鲜会宁口岸。三合口岸和会宁口岸间有永久性国境公路大桥相通。三合口岸始建于日伪时期，新中国成立后成为延边州与朝鲜咸境北道人员交往和开展边境贸易的重要通道。为适应扩大开放和发展边境贸易的需要，延边州于1992年对该口岸设施进行了改造。目前该口岸运行能力为过货量15万吨/年、过客量15万人次/年。2013年，三合口岸过货量为18.6万吨，同比下降11.9%；过客量为2万人次，同比下降18.4%。

南坪口岸。南坪口岸现为双边客货公路运输口岸，位于和龙市南坪镇，距和龙市区50公里，对面是朝鲜茂山口岸。南坪口岸于1929年设立，1951年正式开放。2003年8月25日，经过中朝双方的共同努力，南坪—茂山国境桥正式开工建设，2004年7月国境桥试运行。2004年1~10月，延边天池工贸公司通过南坪口岸共进口朝鲜铁精矿粉342597吨。2013年，南坪口岸过货量为68万吨，同比增长215.9%；过客量为4.2万人次，同比增长 147.9%。

古城里口岸。古城里口岸现为二类口岸，位于和龙市崇善镇，距和龙市区 80 公里，对面是朝鲜三长口岸。古城里口岸始建于 1929 年，1933 年在古城里设税关所。1953 年 12 月，我国在古城里设边境检查站。1985 年，吉林省政府批准古城里为二类口岸，主要作为双方边民互访通道和公务人员通道。古城里口岸建立初期，双方过客、过货主要依靠简易木桥，1964 年改用铁皮船运输。1994 年修建了连接古城里、三长口岸的永久性国境公路大桥。目前该口岸已达到验收标准，待国家验收，年过货能力为 10 万吨，年过客能力为 10 万人次。2013 年，古城里口岸过货量为 7.1 万吨，同比下降 22.4%；过客量为 0.7 万人次，同比下降 30.7%。

双目峰公务通道。双目峰公务通道位于距安图县二道白河镇 50 公里的中朝边境，对面是朝鲜双头峰边境工作站，距朝鲜三池渊郡 34 公里。1983 年，中朝两国公安和安全部门会谈商定在此设立公务通道。1993 年，吉林省政府批准双目峰为临时过货点。2000 年，中朝两国外交会谈进一步明确，该通道允许双方公务人员在双方有关部门协商确定的期限内通过，必要时，允许双方货物和运输工具在双方有关部门商定期内通过，涉及通过人员、货物的查验，由边境工作站和延吉海关、延边出入境检验检疫局派员临时监管查验。2009 年被批准为临时口岸，为推动长白山旅游业发展，正积极争取国家正式开放该口岸。

延吉航空口岸。延吉航空口岸设于民航延吉站内，位于延吉市西南郊区，距市区 4 公里。延吉机场属于军民合用机场，1985 年开通民航航线。1993~1998 年，延吉机场经过两期扩建改造，达到了 4C 级标准，新建了航站楼。经国家有关部门批准，自 2000 年 8 月临时开放延吉机场，开通延吉至汉城的国际包机航线。2003 年 6 月 19 日，国务院批准延吉航空口岸对外开放。2003 年，延吉州政府投资兴建延吉航空口岸联检楼。2004 年 6 月 3 日，吉林省政府有关部门对延吉航空口岸联检办公楼、边检营房、生活用房以及查验设施进行预验收。2005 年 3 月 28 日，延吉航空口岸对外开放准备工作通过国家验收检查，成为国际空港。2005 年 4 月 7 日，海关总署正式宣布对外开放。2006 年 10 月 20 日，延吉至首尔的航班由原来的每周 8 班增加到每周 12 班。2009 年，延吉至首尔的航班增加至每周 20 班。目前，该口岸有延吉至韩国首尔 1 条固定航线，有延吉至韩国青州、延吉至韩国釜山、延吉至韩国大邱、延吉至韩国济州、延吉至朝鲜平壤、延吉至俄罗斯海参崴6条包机航线和延吉至长春、沈阳、大连、北京、青岛、上海浦东、上海虹桥、烟台、广州、哈尔滨、杭州、天津12条国内航线。2013年，延吉航空口岸过客量达42.9万人次，同比增长9.23%，过客量连续多年名列全省第一。

2. 延边州口岸建设与发展面临的问题和困难

随着延边州对外开放步伐的加快，特别是《中国图们江区域合作开发规划纲要——以长吉图为开发开放先导区》的实施，口岸在地方经济发展中的地位显得更加重要。延边州口岸的综合运行能力、开放程度和辐射广度还不能适应地方经济发展的需要。

延边州经济基础相对薄弱，经济外向度低，外贸产品结构比较单一。尽管近年来延边州经济保持较快的增长，但由于基数小、底子薄，2013年经济总量为850亿元，仅占全省总量的6.55%，对口岸的支撑作用相对较弱。2013年，外贸进出口总额占全省进出口总额的比重为10.33%，外贸产品以木材、海产品、矿产品等为主，产品附加值相对不高，高技术产品所占比重较小，经济外向度仅为20.5%。加工贸易企业规模不足，关联度低，对口岸的支撑能力不强。近年来，从事加工贸易的企业虽然逐步增加，但加工贸易出口额在1000万美元以上的企业为数不多，生产规模总体上较小，带动力不足。投资方大多来自日、韩等国。货物经由其他省份的口岸进出口，对本州口岸的支持作用不明显。

没有出海口，口岸辐射半径有限，是延边州口岸发展中的最大障碍。延边州虽然地处边境，但是没有自己的直接出海口是其口岸发展的最大制约因素。延边州在实施借港出海战略方面已经做了一些有益的尝试，先后开通了珲春—扎鲁比诺—束草、珲春—罗津港—釜山等多条国际陆海联运航线。目前这两条航线虽然已开通，但在港口通关、费用收取、政策稳定性等方面都存在许多问题，增加了借港出海的交易成本和不确定性。

口岸基础设施建设亟待加强。一是国境桥急需修缮。延边州12个陆路口岸中有5个口岸公路过境桥是日伪时期建造的。各口岸虽已开通多年，但在口岸基础设施投入上明显不足。境内7座过境大桥均出现了不同程度的损坏，部分桥梁存在严重的安全隐患，已不能保证大型货车的正常通行。7座危桥已成为延边对外通道的最大瓶颈。二是口岸设施不符合标准。

通关查验设施落后，货检通道未能达到国家海关总署的要求，部分口岸联检楼年久失修；现代电子口岸建设处于起步阶段；各口岸先进查验设备配备参差不齐，很多口岸仍沿用老的查验模式，降低了查验的准确度，影响了通关效率。三是未能形成各部门间的信息共享机制。口岸各联检单位掌握大量有价值的可以供地方经济发展参考的信息，由于各单位的制度约束，各种有利信息不能充分共享，影响了地方政府在对外开放和口岸发展中的各项决策。四是缺乏有效的口岸资金投入机制，国家明确规定用于口岸建设的资金包含在边境转移支付资金中，所占比例较小，且口岸大多位于边境少数民族地区，经济发展水平落后，财力十分有限，难以对口岸投入更多的资金，使连通内外的口岸成为建设的盲点。

口岸利用率不高，通而不畅。延边州口岸在地区级城市中是少有的，过货量远远低于东宁、绥芬河等东北区域内的口岸。延边州很多外贸企业出于对运输通道物流成本的考虑，不走本地通道，而是取道大连、沈阳、丹东等外省市的对外通道，大大减少了延边州口岸的过货总量。

口岸服务专业化程度不高。延边州虽然拥有12个对外开放口岸，但是由于各个口岸的发展水平参差不齐，个别口岸的服务功能不完善，没有达到国家对各类口岸发展的相关要求，口岸服务仅限于报关、报验以及运输代理业务。

口岸所处的国际环境存在不稳定因素。除延吉航空口岸外，延边州其余口岸面对俄罗斯和朝鲜两国，受两国的影响较大。一是俄罗斯和朝鲜的口岸规模小、基础设施差、通关能力弱，与中方口岸不对等，中方珲春口岸是国家一类口岸，而俄方克拉斯基诺口岸是公务通道，且铁路、公路及跨境桥状况差，不能满足运输的需求，影响了中方口岸经济的发展。二是受俄朝体制机制的影响，俄朝口岸通关环境不畅，港口合作存在诸多不稳定因素，加之政策的多变，不利于中方口岸的发展。

口岸物流规模小，空中航线单一，运营能力弱。物流企业没有形成规模。珲春口岸国际商品交易中心、图们物流基地、延吉空港物流基地、延吉物流基地建设，有的刚获得国家批准，有的处于起步阶段，延吉内陆港建设正处于积极规划之中。空中航线单一，目前只开通了对韩航线，尚未开通日本、朝鲜等其他国际航空航线。对外运输航线运营不佳，资金短缺。目前，延边州利用朝鲜和俄罗斯开辟的釜山航线和束草航线，由于各种费用过高，釜山航线已经停航，束草航线也是亏损运营，中俄韩日航线因支出过高、货源不足而停航。

3. 延边州口岸建设与口岸经济发展的战略对策

其一，要实行"外引内联"，打造口岸经济产业供应链。口岸是对外贸易的窗口，延边州口岸经济发展中存在的一个主要问题是物流量不足，在我国大力发展物流产业的今天，很多物流园区、物流基地的建设或多或少地出现了这个问题。其根本原因在于物流与产业经济的衔接，即物流是为产业经济发展服务的，要形成良好的产业发展供应链合作机制，把发展经贸和口岸经济密切联系起来，打造口岸产业供应链，实现口岸经济的健康循环发展。根据延边州所处的经济环境，应对外积极引进韩国、日本等外资，对内与内地、沿海等有经济实力的企业密切合作，让更多的内地企业到延边州来安家落户，扩大对外出口，以此扩大口岸经济规模。

其二，推进区域合作，加强通道建设。口岸经济要发展，通道建设是关键。畅通国际大通道是"长吉图"开发开放的重要任务，也是口岸建设面临的重要任务。各边境口岸都要在借港出海、联港出海、连线出境、内贸外运等方面进行探索实践，努力完善国际合作机制，延边州的边境口岸与俄罗斯、朝鲜毗邻，要重点实施好与这些国家相关地区的口岸、公路、铁路、港口等综合交通运输基础设施建设的合作，在对外通道建设上有所作为。当前，延边州口岸还存在"通而不畅"等问题，必须进一步解放思想，完善措施，加大投入，加强口岸基础设施建设，改善口岸通关环境。一是要完善口岸规划。各口岸要高起点规划，为未来发展预留空间；要搞好控制性详细规划建设，严格按规划搞好口岸建设与发展。二是要进一步明确口岸定位。各口岸要根据自身特点和内外部环境，把握口岸经济和对外开放大局趋势及需要，形成鲜明特色和准确发展定位。要把发展物流产业作为口岸经济的核心，引进大型物流企业，开发大宗进出口产品，培育国际联运航线，建设图们江区域核心口岸群。要大力发展旅游和外贸先导产业，以人流带动物流、资金流、信息流，增强口岸经济活力。要加强与外港的联系，建立内外衔接顺畅的对外通道。三是要进一步完善口岸功能，提升口岸形象。口岸的开放格局、建设水平及通关能力，直接关系到延边州的经济发展和对外开放水平。各级政府要切实抓住发展口岸经济所面临的新机遇，进一步加大口岸基础设施投入力度，加快通道建设，完善通关环境，努力构建大通关、大经贸、大物流格局，促进口岸经济大发展。

其三，大力发展物流业，发挥东北亚区域物流中心的节点作用。延边地区作为东北亚区域物流中心重要节点的地位凸显。近年来，延边州利用东北亚国际合作和图们江区域建设项目带来的机遇，开发和建设吉林省乃至东北地区对外开放的物流通道，倾力构建东北亚地区和图们江区域国际合作开发的新格局。在加强边境公路口岸、铁路口岸、航空口岸、海运航线等对外通道建设的基础上，延边州已初步形成公路、铁路、机场、海运相互衔接及沟通内外的立体交通网络。在东北亚国际合作开发项目实施后，吉林省修建了图们至珲春的"图珲"铁路，并与俄罗斯玛哈林诺铁路成功接轨。图们—朝鲜南阳—朝鲜豆满江—俄罗斯哈桑国际铁路联运也已正式投入运营。"长珲"高速公路已经开通，长春至珲春所需时间将从现在的10个小时缩短为5个小时。同时，"长珲"高速公路是国家"两纵两横"公路主干线，向东延伸到大图们江经济区域，向南与长春—四平高速公路相连，可直达哈尔滨、大连港及营口鲅鱼圈港。公路建成后，吉林省将出现南联北拓、东开西延的交通新格局。珲春—图们—延吉—长春—白城的铁路线可进入内蒙古，向西连接蒙古国，白阿铁路（白城至阿尔山）终点伊尔托与蒙方乔巴山·塔木查格布拉克相距200公里。延吉机场是国际空港，先后开通了中国至朝鲜、俄罗斯、日本、韩国的多条客货联运航线。随着延边州相继开辟了中俄、中朝公路通道，中俄铁路通道，中韩空中通道和多条跨境海陆联运通道，各类口岸建设和通关水平日益提高，与周边国家的经贸往来日趋频繁。立体交通网络的构建，为延边开拓俄朝市场、大力发展对外贸易和边境旅游提供了便捷的途径。

其四，积极推进口岸信息化建设工程。一是加速完善信息化基础设施建设。加强"两化"融合基础设施建设，按照政府引导、市场运作、统筹规划、共建共享的原则，推进骨干传输网和宽带无线网络建设，实施光纤到户工程；在园区、行业、企业试点"两化"融合示范工程，加快推广虚拟设计、虚拟装备、虚拟制造、流程再造、供应链管理、协同办公和企业资源管理。积极稳妥地推进广电和电信业务双向进入试点，探索形成保障

"三网融合"规范有序开展的政策体系和体制机制,促进软件和信息服务业发展。启动物联网示范工程,加快培育物联网产业,制订口岸贸易产业发展规划和应用推进计划,发展关键传感器件、装备、系统及服务,开展云计算、云存储试点,加快推进智能电网示范工程建设。二是积极发展电子商务,增强市场竞争能力。发展电子商务可以突破时间与空间的限制,利用互联网的信息优势有利于国际市场开拓与国家间的贸易往来。确立扶持一批有代表性的大企业完成 ERP 建设,重点在口岸贸易涉及的重大产业、旅游以及物流产业中支持实施一批具有重大示范推广意义的电子商务项目;建立行业信息服务平台,实现行业信息资源共享;强化企业办名牌网站意识,积极推行企业内部实施 Intranet;协调企业间供应链管理运作,积极构建企业间 Extranet。三是建好用好电子政务,提高政府工作效率。首先,应避免重建设、轻应用的老毛病,以经济适用、实用为目的,杜绝系统建设中追求高档化的面子工程,重点从提供内部事务的基础处理业务向提供经济发展建设服务方面转变,使之成为提高政府行政能力和普惠公众的有效手段。其次,重点解决信息共享和业务协同的问题。建立完善各部门信息共建、共享机制,完成跨部门的业务协同,实现重要信息系统互联互通,发挥整体效用。用信息化推动服务型政府建设,打破信息垄断,加强政府部门之间的信息交换,进一步推进信息共享和业务协同,特别是要加快工商、税务、质检、通关手续办理等重要且关键业务系统的建设,强化政府对口岸市场服务与管理的能力。

其五,转变方式,实施对外贸易多元化战略。一是做大做强边境贸易。调整贸易方式,从以易货贸易为主过渡到多种贸易并存,提高边境贸易的份额。要不断调整进出口商品结构,经营适销对路的商品。要依托现有的边境贸易区,加强多边国际经济合作,增加边境贸易的数量,提升边境贸易的层次。二是发展壮大一般贸易。充分发挥外贸发展基金的作用,重点支持企业开拓国际市场,培育品牌,进行技术改造和质量认证。加大出口品牌培育力度,构建全方位的出口品牌培育机制。重点推进外向依存度高的木制品、纺织品、矿产品、农产品以及机电产品等行业发展,加快培育自有出口品牌,保护知识产权。对延边州出口中使用自主品牌、在国外申请商标和专利的企业重点予以支持,引导出口名牌企业整合自身优势资源,积极升华品牌经营的理念,落实品牌经营的手段,通过以点带面在全州范围内形成争创出口品牌的良好氛围。三是加快加工贸易转型升级的步伐，加快配套产业的发展，提高中间产品的国际竞争力，引导加工贸易企业进一步延伸产业链条，提高采购州内原材料的比重和附加值，加强与本土上下游产业的联系，带动一般贸易出口，逐步使加工贸易向一般贸易转变。四是大力发展服务贸易，软件开发、跨境外包、物流服务等部门要提高国内服务业企业承接国际服务业转移的能力，让外资充分参与，使延边州成为东北亚地区服务业外包的重要基地。大力促进对朝鲜、韩国、俄罗斯、蒙古国等国家服务贸易出口市场的开发，积极鼓励企业"走出去"，到这些地区投资，建立服务贸易出口基地；在朝鲜、俄罗斯等地建设服务贸易示范区和服务外包基地，优先支持州内具有较强国际竞争力和较大增长潜力的企业"走出去"；按照市场经济原则的要求，加快培育延边州以企业为主体的服务贸易行业协会，整合企业力量。

三 黑龙江省绥芬河口岸跨境经济合作战略

1. 绥芬河市开发开放的战略优势

绥芬河市位于黑龙江省东南部边境地区，西、南、北三面与东宁毗邻，东与俄罗斯滨海边疆区波格拉尼奇内区接壤，边界线长达26.7公里。绥芬河市作为国际通商口岸已有百余年的历史。1901年3月，中东铁路东段竣工，绥芬河遂成为中国边境车站。1902年，绥芬河设立海关代办所。1903年7月14日，中东铁路通车。俄国通过中东铁路向绥芬河及内地销售食盐、砂糖、火柴、肥皂等商品，还从绥芬河及邻近县运回小麦、面粉、大麦、荞麦等。每年经绥芬河出入的商品有万吨左右。截至1904年，绥芬河已有90多家商铺。俄、美、英、法、德、澳、日等国商人纷纷涌进绥芬河从事国际贸易，时称绥芬河为"国境商都"。1907年7月6日，中俄签订《北满洲税关章程》，中国允许俄方货物由铁路运往交界百里之内，各车站所有货物暂不征税。因此，绥芬河的对外贸易迅速发展。同时，中国政府正式成立绥芬河税关（隶属滨江关）。

1951年，设立绥芬河海关。20世纪50年代初为绥芬河口岸过货的快速发展时期，年最高货运量曾达200万吨。中苏关系恶化之后，绥芬河口岸运量随即陷入低谷。1983年中苏关系改善使得中俄（苏）边境贸易逐渐恢复和扩展，加上中、俄（苏）、日国际集装箱联运路线的开通，绥芬河口岸进出口运量逐年增加（见图3-1）。与此同时，边境贸易也有所发展，在中俄（苏）两国贸易总额中所占比重为5%~15%。[①]

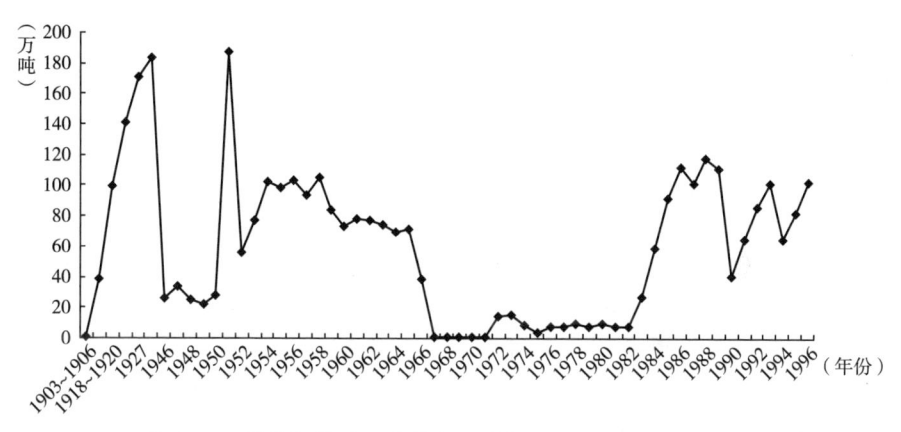

图3-1 绥芬河铁路口岸进出口过货总量（1903~1996年）

注：1990年以后的过货量包括公路口岸运量在内。

资料来源：邓鹏、高玉梅、于丽萍主编《沿边开放与黑龙江——对外贸易研究》，吉林人民出版社，1998，第276~353页。

1987年10月，绥芬河市与苏联对应口岸波格拉尼奇内区政府签订了《中国绥芬河市与苏联波格拉尼奇内区关于开展以货易货贸易和经济技术合作的协议》，开创了改革开放以来绥芬河市对俄经贸合作的先河。1992年，绥芬河市被国务院批准为首批沿边扩大开放城市。随后，绥芬河市边境贸易得到了空前的高速发展，绥芬河市先后投资2亿多元，对铁路、公路口岸进行了改造和扩建，使过货能力达到600万吨/年，过客能力达到150万人次/年。经过20世纪90年代中期的调整，1996年，绥芬河市边境贸易总额达3152亿美元，创历史新高。2002年，绥芬河市进出口贸易额在黑龙江省率先突破10亿美元大关，连续5年占黑龙江省外贸总额的1/3以上，占黑龙江省边贸总额的70%以上。2008年，绥芬河市进出口贸易额达58.3亿美元，同比增长25.9%，口岸年过货量已经达到880万吨。2013年，绥芬河市实现进出口总额83.4亿美元，比上年增长0.6%。其中，出

---

① 赵传君主编《东北经济振兴与东北亚经贸合作》，社会科学文献出版社，2006，第314~315页。

口22.4亿美元,比上年增长28.7%;进口61.0亿美元,比上年下降6.9%。铁路口岸进出口商品143042批、931万吨,货值13.31亿美元,同比分别增长9.7%、13.7%和0.6%。其中,进口140369批、895万吨,货值12.94亿美元,同比分别增长10.2%、14.7%和0.3%,木材、煤炭、铁精矿、化肥等大宗商品分列进口量前四位,占总进口量的99%以上。

绥芬河市是我国滨绥铁路和301国道的东端起点,西距牡丹江市156公里、哈尔滨市460公里;东面有两条公路和一条铁路与俄罗斯相通,其公路口岸与俄罗斯波格拉尼奇内公路口岸相对应,距离仅为26公里,距乌苏里斯克市120公里,距俄滨海边疆区首府符拉迪沃斯托克市(海参崴)230公里,距俄远东纳霍德卡自由经济区369公里。近年来,绥芬河口岸进出口运量已经占黑龙江省对外贸易总运量的70%以上。绥芬河市投资4.6亿元,对公路口岸进行了整体改造,口岸设计年通关能力为人员600万人次、车辆55万辆次、货物550万吨。该工程于2012年8月1日开始动工建设,2015年投入使用;牡丹江—绥芬河铁路扩能改造项目于2010年6月6日开工建设,总投资106亿元,线路全长144公里,全线为1级双线电气化铁路,规划运力为客车40对/日,设计时速为200公里/小时,货运能力由目前1300万吨/年提升到5000万吨/年。2015年末投入使用,两地间单程耗时缩短至40分钟,牡绥铁路成为黑龙江省乃至全国铁路客货共线标准最高的铁路之一。

绥芬河市处在中俄两个市场辐射面的交汇点,具有重要的区位优势(见图3-2)。对国内,绥芬河市依托的是腹地经济基础和自然资源都较好的黑龙江省东部地区,东面是牡丹江、哈尔滨,北面是佳木斯、七台河、鸡西,区域性中心城市分布比较密集,而且交通网络十分发达;对俄方面,俄远东地区不仅资源丰富,而且拥有发达的路网和极富开发潜力的南部港口群,并有滨海边疆区的腹地经济做支撑,十分接近东北亚和亚太地区的国际市场。1996年,途经绥芬河口岸的陆海联运正式开通。经俄罗斯符拉迪沃斯托克、纳霍德卡、东方港港口群,国际陆海联运可直接到达日本的横滨、新潟,韩国的釜山,朝鲜的清津、罗津,美国的西雅图,是连接中国、俄罗斯、日本、韩国、朝鲜、美国等国家或地区的黄金通道,也是中外陆海联运大通道的关键点,更是中国参与东北亚和亚太地区国际经济合作的"窗口"与"桥梁"。

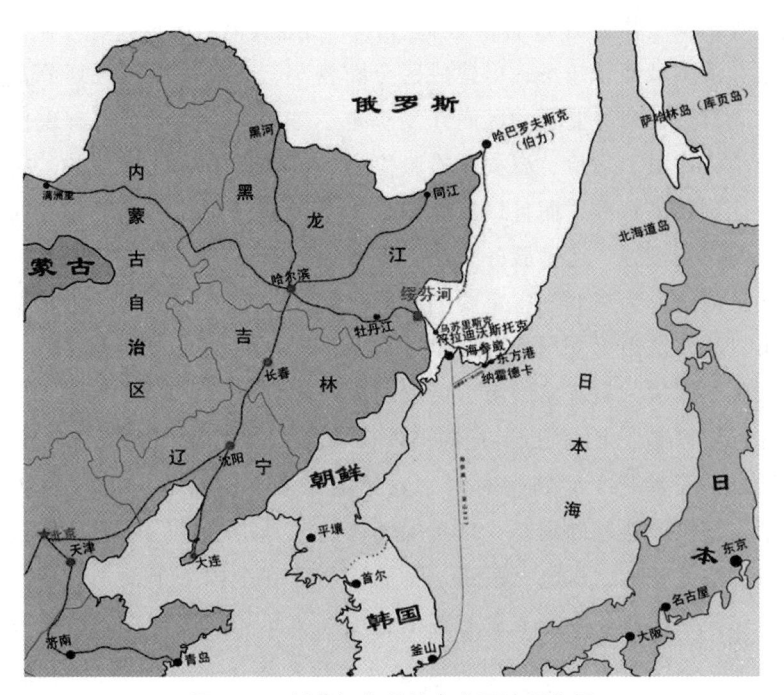

图3-2 绥芬河市所处东北亚地理位置

1987年绥芬河市恢复对苏边境贸易以后，口岸运量逐步增长，2008年口岸过货量比1987年提高了10倍左右。绥芬河铁路口岸站有南北两站场。南站场占地10万平方米，设有线路40条，其中宽轨27条。北站场占地17万平方米，设有线路46条，其中宽轨15条。设有换油线、集装箱换装线、机械换装线和龙门吊、汽车吊等设施。1995~1998年，地方政府及铁路部门对铁路站场进行一期改造，修建完善了铁路口岸国际客运联检大楼和联合报关大楼；自2000年起，铁道部先后投资4.3亿元进行铁路站场二期改造，完成了铁路南北站应急改造和扩能改造工程。铁路口岸的年货运能力从450万吨提高到1000万吨，年过客能力达100万人次。2006年，绥芬河市政府与海关等部门共同投资500多万元建成铁路口岸电子监控系统，使进出口货物监管程序得到了进一步简化。

整体改造中的公路口岸改造分为国门观光区、旅客检验区、货物检验区三个部分，总占地面积为39.7万平方米，总建筑面积为68798平方米。新建国门具有观光眺望功能。改造升级后的新客运联检楼为二层，一层为入境层，二层为出境层，共有进出境旅客通道24条。此外，新建货运联检楼设有进出境货物通道 12 条，还建有停车场等其他附属设施。

绥芬河市域面积较小，但建成区分布密集，各种功能区域划分基本成熟，这为日后的海关监管和区内开发奠定了基础。绥芬河市拥有现代化的口岸设施，边防、边检、海关、检验检疫、货代运输等机构齐备，从业人员素质达到较高水准，而且口岸体制也十分健全，初步形成了良好的贸易服务业的市场设施、运输服务、加工服务和金融服务等软硬件环境。

绥芬河市作为东北三省重要的陆路口岸，辐射地域广阔，即背靠以牡丹江市、哈尔滨市为支撑的近域腹地黑龙江省区域和以东北经济圈为整体的远域腹地区域，具有发展潜力极大的腹地优势。[①]

在近域腹地，牡丹江市工业初步形成了以木材加工、能源、汽车配套、造纸、石油化工、新型材料、农产品加工、医药等为重点的产业集群。哈尔滨市产业基础雄厚，是我国著名的"动力之乡"和国家重点打造的装备制造业基地，机电、医药、食品等行业在全国处于领先水平。牡丹江、哈尔滨两市各种生产要素的流动程度和集聚程度逐年提高，第三产业发展迅速。这些都为绥芬河市跨境经济合作奠定了良好的腹地资源基础。同时，两市的"哈洽会""木业博览会""镜泊湖旅游节""中国名优商品展销会"等会展服务业已经发展成为对俄经贸合作的重要平台。

在远域腹地，东北地区自然资源丰富，黑、吉、辽三省面积近 110 平方公里，人口约 1.1 亿人。东北三省经济总量大，2008 年三省 GDP 为 30556 亿元。2013 年三省 GDP 为 54881.46 亿元，其中辽宁省 27100 亿元、黑龙江省 14800 亿元、吉林省 12981.46 亿元。工业部门占中心地位，基础雄厚。例如，东北三省油产量占全国的 1/5，汽车产量占全国的 1/4，汽车中的中型、重型卡车产量占全国的 1/2，造船量占全国的 1/3，钢产量占全国的 1/8。[②] 服务部门比重不断提高，科技优势明显，技术人才众多。中央政府将在东北地区建设六大产业基地，涉及煤炭、石化、精品钢材、现代装备制造、船舶生产和农副产品生产加工。随着东北振兴及扩大开放战略的实施和推进，作为绥芬河市跨境经济合作远域腹地的东北地区，后发优

---

① 近域腹地是指由边境口岸所在的省区区域系统构成；远域腹地是相对于近域腹地而言的，由大经济圈以及内地、沿海省区腹地系统构成。
② 《2008 年绥芬河市国民经济和社会发展统计公报》，绥芬河市政府门户网站，2012 年 1 月 9 日，http://www.suifenhe.gov.cn。

在参与东北亚区域经济合作中，绥芬河市腹地资源与俄罗斯远东以及东北亚地区的经济互补性较强。我国东北地区拥有丰富的劳动力资源以及工业和轻工业产品、农产品等，制造业生产基础较好；俄罗斯远东地区拥有丰富的木材、矿产、能源与水产资源以及一些重工业产品；日本和韩国都拥有相对剩余的资金和丰富的管理经验，日本在钢铁、造船、化工、汽车、电子等工业设备和产品方面有一定的优势。各国之间的经济互补性是进行合作的重要基础和前提。除此之外，俄罗斯的市场潜力同样不可忽视。据俄罗斯专家预测，未来5年俄罗斯对家具的需求将增长5~7倍，俄罗斯生产家具所用的中密度板85%依靠进口。目前，仅俄罗斯远东地区每年的粮食缺口就为80万吨左右，蔬菜、肉和肉制品、水果的缺口均在40万吨左右，市场潜力巨大。①

绥芬河市的边境旅游资源也十分丰富。作为支柱产业的边境旅游业，更显出独特的吸引力，作为"中国优秀旅游城市"的绥芬河市是赴俄旅游的最佳选择之一。绥芬河市的欧式建筑素有"东方小莫斯科"之称。历史景观有火车站、大白楼、人头楼、东正教堂、俄国领事馆等；现代景点有光明寺、博物馆、国门旅游区、国家森林公园等。绥芬河市自1991年开展旅游业以来，累计接待进出境旅游人数约673.6万人次，创汇9.7亿美元，上缴税费2.58亿元。2013年接待进出境旅游人数达80.5万人次，其中进境59.0万人次，出境21.5万人次。实现旅游业外汇收入10406万美元。从全省的外国游客构成情况看，90%以上的俄罗斯游客通过边境口岸进入省内购物、参加会议、观光等。国内许多游客也通过绥芬河、东宁、黑河等边境口岸赴俄罗斯远东及欧洲部分地区进行观光旅游。已经开辟的跨国旅游线路有绥芬河—海参崴—哈巴罗夫克斯、绥芬河—海参崴—纳霍德卡、绥芬河—海参崴—哈巴罗夫克斯—圣彼得堡、绥芬河—海参崴—新潟—东京—大阪以及绥芬河—海参崴—首尔—釜山。边境旅游业的创汇收入已经成为绥芬河市的主要经济支柱。近年来，绥芬河市运用商业旅游互动发展模式，通过开发绥芬河—镜泊湖—长白山"大三角"战略旅游产品，挖掘"红色通道"文化、俄罗斯异域风情等旅游资源，打造具有异域

---

① 数据来源于调研资料。

特色、独具特点的跨国旅游线路，以此推动边境旅游业的发展。2009年2月，国家恢复了绥芬河市异地办照试点业务，这对绥芬河市边境旅游业的快速发展具有重大意义。

绥芬河市对应的俄方口岸城镇社会经济基础较好。符拉迪沃斯托克又称海参崴，1880年建市，东、南、西三面濒日本海。有5个市区，人口为60.5万人。符拉迪沃斯托克是北太平洋海岸的著名城市，是俄罗斯远东经济区最大的城市和滨海边疆区的政治、经济和文化中心。市内主要工业部门涉及造船、仪表制造、无线电、机器制造、食品和建材等。各种加工业企业有200多家。还建有火力发电站。作为远东地区最大的交通枢纽之一，该市的铁路、公路、水路和空中运输都十分发达。直达莫斯科的铁路运输线（全长9288公里），是联系滨海地区、鄂霍次克海、太平洋以及北极各海的大型交通枢纽和过境转运站，也是西伯利亚大铁路的终点站。这里又是太平洋沿岸的大型商港和军港。年货运周转量为500万吨，一年四季均可通航。航空有直达中国、日本、圣彼得堡、南萨哈林斯克等地的航线。市内有符拉迪沃斯托克大学等10余所高等院校，以及火山学研究所等10余所科研单位。

纳霍德卡于20世纪30年代开始兴建，1950年设市，位于日本海纳霍德卡湾，距符拉迪沃斯托克100公里。市区面积为311.04平方公里。辖3个市区，人口为15.2万人，有铁路相连。纳霍德卡是俄罗斯远东地区最大的港口和渔业中心，是与日本、中国、美国、加拿大、朝鲜、越南等国货物往来的重要海陆交通枢纽。年吞吐量达2000万吨，港内建有容量为近万吨的冷藏库。该市设有飞机场，铁路经阿尔乔姆与西伯利亚大铁路相通，公路交通也十分方便。在纳霍德卡以东18公里处的亚美利加湾有由日本协助建成的大型港口——东方港。该港建有67个专业码头，码头全长12.5公里，年吞吐量达上千万吨，是远东地区设备先进的现代化港口。纳霍德卡市还建有船舶修造厂、包装器材厂、混凝土构件厂和鱼制品联合加工厂。市内有航海学校、电影技术中等专业学校和音乐学校等。

乌苏里斯克又称双城子，始建于1866年，1898年称市，是现乌苏里斯克区行政中心，位于符拉迪沃斯托克市以北112公里。市区面积为60多平方公里，人口为15.8万人。铁路车站建在哈巴罗夫斯克—符拉迪沃斯托克线上。该市是滨海边疆区较大的城市，主要工业是食品加工业。建有油脂联合加工厂、制糖厂、肉联厂及鱼类联合加工厂，此外还有机械制造、汽船和汽车修配厂以及制造坦克和地雷的兵工厂。该地区处于农牧业经济区，所以农业也比较发达。市内有农学院等 3 所高等院校。[①]

中俄两国地方政府对建立中俄跨境经贸合作区非常重视。2002 年，黑龙江省政府与俄滨海边疆区政府签署了《关于加快建设绥芬河 - 波格拉尼奇内互市贸易区会议纪要》。同年 3 月，黑龙江省政府与俄滨海边疆区政府在绥芬河市举行了省级领导和相关部门的会谈，共同确认了中俄双方的建区方案。2004 年 7 月，黑龙江省政府与俄滨海边疆区政府就绥芬河 - 波格拉尼奇内互市贸易区的功能、管理办法等达成了协议，双方制定了《绥芬河 - 波格拉尼奇内边境贸易综合体条例》。2006 年 5 月，黑龙江省政府与俄滨海边疆区政府签署了《黑龙江省与滨海边疆区合作会谈纪要》。绥芬河贸易综合体管理委员会、世贸集团与俄罗斯滨海信息集团就跨境经贸合作区的建设问题建立了定期会晤机制，双方多次进行沟通和磋商，始终保持着定期的沟通和联系，并就每次会议情况签署了会议纪要。

2. 绥芬河市跨境经济合作的现有模式

从经济发展模式角度看，绥芬河市作为我国同俄罗斯接壤的重要口岸城市之一，凭借自身的区位优势，以中俄绥 - 波贸易综合体、绥芬河综合保税区、绥芬河境外产业园区为主要载体，通过大力发展对俄边境贸易，构建商贸旅游、进出口加工、跨境投资合作三大产业体系，重点在经贸、物流仓储、森林采伐与木材加工、跨境农牧业、对俄劳务输出、境内境外加工贸易、对俄文化交流等领域进行地方层面的合作，并以此带动城市和农村建设，推动社会事业全面发展。从管理体制模式角度看，绥芬河市在跨境经济合作方面与俄罗斯没有形成制度性的组织管理体制，基本处于功能性经济合作层次。在国家层面，两国通过中俄总理定期会晤机制（1996 年设定）对跨境经济合作等议题进行对话和协商，达成共识，以推进合作进程。在地方政府层面，牡丹江市与俄乌苏里斯克等地的中俄市长定期会晤机制得到进一步完善，所属县（市）与俄对应城市友好县区（市）的合作也初见成效。边境两侧地方政府就某个具体项目的对接或落实进行协商与合作。在微观经济体层面，跨境经济合作以主体之间签订特定的协约或

[①] 赵传君主编《东北经济振兴与东北亚经贸合作》，社会科学文献出版社，2006，第 316～318 页。

者合同为基础。不仅如此,在部分行业内还成立了相应的行业协会,如黑龙江省成立了境外农业开发行业协会,已有100多家境外农业开发主体加入协会,提高了境外农业开发的组织化程度。

在特定区域管理方面,设定相应的管理机构。1997年,绥芬河市委、市政府成立了中俄绥-波贸易综合体的管理机构,即中俄贸易综合体管理委员会。与此同时,俄方合作伙伴滨海信息集团专门成立了俄方贸易综合体管理委员会,共同推进贸易综合体的发展。2009年9月,黑龙江省政府成立了黑龙江绥芬河综合保税区管理委员会,为省政府派出机构,委托绥芬河市政府管理绥芬河综合保税区。绥芬河市跨境经济合作现有模式见表3-1。

表3-1 绥芬河市跨境经济合作具体模式的概况及进展

项目	中俄绥-波贸易综合体（中俄互市贸易区）	绥芬河综合保税区	绥芬河-远东（中俄）工业园区
设立时间、位置、面积	1999年6月经中俄两国政府外交换文批准确认。该区位于绥芬河市公路口岸与俄滨海边疆区波格拉尼奇内边境线两侧,规划总面积为4.53平方公里,其中中方1.53平方公里、俄方3平方公里	2009年4月21日经国务院批准设立。该区东起绥芬河市沿河路西端转盘,南至301国道,西至自来水公司加压泵房,北至滨绥铁路。规划控制面积为1.8平方公里	2004年6月由国家发改委与俄罗斯经济贸易部共同批准建立。园区位于俄滨海边疆区米哈伊洛夫卡区,距乌苏里斯克市15公里,占地面积约为145万平方米
功能定位	以国际贸易为基础、以投资合作为主导,集贸易、旅游、商务、会展、金融、物流、加工等多功能于一体的跨境综合经济区	具有国际中转、国际配送、国际采购、转口贸易、商品展销、进出口加工等功能,为周边及腹地加工贸易企业营造一个良好的物流环境	利用中俄两国资源,拓展中外市场,承接国内外木业的产业转移,打造集市场、加工、物流于一体的境外木材加工园区
主体建筑或功能分区	中方境内有国际商展中心、商务会议酒店、东方风情街、物流加工产业区等,建筑面积约为75万平方米。俄方境内设有商务办公室、金融中心、主题公园、酒店、俄罗斯风情街、度假村、滑雪场、仓储加工区等,建筑面积约为35万平方米	区内分为产品加工区、现代物流区、国际贸易区、产品展示商贸区、规划验货场以及综合办公服务区。区内实行封闭管理。保税区于2012年建成	园区定位为无污染的轻工业园区,由轻工产品加工区、机械电子产品加工区、木材加工区组成。分两期进行,2012年完工

续表

项目	中俄绥-波贸易综合体（中俄互市贸易区）	绥芬河综合保税区	绥芬河-远东（中俄）工业园区
建设进展情况	中俄绥-波贸易综合体是绥芬河市边境经济合作区开发和建设的内容之一。2002年黑龙江省政府与俄滨海边疆区政府确定了贸易综合体建区方案，由世贸集团和俄罗斯滨海信息集团合作兴建，计划投资100亿元。2004年全面启动建设。截至2009年底，中俄双方已累计完成投资14亿元。其中，中方一侧8.3万平方米的国际商展中心和4.9万平方米的五星级酒店已建成，区内封闭及市政道路管网、人工湖、水渠等基础设施建设已完工。俄方一侧也完成了联检楼及封闭设施建设和道路、水渠、照明等基础设施建设，完成了8500平方米的联络中心和东正教堂建设。2006年8月16日，中俄绥-波贸易综合体正式启动运营	绥芬河综合保税区建设进展顺利，已完成投资2.7亿元。保税区完成一期围网、卡口、联检大厅、信息围网等基础设施建设，并已全面启动；一期主干道路基工程已经完工，水泥路面基本铺建完毕，区内巡关道和支路施工接近尾声。按时完成了一期围网建设，实现了区域封关。海关监管软件、监控设备、电子地磅、硬件平台正在有序建设中；海关、检验检疫、外汇、金融、税务等部门已完成人员配备，人员已于2009年11月赴上海学习。与此同时，已与上海外高桥保税区签订了战略合作框架协议，与10多家企业达成了入区意向，投资额达17.8亿元。韩国釜山港湾公社、浪潮集团、沪光集团、香港边境物流公司、石英经贸有限公司、黑龙江省邮政速递物流公司等企业陆续入区	绥芬河-远东（中俄）工业园区项目总投资20亿元，主要用于区内"六通一平"基础设施和32万平方米厂房建设。2006年，由绥芬河市政府出资注册成立了绥芬河市远东工业园区有限公司（以下简称绥远公司），负责园区投资建设。该区的境外办公场所、办公设备落实，以及合资企业注册、土地规划（已获俄相关部门的批准）、土地租赁等项工作已完成。2007年底已完成前期筹备工作。2008年开工建设，目前已投资8000万元，由广东水电二局承担建设工作。全部工程于2012年完工。与此同时，招商工作正在有序进行
管理部门	中方为中俄贸易综合体管理委员会；俄方为俄罗斯滨海信息集团贸易综合体管理委员会	成立黑龙江绥芬河综合保税区管理委员会，为省政府派出机构，委托绥芬河市政府管理	绥芬河市组建园区管理委员会协助广东水电二局在俄方管理园区工作
开发经营模式	由中国世贸集团与俄罗斯滨海信息集团出资，共同合作开发；两侧各区由中方贸易综合体管理委员会和俄方贸易综合体管理委员会分别管理，共同协调、推进各项事务	按照政企合一的方式组建保税区开发建设有限公司，开发公司资金由政府投资、企业参股，共同运营。实行"政府主导、市场化运作"方式。管理委员会负责对保税区提供服务并进行管理；开发公司负责对保税区的基础设施进行开发建设	绥芬河市政府出资成立了绥远公司，中方占87.5%的股份，负责投资建设园区；俄方占12.5%的股份，负责租赁土地，购买现有厂房

续表

项目	中俄绥－波贸易综合体（中俄互市贸易区）	绥芬河综合保税区	绥芬河－远东（中俄）工业园区
投资主体性质	企业	政府	政府、企业

资料来源：绥芬河市政府门户网站，http：//www.suifenhe.gov.cn；中国中小企业黑龙江网绥芬河分网，http：//sfh.ds.smehlj.gov.cn/site/sites/sfh/2242650487994/index.fdp；黑龙江中俄信息网，http：//www.hljzew.gov.cn；绥芬河市发展和改革委员会网站，http：//www.sfhfgj.gov.cn/index.php。

3. 绥芬河市对外经贸合作及跨境经济合作的障碍

（1）通道能力瓶颈制约。绥芬河市交通运输能力已成为当前制约绥芬河市对外经贸合作发展的瓶颈。交通设施建设明显滞后，铁路通道能力接近饱和状态，运力不足问题影响严重。从绥芬河市至俄滨海边疆区波格拉尼奇内区的格罗捷阔沃站26公里的铁路线，其通过换装能力明显较弱，而且也已经达到运力的极限。经过绥芬河口岸进行陆海联运的通道并未步入常态运行轨道，而且进行成本高昂。随着中俄边境地区经贸合作的不断推进和发展，两国间的贸易往来越来越频繁，对两国通道能力的要求随之越来越高。绥芬河市的通道能力问题也逐渐凸显。

（2）经贸合作市场主体弱小。绥芬河市对俄经贸合作企业无论是在数量上、质量上还是规模上都不足以适应对俄经贸合作快速发展的要求。目前，绥芬河市对俄贸易的80%以上是由私营企业实现的，还没有形成一批具有跨国生产经营能力的市场主体。对俄经贸合作主体弱小，专业化、规模化程度较低，市场拓展能力差，是导致边境小额贸易比例在对外贸易中始终居高不下的主要原因。这也导致企业难以参与重大项目的竞争，不利于经贸合作的长远发展。外向型产业主体弱小，还导致地产品在对外贸易中的份额一直徘徊在20%以内。据不完全统计，绥芬河市近80%的企业不生产出口产品，只从事转口贸易。

（3）贸易商品结构单一。绥芬河市进口商品以资源性生产资料为主，其中原油和木材所占比重为70%～80%；出口商品以服装、鞋类等生活资料以及机电产品（比重为20%）为主。贸易商品结构单一会导致双边经贸合作关系不稳定。就进口商品而言，资源类商品是一国重要的战略产品，随着社会经济的不断发展，必将得到高度重视，很容易受到国家政策的限制，进而影响其出口。对于进口国而言，资源类商品的缺口一直较大，需求刚性，受资源类商品出口的变动影响非常大，加之贸易商品结构单一，一旦资源类商品进口受限，就会使进口国的企业遭受巨大损失，变得十分被动。2006年俄罗斯对出口原木、未加工锯材的关税上调使得绥芬河市近40%的企业处于半停产状态。

就出口而言，绥芬河市出口商品中服装、鞋类商品的比重约占1/2，基本为低端产品，其竞争力是价格的低廉，而非品牌的效应。随着俄罗斯远东居民对中高档商品需求的逐渐增加，这部分中低档商品的出口比重会逐渐减少。另外，出口产品中，机电产品的比重不高，且产品附加值较低。销售地区多是经济发展水平不高的中小城市，主要销售手段依然是依靠低廉的价格。况且近年来俄罗斯提高了部分机电产品的进口门槛，这对中方机电产品的出口极为不利。

（4）投资合作规模小。近年来，随着绥芬河市与其他国家和地区一些经济技术合作项目的不断开展，双方的相互投资也有所增加。但总体而言，双方的相互投资规模相对较小，而且受各种因素影响波动较大，从而影响了两国之间最有合作前途的能源大型合作项目的启动。2004年绥芬河市实际利用外资到位金额为3222万美元，2013年实际利用外资4187万美元，而2008年仅为780万美元。2008年绥芬河市对外经济技术合作劳务派出人员仅为1159人，2012年劳务合作实际派出1375人。从国家层次上看，中俄双方的相互投资规模和投资结构与两国各自在国际上的地位和两国的战略协作伙伴关系并不相称。而且，与两国国内经济总体发展速度和利用外资规模相比微不足道，无论是对两国各自的经济增长，还是对形成稳固的市场、拉动双边经贸关系的战略升级，其所起的作用都十分有限。

（5）尚未形成完善的双边贸易服务体系。从国家层次上看，中俄两国在海关程序、商品检验检疫、银行结算、贸易仲裁以及出口信用保险等重要领域的合作还不能满足边境地区经贸合作发展的需求，在某种程度上限制了跨境经济合作的推进。由于缺乏符合国际惯例的贸易制度的约束，中俄边境地区的贸易中还存在一些不规范的行为，随意扣留货物资金、通关效率低等问题导致低值报关和关税流失。另外，就绥芬河市而言，还存在授信额度不足以支撑重大项目建设的问题。双边贸易服务体系尚未完善，制约了双边合作的发展。

（6）合作机制软约束。由于中俄两国地区间的政治体制差异和经济发展水平非均衡因素影响，以及绥芬河市跨境经济合作处于启动和发展初期，绥芬河市跨境经济合作还没有建立一个跨境的或区域性的组织管理机构。只是在国家和地方政府层面建立了会晤机制，还没有在真正意义上形成地方政府的合作协调机构。虽然功能性的合作取得一定进展，但没有政府间的贸易和投资合作框架为指导，缺乏相应的组织机构作为制度性保障，导致这种松散的经济合作存在一些不稳定性，阻碍了跨境经济合作的进一步推进。这也使得双方在法律制度对接、口岸通关、检验等方面仍面临众多难题亟待攻克。

（7）地方政府主导合作的局面尚未改变。绥芬河地区跨境经济合作与世界其他地区区域经济合作的最大不同是，该地区的经济合作主要表现为地方政府层面的合作。地方政府在推进区域经济合作时只能在其行政权限的范围内谋求合作与发展，深受自身权力大小的制约。许多涉及国家层面的合作问题还需要由中央政府进行决策，需要各国中央政府达成协议才能实现。这说明中央政府的国际合作战略取向在总体上规定了地方政府推进国际合作的广度和深度，仅仅依靠地方政府，通过地方政府推进国际合作来带动本地区乃至整个区域经济合作的发展难以获得理想效果。[①] 所以，这在某种程度上也制约了绥芬河市跨境经济合作的发展。

（8）俄罗斯经济政策调整变化频繁。绥芬河市贸易主体的弱小和贸易结构的单一，使得绥芬河市跨境经济合作对俄罗斯经济政策的调整非常敏感。从表3-2可以看出，俄罗斯政策的调整对绥芬河市乃至黑龙江省以及绥芬河市对俄经贸合作造成了很大的负面影响。同时，应该注意到，客观分析俄罗斯经济政策调整的原因有利于绥芬河市及时调整对俄经贸合作战略和进行政策选择。

---

① 王胜今、于潇：《图们江地区跨国经济合作研究》，吉林人民出版社，2006，第101~103页。

表 3-2　俄罗斯政策调整的方向、变化、影响及原因

政策调整的方向	政策调整前后的变化	对黑龙江省和绥芬河市的影响	政策调整的原因
提高关税	2005年至今，俄罗斯对有色金属、木材、石油、矿产等16类产品实施出口许可管理，同时提高部分关税税率。以木材从量税为例，每立方米原木、未加工锯材征收出口税从2.5欧元调整到4欧元、6欧元、10欧元、24欧元、50欧元	2009年黑龙江省对俄进口总额下降40%；绥芬河市40%左右的企业处于半停产状态	通过实施限制新措施，缩减或放缓部分战略性和资源性产品的出口
实施"禁商令"，并打击"灰色清关"	2007年至今，俄罗斯开始禁止在俄市场的地摊进行零售，相继有115个大市场被清理，莫斯科切尔基佐沃大市场和远东及西伯利亚13个大市场被关闭。截至2008年底，俄露天市场和集市减少40%，大型超市增加28%，达到5640个	黑龙江省大多数零售商退出俄罗斯市场。国内3万多家企业严重受损，直接损失400亿元	通过严查海关腐败现象、整顿市场混乱状况，以迎接"入世"检查，并挽回关税收入损失
对旅游购物"限重限次"	2006年俄罗斯明确规定限定旅游购物人员携带商品重量和出境次数，即过境免税携带商品从每人每周50公斤减至每人每月35公斤	黑龙江省及绥芬河市边境贸易额逐渐减少	把借旅游携带物之名造成的不规范贸易"逼"向正规贸易，以增加联邦政府税收
从严控制我国劳务人员入境	近年来，俄罗斯有关部门明显加强了对入境中国人的监督管理，从入境、居留到工作地各环节实施动态监控，要求做到"看得见每个中国人"，俄巡警对中国公民的证件随时查验，安全机构还通过拒办邀请、拒发签证等方式禁止中国人再次入境	使得黑龙江省边境地区大量劳动力无法向俄罗斯正常流动	俄罗斯对中国劳动力参与其建设有很矛盾的心理，同时中国入境人员违反俄法律、超期滞留现象时有发生

资料来源：调研资料。

（9）俄罗斯远东地区的投资环境有待进一步改善。俄罗斯市场经济尚处于过渡时期，还不是真正意义上的市场经济，加之腐败现象严重，监管不规范，导致外国投资者时常遭遇意外性风险。而且，俄罗斯经常出现地方法律与联邦法律不一致、税收及相关法律法规不稳定、执法人员经常有法不依、不能充分保护外国投资者利益等情况。俄罗斯远东地区受俄罗斯国家有关政策和法律的约束，地方政府缺乏调整吸引外来投资活动政策的权力；滨海边疆区的人口形势严峻，人口呈现逐年递减的趋势，优秀人才

外流，造成地方上人才缺乏，使一些投资规模比较大的长线投资面临的风险增大；地区的金融市场体系不够发达，对证券市场的发展形成制约；投资导向系统不够发达。众多风险因素的累加致使俄罗斯远东地区的投资环境有待进一步改善。

4. 加快推进绥芬河市跨境经济合作的战略对策

第一，共同加强基础设施与合作平台建设。中俄两国贸易快速增长及毗邻地区合作项目的启动，迫切需要提升现有口岸的运输能力和通关能力。例如，对于绥芬河市铁路运力不足问题，我国铁道部以及相关部门要给予支持和帮助；绥芬河市至俄罗斯格罗捷阔沃站26公里的铁路线，其通过换装能力和整体运力都需要提升；陆海联运通道常态运输亟待与俄罗斯共同协商解决；中俄对应口岸通关能力也需要双方共同努力予以提升。双方应共同完善双边经贸合作服务体系。例如，共同实行电子报关办法，缩短通关时间，简化通关手续，遏制海关工作人员的腐败行为，从而降低贸易成本；加强双方商品质量标准化的互任，共同协商检验检疫制度的可行性对接，为发展规范贸易消除技术壁垒和障碍；提高银行、保险等部门对双方合作的支持及服务水平，完善卢布与人民币跨境结算功能，畅通经贸合作融资渠道，加强跨境资金流动监控；在劳务合作问题上，双方应认真落实《中俄政府间短期劳务协定》及有关文件，在办理签证、人员过境、居留注册等方面相互提供便利。加强中俄双方沟通协调，逐步完善双方合作机制。要充分利用绥芬河市展会平台，借举办中国名优商品展销会和中俄政党论坛之机，广泛开展各种交流活动，以官方或社会团体组织、民间商会与俄方进行友好交流的方式，加深中俄双方的了解和沟通。应继续通过两国政府间总理定期会晤，加强对双边经贸合作中重大问题的磋商与协调，完善与俄毗邻地区省（州）长、市（县）长定期会晤机制。建立政府经济管理部门与俄地方政府对应部门的沟通协调机制。组建境外园区管理委员会，成立驻符拉迪沃斯托克办事处，负责境外园区管理以及与俄罗斯各政府部门联络和协调。逐步将合作机制细化到经贸合作的具体运行规则中。

第二，给予外向型企业政策支持。绥芬河市对外贸易企业整体实力不强，导致企业缺少专业化和规模化生产、企业难以参与重大项目竞争、从事转口贸易企业居多等问题。所以，从管理部门角度，首先应给予政策支持。例如，争取加大财政转移支付力度；对生产地产品和对进口木材进行深加工的外贸企业给予政策上的优惠和奖励；加强金融、担保和保险服务，支持企业争取重大项目，利用出口信用保险扩大对俄出口；鼓励外贸企业到沿边口岸各类园区以及境外园区投资办厂，并给予一系列政策支持。加强企业主体的培育是提升对俄经贸合作层次的支撑。要鼓励企业从事对俄贸易和投资，不断扩大主体规模。组织有实力的国企集团及大型民营企业到远东考察对接，采取股份制、股份合作制等多种形式，联手开展对俄经贸合作；引导企业实施现代管理制度，明确权责，通晓国际投资规则和俄罗斯法律，进行专业化经营；积极吸引有实力的境内外投资企业来绥芬河市参与跨境经贸合作，通过招商引进一批外贸企业；充分利用建设绥芬河综合保税区等政策机遇，丰富对俄经贸合作主体。同时，营造一个良性的企业竞争环境尤为重要。

第三，转变贸易方式，优化贸易结构。在转变贸易方式方面，要加快建设对俄出口商品加工产业体系，支持加工贸易发展。凭借哈牡绥东对俄贸易加工区建设项目和绥芬河综合保税区建设项目的有利契机，大力发展绥芬河市木材出口加工，提高产品附加值，延长产业链条；积极发展跨境加工贸易，采取境内加工半成品，境外组装、贴牌等方式，合理避开成品出口的高额关税，扩大机电产品、轻工产品的出口；进一步加强产权、商标、专利、设计等中俄两国许可权限内的技术贸易；在对俄运输、旅游、劳务承包、建筑安装等方面扩大服务贸易的范围。在优化贸易结构方面，应集中专家学者研究调整贸易品种和投资合作项目的可行性意见，研究上下游产业链，衔接和培育进口商品国内市场，为企业实际经营做好前期工作；要加大对资源性进口产品的调研力度，提高下游加工企业的衔接配套能力。

第四，完善境内园区功能。加快推进绥芬河边境经济合作区建设，解决绥芬河边境经济合作区在管理体制、政策配套及土地面积等方面的问题。积极协调俄方互动，推进中俄绥－波贸易综合体向更高层次转型。近年来，绥芬河市木材加工贸易发展迅速。在绥芬河市木业加工园区建设中，应注重按专业化分工进行规划和调整，并把重点放在提升园区的规模化生产能力上。品牌化也是园区发展的重中之重，要将品牌的打造和市场主体的培育结合起来，在政策上多给予支持和鼓励，使绥芬河市木材出口加工业逐步向支柱产业方向发展，逐渐完善绥芬河市境内园区的承载、集聚和辐射带动功能。放大境外园区效应。加快绥芬河市远东工业园区的基础设施建设。对远东工业园区的定位应从实际出发,一期开发应将其定位为木材工业园,注意引入国内大型木材加工企业,引进自动化的生产线设备;针对俄罗斯远东对建材有较大的需求,且远东工业园区具有较大的发展空间,二期开发可将其定位为建材工业园。要抓住俄罗斯吸引在俄投资的机遇,争取在俄再建几个加工园区,为国内外企业开展对俄投资合作搭建功能完善的、内外互动的重要载体。同时,也要致力于开发配套服务功能,主要有贸易采购、物流服务和其他商务服务功能,尽可能放大境外园区的效应。

第五,加快综合保税区建设。综合保税区是绥芬河市对俄贸易、投资的重要载体,也是黑龙江省对俄开放的新亮点。目前,综合保税区一期围网工程已经完成,实现了区域封关。下一步应按照国际化标准,完善现代化加工、仓储、配送等服务设施,落实区内税收政策、外贸政策和外汇政策,构建开放层次高、政策优惠、功能齐全、手续便捷的特殊监管区域。以综合保税区为龙头,整合市内园区、互市贸易区(综合贸易体),增强绥芬河市国际中转及转口贸易、展示研发、保税深加工结转、出口机电产品进境维修、产品和技术展示等功能,推进绥芬河市跨境经济合作的发展,建成区内外配套完整的加工制造业链和产业体系。

5. 推进中俄绥－波跨境经贸合作区建设

中俄绥－波贸易综合体位于绥芬河市公路口岸与俄滨海边疆区波格拉尼奇内边境线两侧,规划总面积为4.53平方公里,其中中方1.53平方公里、俄方3平方公里。绥芬河综合保税区位于绥芬河市区西侧,规划面积为1.8平方公里。中俄绥－波跨境经贸合作区的地理范围可以在包括中俄绥－波贸易综合体和绥芬河综合保税区的基础上进行扩大,范围进一步扩大到包括绥芬河市辖区与波格拉尼奇内区的部分辖区(主要是指格罗捷阔沃市辖区),共1000多平方公里。

中俄绥－波跨境经贸合作区的目标是建设成为中俄边境地区的自由贸易区和成为东北亚区域经济合作的平台,为该地区的经济发展创造良好的基础条件,从而带动两国邻近地区的开发、开放和经济发展;以经贸合作为契机,加深中俄双方的沟通与理解,为协调两国全方位的经贸关系积累经验,并为全面提高两国的经济合作水平探索新的途径。

经贸合作区的功能主要体现在中俄双边经济合作与利益协调上：第一，共同完善基础设施建设；第二，立足中俄边境两侧地区，以国际贸易为基础，以投资合作为主导，建成集进出口加工、保税仓储、旅游购物、商贸会展、文化交流功能于一体的经济合作带。

总体合作开发按照"国家主导、双向互动、中方主动、双边实施、市场导向、规范运行、企业运作、多方参与"的模式进行。通过中俄两国国家层面的沟通，双方共同制定一系列相对一致的优惠政策措施，统一规划布局；按照国际通用方式，在鼓励两国企业、个人参与的同时，实施国际招商，加快合作区的建设开发步伐。

依据区域开发阶段特点所划分的资源开发模式、产业开发模式和高科技开发模式，以及中俄边境的现实基础条件，具体的合作开发模式可以选择为产业开发模式。在产业开发上应以对俄出口加工业和现代物流业为重点，带动商贸服务业和旅游业全面发展。

通过发展加工贸易，提高进出口产品附加值，真正实现过埠增值和跨境资源的有效利用。进口加工要依托俄罗斯的资源，以国内及周边国家市场为导向。重点促进木材加工产业链，即木材进口、木材加工出口、木材配送、木材信息服务和木制品交易中心产业链的形成，同时还要创造条件发展其他资源性产品的引进和加工。在出口商品的加工上，要以俄罗斯市场为导向，建设配套合理的产业链，合理布局，节能环保。要积极与内地经济发达地区合作，吸引外地企业和外商企业到绥芬河市投资制造加工业。

依托口岸，充分发挥铁路、公路、航空运输等综合交通及加工、贸易、旅游等产业的优势，引导相关企业向现代物流服务延伸，拓展发展空间，提高服务水平，逐步构建现代物流中心，建设中俄商品集散地。合理规划和设计专业市场，通过政策优惠吸引、稳定企业经营主体，以商贸规模的不断扩大，促进现代物流中心的形成。

合作重点领域在国家层面包括边境经贸合作、能源、矿产开发、科技、环保以及金融等领域；在地方层面包括森林采伐和木材加工、现代农牧业合作、机电及家用电器科研和生产合作、对俄劳务输出、境外加工贸易、建筑装修及工程承包和房地产开发、高新技术产业合作以及文化交流合作等领域。

跨境经贸合作区的功能是在特定的区域内完善基础设施，为出口加工业和现代化物流业的发展创造基础条件。它不同于自由贸易区等一体化区域经济合作形式，所以不需要严格的边界限定。同时，跨境经贸合作区也不同于我国的经济特区，它是由两国共同划区组成的。因此，跨境经贸合作区应采取相对灵活和开放的地域管理模式，以使合作开发的效应有效地向周围及腹地地区扩散，增强对两国其他地区经济发展的辐射力和带动力。在跨境经贸合作区内可以建立保税区等封闭式的产业发展基地，采取差别的管理模式。

在辟建中俄绥-波跨境经贸合作区初期，合作开发的主要工作是双边政策协调，以及具体合作开发项目的确定、落实和衔接等，涉及管理模式的问题基本处于探索之中，在较长时间内尚难确定共同管理机构所要遵循的法律框架和具体原则。所以，在辟建初期，要以原有中方与俄方的贸易综合体管理委员会为各自的管理机构，分别行使各自的管理权限。在此基础上建立日常性的协调与协商机构——中俄跨境经贸合作区协调委员会，负责落实合作开发共识，并承担有关项目的管理工作。

随着跨境经贸合作区运行的法律框架和具体原则的逐步完善，以及双边政策协调的不断推进，跨境经贸合作区的工作开始转向对整个合作区开发建设的管理。为此，可以加快管理体制的转变，在原有协调委员会的基础上组建中俄跨境经贸合作区的管理事务机构——中俄跨境经贸合作区管理委员会，负责跨境经贸合作区的全面管理工作。

创建中俄绥-波跨境经贸合作区，是中俄两国边境合作体制和机制的创新，也是贸易综合体的进一步升级和发展，为实现中俄两国边境贸易的便利化、规范化和自由化奠定了重要基础。针对目前跨境经贸合作区存在的问题，可以采取下述措施加以解决。

第一，将外在的俄罗斯经济环境问题内部化。例如，俄方一方面缺少劳务人员，另一方面担心劳务人员过多进入，因此可以在跨境经贸合作区内采取深圳-香港用工方式，中方劳务人员白天到俄方区域工作，晚上回到中方休息。这样既能解决俄方对劳动力的需求，又能消除人员过多进入的顾虑。对于中方企业顾虑在俄投资风险的问题，在跨境经贸合作区这个特定的区域内，可以方便设备、产品和人员的出入，同时可以保障双方的安全。对于俄方提高战略性资源产品关税的问题，可以在合作区内利用中方的技术、机械、劳动力和俄方的土地、厂房合资建厂，把中方进口资源加工企业上游生产转移到俄方一侧,这既打消了俄方对资源产品过多出口的顾虑,也满足了中方对资源的需求,实现互利双赢。

第二,促进跨境产业链的形成。中俄双方企业可以在各自区域内享受特殊优惠政策的前提下,将生产的半成品运到对方区域进行加工销售。尤其是中方企业,可以将生产的半成品运到俄方区域,与俄方共同组装成成品,由"中国制造"变成"俄罗斯制造",这样可以规避欧美国家对中国家具、服装等商品的贸易壁垒。

第三,探索中俄经贸合作管理模式。例如,卢布与人民币结算问题,可以在区内设立人民币交易所,区内区外企业都可以在此中心进行结算,在此区域内试行卢布现钞调运等;中俄双方公民可持护照及其他有效简化证件进入跨境经贸合作区;在跨境经贸合作区内,中俄双方企业可在税收上实行互免互让政策;中俄双方公民自驾交通工具可自由出入跨境经贸合作区;中俄双方可共同成立区内管理协调委员会;等等。这些金融管理、税收管理、海关管理以及土地管理等方面的运行机制都可以尝试在跨境经贸合作区内施行。

四 黑龙江省其他重要口岸开发开放战略

1. 黑河口岸开发开放战略

中国北疆重镇黑河,是国务院批准的第一批沿边开放城市之一,在众多对俄边境口岸中,黑河市第一个恢复边境贸易,第一个开通边境旅游,第一个开展边民互市贸易,第一个开展国际经济技术合作,第一个创办合资合作企业,第一个与俄商业银行建立代理账户行关系,第一个开通中俄数字微波通信和邮件互换业务,第一个开通至俄对应口岸城市的国际空中航线,第一个开展中俄边境贸易本币结算试点工作,第一个开办卢布现钞兑换业务,第一个与俄罗斯地方议会开展友好交往。这些"第一"令黑河市在中俄经贸关系史中的重要地位不言而喻。黑河市在对俄经贸合作实践中发挥了窗口作用和示范作用。面对欧债危机及世界经济复苏乏力的不利局面,黑河市积极应对,全方位开拓国际市场,加大招商引资力度,外经贸呈现良好发展态势,对外贸易快速增长,利用外资规模持续扩大,结构更趋合理。

中俄两国领导人签署的《中国东北地区同俄罗斯远东及东西伯利亚地区合作规划纲要（2009~2018年）》，为中俄开展资源、产业、市场和技术等方面的交流合作提供了契机，创造了条件。该纲要共65项合作项目，其中属黑龙江省的有20项，与其有关的有29项。黑河市作为黑龙江省沿边开放带的一个重要组成部分，与俄罗斯开展区域合作具有很大的优势和发展潜力。

黑河市设有黑河、逊克、孙吴三个国家一类口岸。其中，黑河口岸与布拉戈维申斯克市口岸隔江相对，黑河与布拉戈维申斯克两市的货运码头间距3500米，客运码头间距750米，是黑龙江流域运输距离最近、通行能力较强的口岸。目前黑河口岸年吞吐能力为货物150万吨、旅客300万人次。2008年，出入境人员为139.9万人次，其中俄方为113.2万人次；2009年，出入境人员为86.7万人次，其中俄方为59.3万人次；2010年，出入境人员为104.5万人次；2011年，出入境人员为112万人次；2012年，出入境人员为102万人次，其中俄方为76.5万人次，占出入境人员总数的75%。黑河口岸连续多年居黑龙江省口岸出入境人数第一位，被评为全国文明口岸，已形成以客、货两大码头为主体，口岸进出境运输与国内铁路、公路和航空运输相衔接的基本格局。

黑河市设有边民互市贸易区。近年来，黑河市对俄贸易规模实现历史性突破。例如，2008年，黑河市对俄贸易进出口总额完成18亿美元，比2005年增长2.9倍，对俄进出口商品主要有原木、锯材、钢材、金属加工机床、蔬菜、服装、鞋类、汽车和钢材等；2009年，在国际金融危机的冲击下，黑河市对俄贸易仍实现5.4亿美元，废钢、锯材等能源和资源类商品进口大幅增长；2010年，黑河市自俄进口产品又新增了煤炭和还原铁等品种；尤其是2011年，随着自俄购油项目的投产运营，黑河市充分发挥独特的口岸区位优势，积极与俄罗斯布拉戈维申斯克市及远东地区开展多领域、全方位合作，共同推动合作升级，取得了丰硕成果。双方贸易额从2010年的5.3亿美元增加到2013年的21.7亿美元，有效促进了双方的繁荣和发展。

1992年，国家批准设立了国家级黑河边境经济合作区。依托黑河边境经济合作区，黑河市面向国际国内两大市场，辟建了俄电加工区等边境经贸功能性园区，积极构建从对外贸易到加工制造业直至国际性流通服务业的发展框架，不断优化产业结构，推动产业升级，重点培育了原材料加工、有机化工、医药化工和进出口加工等产业。目前，黑河市以对俄合作项目为核心，以境内外园区为支撑，打造中俄资源能源合作大通道，加快构建面向俄罗斯远东地区、服务全省乃至全国的中俄合作高地，推动对俄合作向更高层次、更宽领域、更大规模转型升级。五秀山和二公河两个俄电加工区的基础设施建设已基本完成。

近年来，虽然黑河市对俄经贸合作水平有所提升，贸易运行质量进一步提高，延边开放带建设初显成效，但还面临一些实际困难，存在一些突出问题，主要是设施建设滞后、贸易通道不畅、口岸货检场所狭小、泊位不足、与俄对应港口设施不匹配、运输高峰时中俄双方汽车经常出现滞港现象等。铁路运力不足，黑河至龙镇段铁路为地方铁路，全长240公里，曲线半径小，速度慢，且车皮申请难、运输费用高，无法满足大批量货运的需要。布拉戈维申斯克市口岸工作效能低，验放速度慢，一些俄方执法部门的不作为造成过境车辆严重受阻，致使黑河口岸大批货物无法过境。贸易结构不合理。多年来，黑河市进出口结构调整步伐缓慢，进口额在进出口总额中的比重仅为7.4%。贸易方式失衡，边境小额贸易适应俄政策调整的能力弱，受俄政策影响严重，外经贸对地方经济的拉动作用体现不明显。俄方政策制约。国际金融危机发生后，俄打击"灰色清关"的力度不断加大，特别是自2009年3月布拉戈维申斯克市海关停止受理民贸包裹入境后，民贸出口报关已完全停止。同时，俄方在对350种商品上调关税限制进口的基础上，继续实行贸易保护政策。自2010年1月1日起，俄方又相继对一系列商品提高进出口关税和货物检查验收标准。

黑河市跨境合作开发战略的思路，是充分发挥黑河市独特的地理区位优势和贸易优势，坚持以市场需求为导向，以边境口岸、中心城市为重点，由贸易向投资合作、生产加工、园区建设转变，搞好区域规划与合作开发布局；对黑河市口岸建设赋予先行先试政策，加大对相关进出口加工基地、交通和口岸基础设施等的资金投入和政策支持力度，整治口岸通关秩序从而提高通关效率；加强中俄科技合作，吸引俄高科技人才携技术、项目来黑河市创业，促进合作成果转化，把口岸建设成为经济规模较大、经济效益较好和影响较为广泛的进出口中心。

黑河市跨境合作开发战略的重点任务，一是推进黑龙江大桥建设。黑龙江大桥项目起于黑河市长发屯西南的国道 202 线，跨越黑龙江（阿穆尔河），止于俄罗斯布拉戈维申斯克市卡尼库尔干村的布哈公路，主桥长约 1086 米。自 1995 年 6 月中俄两国政府签署建桥协定以来，经过 10 多年的积极运作，中方完成了项目立项、签署两国政府间建桥协定、两国政府主管部门会谈、水工模型试验、工程可行性研究报告批复等的前期工作。但俄方前期工作因建桥资金尚未落实而不能顺利推进。在新的历史条件下，紧紧抓住第一届中俄博览会圆满成功的有利契机，国家有关部门应加强协调，敦促俄方加快完成大桥前期工作，争取尽快开工建设。二是提高铁路运输能力。将黑河—龙镇段地方铁路纳入国家统管，并对哈尔滨—黑河段铁路进行改造升级，提升客货运输能力。三是建设跨境国际浮箱固冰通道。黑河口岸为界江口岸，其运输主要为明水期船舶运输和冬季冰上汽车运输。长期以来，中俄两国的贸易运输因受气候条件的限制，每年冬季冰道开通时间仅 2 个多月。这段时间恰恰是客货运输高峰时期，进出口货物运输需绕道过境。如果在黑河市与布拉戈维申斯克市之间铺设浮箱固冰通道，将提高黑河口岸的运输能力，增加货运量，实现四季通关，降低运输成本。按照《中俄总理定期会晤委员会运输合作分委会海运、河运、汽车运输和公路工作组第十三次会议纪要》以及《2009 年 12 月黑龙江省与阿穆尔州政府代表团会谈纪要》，黑河市正在积极推进跨境国际浮箱固冰通道建设项目前期工作。目前，俄方重新提出将"浮箱固冰通道"改为"浮桥"、将按载重车辆要求设计的承压浮箱改为驳船、禁止客车经浮箱固冰通道通行等意见。双方未达成一致意见，致使该项目无法进一步实施。中俄双方应相互协调，依照上述两个纪要所确定的浮箱固冰通道建设方案，规范双方投资企业合作行为，尽快完成项目合作洽谈，促使尽早开工建设。四是加快开通航空口岸。黑河机场与布拉戈维申斯克机场的空中距离仅 10 多公里，在对俄国际航空货运市场竞争中有着巨大的优势，如收取的国际航空保障费用比国内同类机场还要低。1994 年，经国家批准，黑河机场开通了黑河—布拉戈维申斯克市临时包机，极大地促进了区域经济特别是边境贸易和旅游事业的发展，也为开辟正式国际航线积累了经验、奠定了基础。目前，改扩建后的黑河机场，各项设施比较完备，飞行区等级由 3C 级提高到 4C 级，可满足波音 -737、波音 -300、空客 -320、麦道 -90 和图 -154 等机型客机起降的需要，每天有黑河—哈尔滨—北京—上海的往返航班，已具备承担国内外客货运输的能力。同时，黑河市与俄罗斯雅库茨克市极地航线航空公司签订了意向书，并已着手进行开辟航线的各项准备工作。为了尽早促进黑河机场对外开放，拉动中国北部地区对外经贸合作、科技文化交流和旅游事业发展，我国有关部门应尽快批准黑河机场为对外开放航空口岸，同时开辟黑河—雅库茨克国际航线。五是建立国家短缺资源保障区。建设石油、木材、矿产等国家短缺资源的生产、储备、流通、服务和加工增值区，是黑河市扩大对俄区域合作、提升对外开放水平的重要举措，对于保障中国日益增长的资源需求具有积极意义。目前，黑河市全力推进的对俄石油合作和对俄矿产开发项目——阿尔穆-黑河边境油品储运与炼化综合体项目及南雅库特地区4个铁矿开发建设项目，均为国家短缺资源合作项目。我国政府相关部门应从实际出发，将黑河市列为国家短缺资源保障区，促成这些项目尽快落实。

总之，黑河边境经济合作区在推进区域置换过程中已充分考虑到跨境经济合作区的建设工作，新区域与跨境经济合作区实现了融合，并委托中国商务部国际贸易经济合作研究院开展黑河-布拉戈维申斯克跨境经济合作区课题研究。应考虑将黑河-布拉戈维申斯克跨境经济合作区建设纳入中俄两国合作规划。

2. 东宁口岸开发开放战略

东宁处在东北亚区域中、俄、朝三角地带的中心环节，陆路可通朝鲜、俄罗斯及独联体其他国家，跨海可向韩国、日本延伸，是东北亚国际贸易通道上的重要一站，是中俄水陆联运的最佳路线。东宁口岸是国家一类陆路口岸，在全国各口岸中距离俄罗斯的符拉迪沃斯托克（海参崴）路程最短，两地相距153公里。东宁与俄罗斯滨海边疆区接壤，边界线长139公里。东宁口岸位于黑龙江省东南边陲三岔口朝鲜族镇，地处东经131°15′、北纬44°1′，与对应的俄罗斯滨海边疆区波尔塔夫卡公路口岸隔瑚布图河相望，距俄十月区24公里，距俄远东最大铁路编组站乌苏里斯克53公里，距俄远东最大城市符拉迪沃斯托克（海参崴）153公里；对内距县城11公里，距铁路东宁站8公里，距铁路绥芬河站54公里。北上可通过鸡图公路及哈绥公路抵达省内各地，南下可沿鸡图公路经吉林通往全国各地。口岸位置居中、俄、朝三角区域中心地带，是东北亚国际大通道上重要的交通枢纽。

东宁口岸于1989年12月经国家批准为一类口岸，1990年3月中苏两国政府换文将其确认为双边客货公路运输口岸，同年5月正式对外开放。1992年11月中俄两国政府换文开通旅客运输，陆续开通了东宁至俄罗斯近邻城市的旅游业务。1994年1月中俄两国政府再次换文将东宁口岸确定为双边公路客货运输口岸。2006年6月开通了口岸落地签证业务。2008年8月3日经中俄双方同意，正式开通了客运7天12小时无午休工作制。2009年4月开通了异地办证业务。

东宁口岸开放初期，在瑚布图河上架设了一座长32米、宽4.5米，荷重30吨的临时桥。1993年与俄方合作建成了长45米、宽9米，荷重600吨的永久性界桥。同年，又修筑了县城至口岸的11公里水泥砼路面。口岸封闭监管区面积为38000平方米，内设查验单位办公用房1900平方米、旅检综合办公楼1100平方米，设置进出境货检通道各1条、进出境旅检通道各1条。2002年6月，由县政府与省交通厅投资2100万元合作扩建的新口岸设施投入使用。扩建后的口岸封闭监管区面积为62000平方米，旅检综合办公楼建筑面积为4200平方米，内设出境旅客检查通道6条、入境旅客检查通道3条、车检通道2条。货检区设置出入境检查通道各2条，同时配属边防检查站、海关、检验检疫局等办公功能用房及消毒等附属设施。由国家海关总署及业主合作投资3800万元建设的Go-60检测系统、综合业务技术办公楼、海关监管仓库等设施投入使用，口岸设施逐渐完善。同时，口岸封闭区环境得到改善，实施了硬化、美化、亮化、绿化工程，改造了供水设施、供热设施、供电设施。口岸各职能部门加强协调与服务，确保了东宁口岸安全、有序、畅通、文明、高效运行。2010年，投资近500万元用于口岸旅检大楼的改造，前后各向外扩建2.77米，外墙面挂石装修。扩建后可新增旅检大厅面积193.9平方米，暂时缓解了口岸旅检大厅的运行压力。

近年来，东宁口岸深入贯彻"对俄贸易兴边、进出口加工立县"的方针，努力提升口岸功能，扩大开放，实施对俄经贸科技合作升级战略，加强境内外园区建设，促进了东宁口岸人流、物流和外贸进出口业务的快速增长。随着东宁口岸相继实行7天12小时无午休工作制和7天客运工作制，开通了哈尔滨—牡丹江—东宁口岸—乌苏里斯克—符拉迪沃斯托克的客运班车，积极参与陆海联运通道建设。境外乌苏里斯克经济贸易合作区、十月区华宇工业园、莫戈伊图伊工业园区境外园区和境内东宁经济开发区的高速发展，中俄东宁服装鞋帽跨国连锁加工城的启动建设，以及哈牡绥东对俄贸易加工区的建设，吸引了大批企业进驻，内引外联，带动了物流、人流和进出口业务的增长。东宁口岸开放20年来，各项指标运行良好。目前，口岸货物通关能力为120万吨/年，旅检通关能力为100万人次/年。外贸进出口总额由2001年的2.3亿美元上升到2013年的27.3亿美元（2008年达到贸易顶峰，进出口总额为32.6亿美元），贸易份额占全省对俄贸易的12.2%，2013年实现进出口货物29.5万吨，出入境人数达39.3万人。

东宁口岸贸易快速发展。东宁口岸主要进口木材、机床、硅钢片、化工产品等，主要出口果蔬、服装、汽车及配件、五金机电等。东宁是全国最大的进口俄罗斯硅钢片市场年进口俄罗斯硅钢片5万吨左右；最大的进口俄罗斯松子集散基地年进口俄罗斯松子3万吨左右；最大的俄罗斯及独联体国家旧机床集散地90%以上的进口机床从东宁销往国内各地；东宁也是全国唯一获批进口毛坯钻石的北方沿边口岸。东宁在境外建设了国家重点扶持的俄乌苏里斯克经济贸易合作区、俄十月区华宇工业园区，正在俄罗斯境内建设莫戈伊图伊工业园区。构筑完善了通道、平台、基地"三个一"对外开放体系，跨境连锁加工、境外园区建设、境外农业综合开发、宝玉石贸易和加工等拉动进出口总额和口岸货运量双提升。2010年，完成进出口总额22亿美元，其中对俄贸易额占全省的1/4强；货运量和出入境人数分别达29万吨和55万人次。运行指标始终列全省口岸前三位，多次荣获"黑龙江省文明高效口岸"荣誉称号。2012年，东宁进出口总额完成31.3亿美元，其中对俄出口贸易完成18.8亿美元，占全省对俄出口贸易的36.4%，完成进出口货物309470吨，检查出入境人数502726人次，成为中国沿边最大的对俄出口贸易口岸。

东宁口岸开发开放战略的思路，是紧紧抓住国家振兴东北老工业基地和黑龙江省推进"哈牡绥东对俄贸易加工区、东北亚经济贸易开发区"的建设机遇，继续实施"对俄贸易兴边和进出口加工立县"战略，积极响应国家"走出去"战略和黑龙江省建设"双向贸易、双向加工"基地的指示，持续加快境外园区建设。全县外经贸发展的重点是实施"234工程"，即"扩大两个规模、加快三个建设、打造四个基地"。

在扩大对俄贸易规模方面，要在巩固现有贸易规模的基础上，优化贸易结构，提升贸易层次，积极扩大和探索数码产品、机电产品等俄市场上需求量大、互补性强、附加值高的商品出口。在进口贸易方面，将在巩固和扩大原有木材、松子、化工原料等品种规模的基础上，将宝玉石进口作为新的骨干贸易品种予以扶持，形成规模效应。积极探索煤、金、硼等矿产资源，以及俄产玉米、大豆等粮食产品的进口。通过积极向上争取政策，力争建成黑龙江最大的俄进口粮食集散地。在扩大对俄合作规模方面，要在巩固扩大现有的园区、农业、林业、建筑、劳务等对俄经贸合作的基础上，加速整合境外农业，加大境外矿产资源开发力度。

加速整合境外农业，推进农机具跨国作业，统一组织耕作和运营，走集团化、规范化、现代化发展的路子。制定对俄农业合作发展规划，持续加快境外园区建设。东宁先后建设了以乌苏里斯克经贸合作区为代表的6个境外园区，开发土地380万亩，占黑龙江省对俄农业合作开发总面积的50%，其中粮食种植面积为260万亩，产粮40万吨。同时，依托东宁华信保税物流中心，争取回运粮食，并招引益海嘉里、北大荒集团等国内大型农产品深加工企业落户东宁，建成全国最大的俄罗斯有机食品加工基地。华洋贸易公司境外优质乳业生产基地建设，投资额在5000万元以上，新购置大中型农机具30台（套），新增天然草场5000公顷、饲料基地2000公顷，优质牛奶产量达到1万吨，建成俄远东地区最大的标准化乳业生产供应基地，成为中俄两国乳业合作的示范基地。加大境外矿产资源开发力度，全力推进拓源公司煤矿、宏达公司硼矿、中远花润公司金矿等项目的实施和建设，带动对俄合作规模向宽领域、高层次方向发展。

加快境外园区建设。东宁加快基础设施建设，扩大园区产业规模，将3个园区全部纳入中俄两国合作支持的国家级重点项目。充分发挥园区建设企业的公关服务作用，吸引和促进中国知名品牌产品进一步开拓俄罗斯市场，在成功引进康奈、圣象等企业的基础上，着力引进国内其他知名企业及高新技术产业，实现园区产业向高科技、高附加值方向发展。2015年，境外3个园区共投资50亿元，入驻企业达到100户，产值突破150亿元，带动了中俄企业向口岸地区转移集聚，并向产品组装、加工、制造等领域延伸，将境外园区建设成为"中俄特别是与远东地区合作的典范"。

加快通道物流建设。争取促成俄联邦政府将波尔塔夫卡口岸收归国有，推动东－波口岸地位升级，争取实行货运7天及客货运输24小时通关制度，完成口岸界河桥扩建，恢复小车通关。加速建成以东宁为中心，东接俄罗斯，南接吉林珲春和辽宁丹东、大连，北接哈尔滨、满洲里的通道体系，加快建成东珲东边道铁路、东珲高等级公路和绥东机场。引导企业借助俄莫斯科格林伍德项目（莫斯科国际贸易中心）建设，规范经营行为，创建从东宁口岸到莫斯科的中国高档商品进入俄罗斯"白色清关"的黄金通道。构建境内、边境线、境外"三点一线"的大物流格局。

加快互贸区转型建设。东宁积极争取综合保税政策和免签政策，将互贸区加速转型为政策最优、机制最活的中俄综合产业园区。坚持分区规划、分片启动，探索采取以下方式，综合启动互贸区。依托跨境连锁加工，发展享受保税和出口退税政策的仓储物流业；依托口岸作业区及周边物流中心，发展办公、生活服务配套产业；依托东宁公关服务、俄市场和互贸政策优势，促成国内实力企业、品牌企业与东宁企业合作，综合利用电子商务平台和实体店，启动建设对俄轻纺、日用品、五金、电器、干调、食品等产品和俄进口产品专营市场；依托俄丰富的资源，建立宝玉石、矿产、板材等产品展示交易中心和综合服务中心；依托"细胞式"生产方式，通过代工或企业组织形式，大力发展适合班组式、独立式的一些轻纺、日用品、玩具、宝玉石等加工产业。打造加工产业、机电产业、会展经济和危险化学品集散四个加工产业基地。利用"两双"模式，大力发展木材加工业，创建黑龙江最大的板材交易加工基地。大力发展松子、海产品、黑木耳等食品加工业，创建龙江最大的外向型食品加工基地。利用俄罗斯丰富的报废汽车、废橡胶、废塑料等资源，创建黑龙江最大的俄进口再生资源回收加工基地。依托俄罗斯丰富的宝玉石资源以及东宁口岸被批准为金伯利进程国际证书制度指定口岸的有利条件，将东宁建成集宝玉石通关、物流、融资、鉴定、加工、展销于一体的东北亚最大的俄罗斯宝玉石贸易加工基地。

打造机电产业基地。按照"常年交易＋展会＋境内外园区"的模式，运营好中俄机电产品交易市场，高质量办好中俄机电产品展销会并探索在境外举办展会。积极发展对俄工程机械、重卡、农机、电气电缆等贸易和加工组装，扩大对俄高新机电产品和技术进口，引进规模大、科技含量高的机电生产企业入驻交易中心，合作开拓境外市场，推进中俄机电产品维修、加工、组装，向产业链和产业集群方向发展，打造沿边最大的对俄机电贸易加工基地。

打造会展经济基地。推进中俄机电产品展销洽谈会提档升级，力争列入哈洽会序列，上升为国家级展会，并逐步扩大会展规模，不断丰富展会商品及内容，吸引俄机电产品和国产小家电、IT产品、数码产品等参展；发挥东宁口岸被批准为金伯利进程国际证书制度指定口岸的优势，争取高质量开展宝玉石毛坯公盘销售。利用互市贸易区，培育汽配、建材、干调、五金等专营市场，探索筹办服装、鞋帽、建材、食品等对俄展会。

打造危险化学品集散基地。危险化学品进口因其特殊性只能通过国际铁路运输。而黑龙江省只有绥芬河市拥有铁路口岸，但其仓储换装空间不足，导致黑龙江危险化学品进口企业只能从省外口岸开展业务，还经常遇到"憋车"现象。要借助机遇，推进东乌铁路对接，建成危险化学品换装口岸，力争建成黑龙江最大的危险化学品集散基地。

3. 同江口岸开发开放战略

同江市是黑龙江省的一座边境口岸城市，位于松花江与黑龙江交汇处南岸，三江平原腹地，北隔黑龙江与俄罗斯犹太自治州和哈巴边区相望，边界线长170公里，是国家一类口岸。1994年被外交部批准为国际港口，对外开放程度逐步提高。

同江口岸的区位优势表现在口岸位置和辐射面积方面。同江口岸由东、西两个港口作业区组成，有12个泊位，可停靠3000吨级船舶。在水路方面，同江是黑龙江省江海联运的始发港，从同江港出发，上行可达佳木斯、哈尔滨、黑河、俄罗斯布拉戈维申斯克；下行可达俄罗斯下列宁斯阔耶、哈巴罗夫斯克、共青城、尼古拉耶夫斯克，横穿鞑靼海峡，进入日本海，可到达朝、韩、日等东北亚国家。此航线被誉为黑龙江省对外贸易的"海上丝绸之路"。在公路方面，建设了东外环路和通港公路，以及2007年浮箱固冰通道。此外，同江还是作为全国南北交通大动脉的"同三"公路的北端起始点，连接了黑龙江、上海、广东、海南等省份。在铁路方面，2005年通车的同江合资铁路，沟通了东、西两个港口，使得口岸的运输和服务功能更加完善。

同江口岸与俄口岸之间有两条国际汽车客货运输通道，一条用于夏季汽车轮渡运输，另一条用于冬季浮箱固冰通道汽车运输，分别于1995年和

2007年开通。对俄汽车轮渡运输现已成为黑龙江省东部重要的对俄水陆联运国际大通道,而浮箱固冰通道使同江口岸真正实现了四季通关。截至2011年底,累计完成口岸货运量8.38万吨、客运量25.4万人次。进出口贸易额连续8年雄居全省边境县市前三名的同江市,2013年1~6月实现进出口货运量10.4万吨,同比增长13%;全市进出口贸易额完成11.65亿美元,同比增长61.8%;对俄进出口贸易额实现5.3亿美元,同比增长52%;完成旅游贸易880万美元,同比增长6.2%。加工贸易取得实质性进展;内贸流通秩序井然,同比增长明显;国内外两大贸易主体基础建设如火如荼,同比均实现了历史性的新突破。同江口岸与俄下列宁斯阔耶口岸间的货船运输时隔6年恢复开通。

同江口岸为配合进一步开放事宜,重新谋划发展布局,已进行浮箱固冰通道建设、黑龙江大桥筹建、深水码头扩建等。2007~2012年,同江市投入3.1亿元用于口岸建设,如通港公路、铁路专用线建设,联检大楼建设等。截至2013年7月,东、西两港口岸的吞吐能力已达到460万吨。此外,同江口岸还实行了6天工作制度。在此基础上,省口岸办积极协调相关部门研究解决同江明水期运输期间架设浮箱通道问题。

同江市政府通过招商引资,先后投入7000万元,在同江至下列宁斯阔耶口岸间800米宽的界江上铺设了由35节浮箱组成的浮箱固冰通道。同江中俄跨江大桥修订议定书已于2012年4月由中俄政府签署,该桥建成后,同江口岸的吞吐量将增加到3000万吨。东、西两港有12个泊位,可停靠3000吨级船舶。同江口岸将成为名副其实的中俄贸易大通道,与满洲里口岸、绥芬河口岸形成我国东北地区扇形对外开放格局。

近年来,同江口岸加强口岸制度化、规范化建设,实行24小时查验放行、受理报关报验和装卸制度,实施俄入境人员落地签证制度,有力地提升了口岸的服务竞争力。与此同时,同江口岸采取有效措施,与俄犹太自治州政府、下列宁斯阔耶区政府及下列宁斯阔耶港多次磋商,协调俄方在冬运期间将每天通关时间延长1小时,俄下列宁斯阔耶口岸货车查验时间缩短为15分钟。对当日和次日的运输车辆建立了预报机制,合理安排运输车辆的通关次序,在货物及工程车出口高峰地段,指派专人深入现场跟踪问效服务,车辆的通关数量和查验速度大大提升。近期将新建同江东港江海联运泊位20个,新增吞吐能力540万吨。同江-俄下列宁斯阔耶浮箱固冰通道年运输能力达到 50 万吨，同江中俄跨江铁路大桥设计年过货能力为 2100 万吨。

同江市充分依托国际国内两个市场和两种资源，加强进出口基地建设，为口岸经济科学持续发展蓄力。明确目标引进外地尤其是广东省有实力的对俄贸易大企业，并由市县商务局负责人进行招商引资。同江开发区围绕同江中俄跨江铁路大桥建设，重点发展木材加工、建材加工、农副产品加工三大产业，目前入区企业有 101 家，完成投资 5.8 亿元。形成年加工木材 100 万立方米、水泥 60 万吨的生产能力，年实现产值 8.6 亿元，实现利税 1.55 亿元。2011 年同江外经贸企业有 308 家，其中产值超亿美元的企业有 6 家，超千万美元的企业有 19 家。

在木材加工和建材产业方面，同江市通过出台政策跟踪服务等项措施，扶持入驻同江的企业在对岸建设龙头型工业园区。由龙兴广发木业公司投资兴建下列宁斯阔耶木材加工园区，在同江市的全程服务下，完成一条木材生产加工线基础建设，仅木材园区就引进 89 家企业，用于园区基础设施建设的资金达 5.2 亿元，其中同江市注入资金 3000 万元。同江市组织相关部门以及园区企业到俄方抓信息、跑订单，到国内为深加工产品"找婆家"，有一家企业仅国内精品深加工订单就拿到 1.5 亿元。有 12 家企业由产品初加工跃入深加工行列。受园区利好消息吸引，国内有 18 家企业均有意向落户同江。这个木材加工园区是重点境外加工园区，设计年加工能力为 60 万立方米，目前已开始试生产。广东外贸集团轻工进出口公司也与同江市政府签订了年进口木材的协议，并达成了在同江口岸投资 2.4 亿元建立木材深加工企业的意向性协议。

在农副产品加工方面，通过同江口岸进入俄方建立涉农型开发企业已经发展为 12 家，在俄远东地区开发土地 35 万亩，总投资达 1.8 亿元。以华江公司为龙头在俄成立的公司，整合同江在俄远东地区农业开发人力、物力资源，采取统一承包、统一种植、统一加工、统一销售等形式，在异国他乡共开发水田 3 万亩，两个水稻加工企业年生产加工水稻 5 万吨。2013 年，在俄犹太州，同江人联手巴斯马克农业科学院签订了 15 万亩地产蔬菜生产、粮食种植合同。公司从吉林引来几名种植大户，3000 亩马铃薯种植所需种子等农业生产资料已经备足。在提升口岸基础功能和多元化功能建设方面，同江市引入市场竞争机制，吸引一些大户进行投资。目前，由市领导挂帅、有关部门参加组成的专项推进小组，全力以赴协助东辉公司办理土地、建设等相关手续，力争早日开工建设东港货检通道及服务设施项目；协助北京荣盛通达公司加快办理项目前期手续；与黑龙江建龙集团以及俄哈巴罗夫斯克口岸、下列宁斯阔耶口岸等相关部门研究探讨，在同江口岸进口俄铁矿石、铁精粉及煤炭等事宜也进入落地见果阶段。

同江市辟建了对俄轻工批发大市场。引进河北鑫丰贸易集团公司，建设了同鑫对俄轻工批发大市场，该市场已入驻商贸企业300多家，平均每天接待俄罗斯游客800多人，年销售额达2亿元。辟建了对俄物流基地。引进晓龙经贸公司，建设了集专业运输、仓储、零担、货代于一体的专业对俄物流基地。辟建了对俄果蔬加工出口基地。招引新远东果蔬批发大市场，提高地产蔬菜出口份额。辟建了对俄机电产品出口基地。引进黑龙江省最大的机电产品出口企业黑龙江越达科技发展有限公司，建设了对俄出口机电产品组装基地。累计向俄罗斯出口4000万美元的机电产品。建设了华鸿国际家居装饰城，并逐步培育成为佳木斯东部地区规模最大的建筑、家具、装饰材料展示平台及出口俄罗斯的同类产品集散地。同时，同江市积极推进设计年加工能力为100万立方米的在俄境内下列宁斯阔耶木材加工园区建设项目。加大境外农业开发力度，在俄农业开发面积达30万亩。

未来几年，同江市将继续优化口岸环境，加快推进同江港口东部作业区审批、铁路口岸开放和7天工作制争取工作，采取增加过境运输车队、降低收费标准、延长通关时间等措施，为经贸产业发展创造良好条件。在强化口岸查验服务部门之间的协调配合上，加快口岸信息化进程，为经贸产业发展提供优质服务。

同江市还将继续扶持壮大一批地方经贸企业，引进培育一批实力经贸企业，增加大宗商品进口，全力扩大地产品的出口，培育双向过埠增值的进出口经贸产业。鼓励支持经贸企业走出国门，积极赴俄发展种、养、加等相关产业，不断拓宽对俄经贸产业发展领域。同时，要充分发挥临港临桥优势，大力发展临港经济，积极推进东港仓储国际物流园区、海关监管库等项目建设，大力发展以木材、建材、矿产品和机电产品为主的进出口加工业，发展壮大以轻工产品为主的边境商贸业，积极培育集港口运输、货物仓储、商品展销于一体的综合口岸物流业。

此外，同江市还要壮大贸易主体，优化贸易结构，落实好国家对边贸企业的财政扶持政策和信贷支持政策，努力增加口岸过货量和贸易额。2012年同江的目标是培育、引进7~8家贸易额超千万美元的企业，使全市贸易规模不断扩大。按照报告提出的"积极实施'走出去'战略，鼓励企业对外直接投资和跨国经营，扩大对外工程承包和劳务合作"的要求，以及"出口抓加工、进口抓落地"的思路，同江市要进一步调整优化经贸结构，引导支持企业转变贸易方式，努力增加对财政贡献较大的进出口商品的份额。2012年，同江市提出了"在俄农业开发面积扩大至40万亩"的目标，其中精品园区达到6万亩。下一步，还将在教育、科技、卫生、文化、体育等方面广泛开展交流活动，推动对俄经贸科技文化加快发展。

4. 饶河口岸开发开放战略

饶河口岸位于黑龙江省东北边陲、乌苏里江中下游，是国家双边公路客货运输口岸，也是"三河一里"口岸之一。饶河口岸是乌苏里江沿岸唯一的集县域文化、科学、工商、出口贸易、政治于一体的县镇型口岸，也是对俄哈巴罗夫斯克边疆区唯一的陆运和冬季过货口岸。饶河口岸直接辐射两市三县的2个农管局、16个森工林场，人口共计240万人，为中俄双方开展边境旅游贸易提供了充足的资源。因此，双方开展劳务合作、原材料进口及加工、发展外向型出口贸易和经济技术合作都极具潜力，极具互补性。饶河口岸年过货能力为100万吨，年过客能力为120万人次。饶河港口泊位数为1个，码头长度为40米，靠泊能力为600吨，吞吐能力为10万吨。饶河口岸具有运输周转快、货运质量高的特点。饶河口岸出口产品可直接至哈巴罗夫斯克边疆区、滨海边疆区、堪察加半岛地区，出关货物只需4~5小时即可到达哈巴罗夫斯克边疆区。口岸过货利用轮渡（冬季可以从冰上直接过境）、汽车运输，不用二次装卸，既节省了费用，又减少了损耗。饶河口岸的出口货物主要有蔬菜、水果、旅游包、服装及纺织品、粮食；进口货物主要有木材、大马哈鱼、鱼子以及废旧金属等。

饶河县得天独厚的地缘优势、良好的国际环境、中俄两国经济的互补性等，都为其发展边境贸易构筑了坚实的基础。但由于历史原因，目前边境贸易中仍面临诸多问题和困难。一是进出口商品比较单一，边境贸易形式单调。自饶河县开展边境贸易以来，与俄贸易以易货贸易、现钞贸易为主，合资、合作项目寥寥无几，一直停顿在较原始、单调的贸易方式上。

如 1998 年上半年过货 1.2 万吨全部属于易货贸易。而易货贸易的进出口商品品种比较单一，出口货物以果蔬、服装等轻工商品及日用品为主，进口货物也仍以机械、木材为主。二是结算障碍影响边境贸易的发展。饶河口岸与俄方口岸附近的城市银行未建立直接结算关系，只能通过国际划款索汇；索汇路线过长，致使结汇时间过长，生意成交时间也必然延长，不利于边境贸易的发展。因此，多数边境贸易公司及商人不愿采用通过银行进行结算的办法。现钞贸易比较活跃，致使边境贸易的商业信用大大超过银行信用，边境贸易结算存在较大的风险。而且由于携带现钞入国境受双方国家的限制，也直接影响了贸易规模的扩大。三是对俄旅游已开通两年多，但效果不明显，俄入境团组较少，整个冬季的入境人数还不及抚远一天的入境人数，不能形成较强的购买力。县内市场发育不好，招进来的国内展销团组又因客流量不足而留不住。四是边境贸易企业出口收汇核销困难，影响企业出口的积极性。由于饶河口岸未设外汇支局，中国人民银行外汇部门又只是代理发放出口收汇核销单，没有核销权，企业办理核销业务须到双鸭山市外汇办办理，往返需两天。过货量大且集中，会影响贸易进度和企业效益，进而影响边境贸易企业出口的积极性。很多出口企业反映，饶河口岸过货虽然便捷，但办理出口收汇核销手续很不方便。

饶河口岸开发开放的战略措施包括以下几个方面。一是建立并完善国内外购销网络，形成多层次、多渠道、多方位的购销体系。以贸易为龙头，努力开发质量好、附加值高、竞争能力强的拳头产品。边境贸易工作要以政府领导为核心，以出口创汇企业为龙头，形成统一领导的大经贸出口创汇集团。二是尽快理顺双方边境贸易结算汇路。建立代理行或办事处，设立境外金融机构或代办处开展业务。三是注重开展大项目，跳出原来贸易结构的圈子。原来的边境贸易小企业可联合起来走集团化道路，形成合力，共同运作，确立大公司拉动大产业的发展思路，通过大公司经营把小农户与大市场联系起来。例如，建议县政府把财政蔬菜基地作为国有股份，把不同经济成分的储藏设施（冷库、果窖）等吸纳为股份，把公司员工的出资作为自然人股份组建有对俄经营权的有限责任公司。用这家公司带动棚室果菜基地发展，实行多品种开发、计划种植、合同管理，这是富民强县的有效项目。四是积极发展旅游贸易，加快辟建中俄互市贸易区。其一是放开旅游市场，引进最具实力的旅游公司来饶河从事旅游贸易。可以把黑龙江省航务管理局引进来，允许其经营航运及旅游业务。其二是宽松口岸环境，吸引国内客商来饶河经营。其三是把互市贸易区辟建工作摆在重中之重的位置。结合辟建饶河-比金互市贸易区，加快中俄旅游贸易市场建设，广泛开展招商引资。其四是搞好宣传，大造声势，注入扶持资金，内外联动，精心组织国内外两个市场实现最佳对接。其五是在饶河口岸设立外汇支局，可以直接办理出口收汇核销业务。免去出口企业奔波之苦，为边境贸易提供高效、便捷的服务。

5. 抚远口岸开发开放战略

抚远隶属黑龙江省佳木斯市，地处黑龙江、乌苏里江交汇的三角地带，是我国最东部的县级行政单位，是最早将太阳迎进祖国的地方，素有"华夏东极"和"东方第一县"的美誉。辖区面积为6262.48平方公里，边界线长212公里。全县五乡四镇，共69个行政村，1个县属国有农场和国有渔场，常住人口为20万人。境内有前哨、前锋、二道河3个省属国有农场。生态资源保存完好，是世界上仅存的三大黑土带之一，土质肥沃，人均耕地面积达50亩。

抚远地理位置得天独厚，处于东北亚地区中、日、俄、韩经济核心地带，与俄罗斯远东政治、经济、军事、文化中心城市哈巴罗夫斯克航道距离仅65公里。因此，抚远已经发展成为黑龙江五大对俄口岸之一。

作为我国参与东北亚多边国际经济合作与竞争的窗口和桥梁，抚远港距出海口仅960公里，是黑龙江江海联运的始发港，是我国通往欧美和东南亚最便捷、最经济、最重要的江海大通道，被称为"水上丝绸之路"。近年来，为适应贸易发展，黑龙江省加速了对抚远港的口岸建设。2008年11月26日，黑龙江省发改委对《抚远港总体规划》予以批复，规划预测2015年抚远港货物吞吐量达140万吨，客运量达25万人次；2025年货物吞吐量达210万吨，客运量达45万人次。至2025年，港口将形成17个生产性泊位、1个滚装泊位、5个客运泊位、2个工作泊位，岸线长度为2505米。2009年6月20日，抚远港莽吉塔港区建设工程正式开工。港区陆域面积为24.8万平方米，码头前沿线总长度为293米，陆域纵深为485米。建有3000吨级泊位3个，年吞吐量达80万吨，年通过能力为114.4万吨。港区自上而下依次为件杂泊位1个、木材泊位2个。自2012年9月码头投入试营运以来，水运、陆运以及进出口货物已达4万吨左右。

抚远与俄罗斯远东中心城市哈巴罗夫斯克隔江相望，是国家一类客货运输口岸。随着中俄经贸合作的逐年深入，中俄贸易额逐年增加。抚远作为黑龙江省的中俄贸易口岸已经趋于饱和。因此，2001~2004年，抚远港货运量及客运量均没有大幅增长，呈现波动态势。为适应口岸发展需要，黑龙江省政府对抚远口岸进行了改造，建设后的抚远港更能适应国家经贸发展的需要。随着区域经济合作的逐渐深入，中俄贸易往来逐年增加，抚远近年来的外贸总额也呈现稳步增长的态势，由2004年仅为0.53亿美元到2010年突破10亿美元。作为一个仅有20万人口的城市，抚远对外贸易的快速发展也使得城市呈现繁荣景象。

抚远与俄罗斯远东中心城市哈巴罗夫斯克隔江相望，是国家一类客货运输口岸，具有得天独厚的地缘优势。俄远东地区资源丰富，重工业发达，农业和轻工业落后，农副产品、轻工产品、电子产品90%以上依赖进口，中俄贸易具有较强的互补性和巨大的发展空间。因此，抚远计划建设中俄沿边开放示范区，以此推动双边发展，尤其是扩大对外开放能够促进抚远的经济发展。抚远中俄沿边开放示范区项目于2010年经黑龙江省政府批准，享受省级开发区政策。抚远中俄沿边开放示范区项目位于黑龙江南岸的莽吉塔深水港南侧、前抚铁路北侧，规划总面积为13.3平方公里，其中一期规划面积为3.6平方公里，二期规划面积为9.7平方公里，规划建设3个产业园即高新技术产业园、绿色食品产业园和现代物流产业园，一期工程投资估算为4亿元。该项目已通过黑龙江省发改委审批。项目建成后，大部分产品将销往俄罗斯，对拉动抚远县域经济加快发展、推动对俄经贸合作升级具有极其重要的现实意义和长远意义。在中俄合作中，抚远作为俄远东的蔬菜基地，为拥有80多万人口的哈巴罗夫斯克和周围的共青城、萨哈林等俄罗斯远东地区的消费城市群供应蔬菜。仅哈巴罗夫斯克每天需要的外进蔬菜就达100~150吨，整个城市群年需蔬菜10多万吨。

近年来，抚远作为中俄贸易口岸，对外开放程度逐年提高，外商投资逐年增长，促进了其经济发展。2004年，贸易主体进一步壮大，全年新注册拥有外贸经营权的企业9家。2005年，对外经济技术合作完成260万美元，同比增长46%。全年新注册拥有外贸经营权的企业7家，外经贸企业达到26家。2006年，新注册拥有外贸经营权的企业13家，外经贸企业达到40家。招商引资项目资金连续3年突破亿元，创历史最高水平，全年招商引资项目资金总额为2.2亿元，同比增长37.5%；实际到位资金1.07亿元，同比增长57%。2007年，外经贸主体不断壮大，全年引进外经贸企业9家，新增贸易额2亿美元。招商引资工作取得新进展，全年共签约引进项目12个，到位资金1.9亿元。2008年，引进外贸企业12家，外贸企业发展到60家。全年共引进项目15个，履约项目7个，招商引资实现到位资金3.28亿元，同比增长73%。2009年，全面落实各项优惠政策，完成招商引资项目12个，实际到位资金11.7亿元，同比增长223%。引进外贸企业11家，外贸企业发展到67家。2010年，口岸落地签证业务通过验收，通关环境更加便捷、高效。外经贸队伍不断壮大，全年实现进出口贸易总额10.1亿美元，同比增长50%，外贸企业发展到75家。2011年，进出口贸易总额为12.06亿美元，同比增长18.7%，进出境人数达19.2万人次。

随着2008年10月14日黑瞎子岛的回归，抚远引起了国内外更广泛的专注，这也有助于提升抚远的知名度，同时对吸引外商投资起到了很好的促进作用。并且，随着全球经济一体化和区域经济合作的快速推进，中俄两国贸易规模逐年扩大，这也将加速抚远的经济发展。抚远口岸综合实力由2001年在黑龙江省排名第16位，跃升到2005年以来的前5位。昔日偏僻落后的小渔村，如今已是万商云集的国际化口岸城市。抚远已经发展成为黑龙江省最有吸引力、最具发展活力、最具开发潜力的地区之一。

6. 逊克口岸开发开放战略

位于中俄界江黑龙江右岸的逊克口岸，是集国贸、地贸、民贸等多功能于一体的国家一类口岸。逊克口岸对俄开放已近20年，然而近年来逊克县中俄边境贸易额逐年下降，与黑龙江省其他口岸相比，逊克口岸在区域合作发展中的应有地位和作用没有得到充分发挥，其本身的资源没有得到完全利用。因此，如何制定逊克口岸贸易开发战略，提高其在东北亚区域合作中的地位显得至关重要。

逊克县农牧业资源优势突出，2012年全县实现地区生产总值21.21亿元，三次产业比重为61.0:14.8:24.2。共有耕地231.2万亩，农业人口人均占有耕地41亩，是全国100个商品粮基地县之一，可利用草原155万亩，均属山区、半山区草场，目前仅开发利用15%，适合发展以肉牛和半细毛羊为主、奶牛为辅的畜牧业。同时，逊克县有大小河流 120 余条，渔业资源、水能资源丰富。因此，应充分发挥逊克县粮食主产区的比较优势，大力发展农副产品加工业，主动加强服务，全力营造环境，促进以粮油、畜产品、蓝莓等为主的农副山产品精深加工企业加快发展。县内资源富集，生态环境保持完好。林地面积为 111 万公顷，森林覆盖率为 65%。矿产资源种类多、储量大、品质高，发展后劲和经济潜力巨大。逊克县旅游资源极为丰富，境内有 102 座山峰、123 条河流，地貌类型多样，该县重点开发的旅游资源主要有逊克大平台雾凇景观、沾河、少数民族风情旅游项目、边境旅游以及珍稀宝石类购物资源等。逊克大平台雾凇景区闻名遐迩，被称作"中国雾凇"之乡。

逊克口岸于 1989 年被黑龙江省政府批准为临时过货点，同年 12 月 17 日被批准为国家一类口岸，1990 年经国家验收后正式对外开放。1992 年 6 月 1 日，逊克海关正式建立，同年国务院批准逊克口岸开通国际旅游业务，第一个被黑龙江省政府辟为省级经济技术合作区。1992 年 7 月，国家批准逊克口岸为国际客运口岸。2004 年 7 月，黑龙江省政府正式批复在逊克县辟建中俄边民互市贸易区。"口岸发展我发展、口岸繁荣我繁荣"主题活动深入开展，通关环境不断优化，促进了双边经贸繁荣发展。引进新欣经贸有限公司等对俄经贸主体 6 个。2012 年，大豆进口 9777 吨，载重卡车出口 2096 台，实现了历史性突破。口岸进出口货物 4.52 万吨，比上年增长 403.2%；实现贸易额 9679 万美元，比上年增长 382.4%，进入全省十大过货口岸之列，排名第 8 位。对外贸易进出口总额为 1.88 亿美元，比上年增长 15%。

逊克县与俄罗斯有 135 公里的边界线，县域面积为 17344 公里，人口为 11 万人。逊克县东邻嘉荫县，南接伊春市，西通黑河市，与俄罗斯阿穆尔州的扎维京斯克市、白山市、赖奇欣斯克市和阿尔哈拉区、坦包夫卡区、罗娜纳区、米哈依洛夫区，即"三市四区"隔江相望。逊克口岸与波亚尔科沃镇相距 13 公里，波亚尔科沃港口是俄罗斯—黑龙江沿线三大港口之一，口岸设施完备，交通发达，具备水、陆、空"三位一体"的交通体系，通过航空、铁路、公路与西伯利亚铁路相连，可到达俄罗斯内地各大中城市。

逊克县对俄贸易集国贸、边贸、地贸、民贸等功能于一体，全年有效运营时间为250天。逊克口岸初始阶段设计能力为日出入境游客1000人次，年货物吞吐能力为10万吨。然而近年来由于俄罗斯"灰色清关"的影响，再加上俄卢布贬值、居民购买力下降以及俄海关限制俄居民入境携带商品数量政策的影响，民贸商品出口大幅下降。

俄方不稳定因素造成边境贸易发展不稳定。俄罗斯进出口贸易政策不稳定，尚未形成完善的边境贸易运行管理体系。而且俄罗斯政府调整外贸政策，大幅度提高原材料出口关税，俄方口岸收费随意性较大且名目繁多，导致边境贸易进出口成本增加，利润空间减小。

逊克口岸边境贸易方式单一，进出口商品种类少，受国内外政策和市场的影响大。贸易方式单一是逊克县边境贸易增长缓慢的主要因素。对比其他边境贸易发达地区，加工贸易对边境贸易发展具有明显的推动作用，然而逊克县的加工贸易全部停滞，2008年贸易总额仅为1.5万美元，2009年几乎为0，加工贸易规模小，对进出口增长的贡献率低。

边境贸易经营主体单一，企业规模普遍较小。截至2009年9月末，逊克县已注册并具有对外贸易经营权的进出口企业共17家，但开展进出口贸易的只有4家，且规模均较小，只有一家出口企业的贸易总额超过千万美元，单一公司贸易情况的变化，直接影响整个边境贸易状况的改变。硬条件欠缺制约边境贸易的发展。首先是逊克县受地理位置的影响至今没有通铁路，也没有机场，所有的运输都靠陆路，这给边境贸易进出口造成了很大的影响；其次是口岸基础设施相对落后，年货物吞吐能力受到限制，严重制约了边境贸易的长远发展。

逊克口岸开发开放的战略对策主要有以下几个方面。一是充分利用地缘和资源优势，开展木材贸易。逊克口岸与盛产木材的俄罗斯远东地区接壤，木材一直是逊克县边境贸易的传统优势商品。在黑龙江对岸阿穆尔州范围内有权办理木材出口报送手续的只有包括波亚尔科沃海关在内的3处口岸，这是逊克县边境贸易木材进口极好的先决条件。因此，应加大对外宣传力度，积极营造良好的贸易通关环境，继续把木材进口贸易作为边境贸易发展的支撑点。二是充分利用本地劳动力优势以及俄资源优势，拓展多种贸易形式。吸引有实力的企业落户逊克县，积极拓展加工贸易，提高出口产品的附加值。发展农业优势项目，对俄农业开发提供资金和技术上的支持，提高种植业的层次和水平，向"高、精、尖"方向发展。大力拓展蔬菜、水果等农副产品的出口渠道。扩大本地加工贸易的进出口规模，提高对进出口增长的贡献率，使逊克口岸不仅成为货物运输的通道，而且成为商品加工基地，提升边境贸易发展的后续力量。三是重视边境贸易的基础和环境建设，为边境贸易企业营造良好的发展环境。各相关部门应采取有力措施扶持本地边境贸易企业，给予企业一定的优惠政策，支持其扩大规模、增强实力。出台优惠政策，加大招商引资力度，优化通关环境，吸引更多的企业到逊克县开展边境贸易，从而扩大贸易主体总量，改变单一企业主导边境贸易的局面。切实为边境贸易企业提供金融支持。从事边境贸易的企业大多规模偏小，自有资金有限，迫切需要外部的金融支持。但由于资产规模偏小且缺乏抵押物，这些企业很难获得金融机构的支持，长期处于借贷无门的境地。政府及各金融部门应适度帮助企业解决发展过程中的资金问题，帮助企业扩大贸易规模，加快自身发展，从而促进地方经济发展。四是加大政府协调和监管力度，规范边境贸易秩序。密切中俄睦邻友好关系，加强与俄方有关方面的沟通、协作和配合，解决进出口边境贸易企业在通关中遇到的实际困难。加强口岸、海关、检验检疫、边防检查等联检部门的相互配合，建立与俄方通关部门的沟通协调机制，形成良好的通关秩序，促进中俄边境贸易健康有序发展。

逊克口岸应不断扩大对外贸易规模，实现对俄贸易在规模、合作层次和水平上的升级。坚持"引进来、走出去"，有选择地开发国际市场，加强对外经济技术合作。一是全方位开发国际市场。依托经济开发区和互市贸易区这一平台，强化互市贸易区功能，积极发展对俄边境小额贸易、边民互市贸易，大力发展一般贸易，不断扩大对俄进出口。二是拓展对俄经贸合作领域。扩大境外农业开发规模，拓展对俄经贸合作领域，提升合作层次，努力在木材采伐、煤炭开采等领域实现突破；加快推进对俄农产品出口基地建设，大力发展外向型农业；引进生产型企业，大力发展进出口商品加工业。三是培育壮大经贸主体。坚持引进与培育相结合，增加企业数量，壮大企业实力。积极实施"南联北开"发展战略，充分利用逊克县口岸资源，借助外经贸企业规模小、体制灵活以及熟悉俄方市场、政策和法规的优势，与南方大企业的资金、技术优势相结合，主动联合，共同开发俄罗斯市场。特别是要积极引进长三角、珠三角等沿海经济发达地区有实力的企业。

五　内蒙古满洲里口岸开发开放战略

满洲里口岸位于内蒙古呼伦贝尔大草原西部，北接俄罗斯，西邻蒙古国，是中国最大的边境陆路口岸。截至2010年末，口岸过货量达2611万吨。2013年，口岸货运量累计完成3006万吨，比上年增长6.2%。其中，进口1800万吨，比上年增长3.45%；出口320万吨，比上年下降0.9%；转口886万吨，比上年增长9.3%，居全国同类口岸之首。满洲里口岸业务管辖范围包括内蒙古自治区的呼伦贝尔市、兴安盟、通辽市和赤峰市，辖区面积为45万平方公里。关区内有一类口岸6个，分别是满洲里铁路口岸、满洲里公路口岸、阿日哈沙特口岸、海拉尔航空口岸、黑山头口岸、室韦口岸；二类口岸3个，分别是额布都格口岸、阿尔山口岸和二卡口岸。其中，满洲里铁路口岸是全国最大的铁路口岸，也是中俄贸易最大的通商口岸，承担了中俄贸易60%的货运量。可以说，满洲里口岸在发展中俄贸易、带动东北地区和内蒙古地区经济发展中所起的综合作用是不可估量的。

1. 口岸贸易发展战略

中俄为两大邻国，经济上有很多互补的地方，合作潜力巨大。满洲里作为与俄罗斯接壤的陆路口岸，在中俄双方互相沟通、贸易往来等方面越来越显现出龙头带动作用。从1992年中俄贸易初期的不稳定发展，到现在中俄双边贸易的稳步发展，形式上趋于规范化，特别是两国互办"国家年"的活动，使两国的政治互信更加深入，两国的合作和贸易提高到了一个新的水平。中俄两国经济存在很强的互补性，针对俄罗斯轻、重工业严重失衡以及资源丰富这一特点，满洲里市外贸企业根据双方市场的需求变化，不断调整进出口商品结构。有关部门的统计显示，2000~2004年，满洲里对俄边境贸易进出口总额年均增速达17.66%。在对俄贸易中，满洲里口岸的出口产品以机电、汽车及汽车底盘、钢材、果菜、家具、服装等为主，进口商品以资源性产品为主，原油占据主导地位，同时从俄大量进口红松及樟子松原木。该口岸的其他贸易国还有蒙古国、白俄罗斯、乌克兰等。

2008年金融危机对满洲里外贸业务的影响较大，从2008年下半年起，满洲里单月进口额远高于出口额,贸易逆差明显,其中11月和12月两个月出现大幅下跌,对俄单月出口贸易额低于1.5亿美元,口岸全年贸易逆差为83.5亿美元。受金融危机的影响,卢布贬值,居民购买力下降,俄罗斯针对本国的情况调整了对外贸易结构。自2007年下半年开始,俄方曾多次上调原木出口价格及关税税率,同时又于2008年7月、11月和12月分别提高汽车进口税率,满洲里口岸汽车出口量及贸易额全面下跌。上调关税还直接影响了满洲里对俄服装贸易,2009年第一季度满洲里对俄服装贸易销量还不到2008年同期的1/4。俄罗斯建筑业在金融危机中也受到了比较严重的打击,建筑原材料的需求大幅减少,而满洲里对俄出口钢材占总出口的比重较大,所以钢材的出口量也明显下降。

随着国内国际经济形势的日趋好转,从2010年初开始,满洲里口岸的贸易额与结算量不断攀升,对外贸易逐步呈现稳步、有序、健康、持续向前发展的良好态势。2013年,口岸货运量累计完成3006万吨,同比增长6.2%。其中,铁路口岸货运量完成2884.3万吨,同比增长6.4%;公路口岸货运量完成121.7万吨,同比增长15%。口岸进出境人数达到181万人次,同比增长7.2%。其中,公路口岸进出境人数为142.2万人次,同比增长5.4%;航空口岸进出境人数为4.3万人次,同比增长1.2%;铁路口岸进出境人数为34.5万人次,同比增长16.4%。完成口岸贸易额101亿美元,与上年持平;上缴关税、代征税33.5亿元,同比下降8%。全年边境旅游人数为64.3万人次,同比增长2.6%。其中,中方出境旅游人数为10万人次,与上年持平;俄方入境旅游人数为54.3万人次,同比增长3.2%。全年出入境旅游人数为129万人次,同比增长3.4%。

蔬菜、服装及衣着附件、陶瓷产品、塑料制品、粮食、花岗岩石材及制品、汽车零部件等商品出口呈现良好的增长势头,汽车出口量增价跌。钢材,纺织纱线、织物及制品,黏土及其耐火矿物,鲜、干水果及坚果等商品出口下降显著。2013年1~12月,满洲里关区出口蔬菜16.5万吨,同比增长10.7%;价值8398.1万美元,同比增长16.8%。出口服装及衣着附件5677.7万美元,同比增长1.7倍。出口陶瓷产品5.2万吨,同比增长39%;价值3287.3万美元,同比增长10%。出口塑料制品2510.5吨,同比增长87.6%;价值1284.9万美元,同比增长90.6%。出口粮食3.2万吨,同比增长78.9%;价值1007.6万美元,同比增长69.2%。出口花岗岩石材及制品3.1万吨,同比增长37.4%;价值1035.4万美元,同比增长38.2%。出口汽车零部件1210.4万美元,同比增长36.6%。出口汽车6044辆,同比增长43.6%;价值1.1亿美元,同比下降5.8%。2013年1~12月,满洲里关区出口钢材20.4万吨,同比下降21.7%;价值2亿美元,同比下降21.3%。出口纺织纱线、织物及制品4520.9万美元,同比下降23.3%。出口黏土及其耐火矿物1.5万吨,同比下降13.1%;价值651.5万美元,同比下降32.7%。出口鲜、干水果及坚果14.2万吨,同比下降6.6%;价值1.3亿美元,同比下降14.1%。

从贸易方式看,带动满洲里出口增长的主要是一般贸易和边境小额贸易,其中一般贸易方式仍占主导地位,旅游购物、进料对口等贸易方式增幅明显,边境小额贸易以及保税仓库货物、对外承包出口等贸易方式出口下降显著。2013年1~12月,满洲里关区以一般贸易方式出口11.7亿美元,占出口总额的75%,同比下降0.4%;以旅游购物贸易方式出口9799.5万美元,同比增长43.6%;以进料对口贸易方式出口3408.1万美元,同比增长66%;以边境小额贸易方式出口2.1亿美元,同比下降22.2%;以保税仓库货物贸易方式出口2.4万美元,同比下降75%;以对外承包出口贸易方式出口5312.3万美元,同比下降44.2%;以来料加工贸易方式出口40.7万美元,上年同期未出口。

出口恢复增长的原因是,伴随俄罗斯经济状况的好转,俄罗斯居民的购买力在恢复性增长,家电、果菜、家用装修材料的需求量增加。另外,自2009年下半年开始,俄罗斯推行了有利于建筑业发展的政策,建筑材料及建筑所需的机械设备的需求量也随之增加。受金融危机影响,旅游购物贸易出口态势仍旧低迷。据海关统计,2010年该口岸旅游购物贸易出口4653万美元,同比下降48.4%。无独有偶,旅游贸易出口的银行居民外汇结汇收入也持续下降。2013年,满洲里市企业对俄出口2.27亿美元,其中以旅游购物形式出口0.98亿美元,同比增长43.6%。"旅游购物"成为满洲里市仅次于"边境贸易"的第二大对俄出口贸易方式。

满洲里口岸贸易持续增长的原因主要有以下几点。一方面,俄罗斯经济持续复苏、中俄两国共推双边经贸发展是2011年满洲里口岸对俄出口增长的最主要原因。另一方面,随着国际原油等商品价格的上涨,满洲里口岸全年累计进口原油同比大幅增长,2011年6~12月,单月进出口贸易额始终维持在 5.8 亿美元以上，其中 11 月达到 7 亿美元，2013 年首次实现同比增长。与此同时，汽车、果菜、铁合金等出口量的成倍增长，也对拉动口岸外贸起到了促进作用。值得注意的是，2011 年 1 月中俄原油管道正式开通输油后，原先通过满洲里口岸的原油列车将逐步停运，口岸运力不足的矛盾也将随之化解，口岸进口产品结构面临调整。俄罗斯是满洲里口岸原油的主要来源国，造成满洲里口岸原油进口量下降的主要原因除了中俄石油企业进口原油合同迟迟未签订，以及俄罗斯接连上调原油出口关税拉升我国原油进口成本外，中俄原油管道的正式启用，也对满洲里口岸原油铁路运输造成一定影响。

针对满洲里口岸贸易的特点和不足，本书提出以下几点建议。首先，面对俄罗斯出口木材政策的调整，应采取积极的应对措施，缓解企业的进口压力。如鼓励国内企业进驻俄罗斯与其合作开办木材加工厂，为我国进口俄木材提供源源不断的货源；由于俄罗斯原木税率上调和价格不断上扬，我国原木进口企业成本不断提高，建议相关联检部门适当降低企业进口费用，给予其更多的优惠政策，促使我国进口俄罗斯木材继续保持稳步提升。其次，满洲里中俄民间贸易不够活跃，应进一步放宽旅游贸易商品出境限制，有关部门应减少税费，提升服务，为旅游贸易人员进出境提供方便。鼓励边境城市的企业对俄投资，扩大经营规模，不断拓展合作领域和范围，适时把握商机，从而使中俄边境贸易步入快速、高效的发展轨道。再次，针对满洲里口岸进出口商品种类单调的特点，应加快贸易结构调整，向多领域、深层次、多元化方向立体式发展，形成多种贸易形式共存的格局。最后，为全面提升边境贸易发展水平，应继续加强满洲里口岸的基础设施建设，提高边境口岸的运输能力，整合现有资源，建立高度开放、更加灵活、更加优惠的边境经济特区，推动形成以开放促开发、促发展、促稳定的新局面。

2. 口岸建设战略

在中国对俄开放的 25 个边境口岸中，满洲里口岸在过货量、进出口贸易额、基础设施条件等方面一直处于前列。自 1992 年满洲里市被国务院批准确定为国家首批进一步沿边开放城市至 2005 年，满洲里口岸进出口货物累计达 9203 万吨，出入境人数为 1307 万人次，上缴关税、代征税约 200 亿元，始终承担了中俄贸易 60% 以上的陆路运输任务。

满洲里口岸主要由铁路口岸、公路口岸和正在试运营的航空口岸等组成。其中，满洲里铁路口岸于1901年开通，是我国规模最大、通过能力最强的铁路口岸。2002年，满洲里铁路口岸被国务院确定为重点建设和优先发展的两个铁路口岸之一。近年来，满洲里铁路口岸已经发展成为能力强、功能全、效率高、服务优的国内一流铁路口岸。有换装场地20余个，其中设施完善、功能齐全的大型或专业换装仓储基地9个。1999～2005年，铁道部先后投资6亿元对满洲里铁路口岸进行应急改造和扩容扩能改造，增加、改造了多条线路，新建了集装箱、原油等专业换装场，使铁路口岸的接运、换装能力大幅度提高。为进一步完善办公程序，口岸各部门积极改进作业流程，创新管理办法，采取"径放"、集中报关、预报关、联合查验、出入境列车电子监控等措施，使通关效率和服务质量得到显著提高。总投资18亿元的滨洲铁路海满段复线和铁路口岸二期扩能工程已于2008年竣工并投入使用。满洲里铁路口岸进口货物主要品类有木材、原油、化工、纸类、化肥、铁矿砂、合成橡胶等，货物流向北京、黑龙江、辽宁等全国29个省份。出口货物以轻工产品、机电产品、矿产品、石油焦、食品、建材等为主。

满洲里国际公路口岸是我国规模较大的边境公路口岸，于1998年投入使用。口岸封闭区面积为64万平方米，其中货检区面积为34万平方米，目前建成使用"一进两出"共3条货检通道，年通过能力为200万吨。旅检区面积为30万平方米，建有宽轨24条、准轨27条，口岸站换装线、专用线等线路90余条，宽轨列车会让站1个，年综合货运能力达2000万吨，年客运通过能力为200万人次。2005年，出入境车辆为26.3万辆次，居全国陆路口岸第3位；出入境人数达170万人次，居全国陆路口岸第8位。口岸封闭区集通关、查验、仓储运输、生活服务于一体，可一次性完成报检报关、税费征缴业务。2004年，满洲里市政府对公路口岸进行了大规模的改扩建，口岸功能日趋完善。公路口岸进口货物以废钢和木材为主，占进口总量的90%以上；出口货物主要是蔬菜和水果，占出口总量的85%以上，其次为机电产品。2005年，满洲里口岸"农产品出口绿色通道"得到进一步完善，极大地推动了出口增长，果菜出口达22万吨，实现贸易额4000万美元。

2005年7月4日，满洲里西郊机场对外临时开放。开通了满洲里—俄罗斯伊尔库茨克、满洲里—赤塔的国际航线，每周对飞4班，目前运行良好。西郊机场二期扩建工程竣工后，满洲里航空口岸年接送国内外游客能力可达100万人次。2008年，满洲里西郊机场对外开放已获国务院批复并通过自治区预验收，标志着满洲里公路、铁路、航空立体化国际口岸已经形成。

2001~2011年，满洲里口岸借助国家优惠政策的"东风"，不断加快口岸基础设施建设，促进了口岸外贸经济的快速发展。为促进口岸进出口贸易的发展，满洲里海关于2001年提出了"促进口岸疏运，加快通关速度；降低通关成本，增加经济效益"的工作目标，采取切实有效的措施加快货物通关速度，提升口岸整体通关效能。该海关对进口原木及部分企业进口的纸浆、纸板施行"径放式"通关；对原油、铁矿砂实行"集中申报"，对其他货物在企业自愿的情况下全面推行"批量申报"。此举使通关效率提高了74%，为企业、银行等相关部门节省了大量时间，加快了通关速度，有力地促进了口岸进出口货运量和贸易额的大幅攀升。自推行大通关工作制度以来，满洲里口岸便捷高效的运营模式日趋完善，口岸环境得到全面优化，大通关成效显著。俄重车在满洲里铁路口岸的停留时间由原来的3.3天缩短为现在的1.5天。2005年1月1日，满洲里口岸与后贝加尔斯克口岸实行了24小时通关，极大地提高了通关效率。"十一五"期间，满洲里立足立体化国际口岸建设，口岸功能日趋完善。铁路口岸二期、公路口岸二期、滨洲铁路海满段复线和新301国道等一批重要口岸疏运设施投入运营，公路口岸新旅检通关大楼竣工启用，铁路、公路口岸年通过能力分别达到1.2亿吨和600万吨，公路、铁路、航空"三位一体"的立体化国际口岸已经形成。投资33亿元的新国际货场项目已全面启动，建成后铁路口岸年换装能力将达到7000万吨，能够满足至2020年口岸发展的需求。2008年，满洲里市政府提出建设综合保税区项目，并得到国务院批转由国家海关总署牵头研究办理。2012年伊始，满洲里公路口岸扩能项目和满洲里电子口岸二期工程建设已经拉开帷幕。满洲里公路口岸扩能项目总投资概算为3980万元，主要包括出境场区地面排水管网等工程，该项目对优化口岸运行环境、提高口岸通关效率和实现口岸双向扩能提效具有重要意义。满洲里电子口岸二期工程投资概算为2130万元，主要包括完善口岸通关监控指挥系统、运行公共信息平台和门户网站，以及开放公路口岸进出境车辆、货物管理等项目，全面完成电子口岸项目建设，竭力打造全国一流的电子口岸。同时，满洲里口岸还在继续完善物流产业规划，整合现有物流企业，努力把物流业做大做强。

展望未来，满洲里应充分利用好亚欧大陆桥第一要冲的战略位置，通过重点建设满洲里与俄罗斯后贝加尔斯克互市贸易区、境外资源加工园区与满洲里综合保税区等项目，推动满洲里由疏运节点城市逐步向物流集散中心方向发展，为振兴东北老工业基地、建设俄蒙能源供给的运输大通道以及提高整个东北经济区的开放水平和国际竞争力打下坚实的基础。

3. 对外合作战略

在2010年7月召开的中央西部大开发工作会议上，满洲里同广西东兴、云南瑞丽一道被确定为国家重点开发开放试验区。满洲里牢牢把握这一机遇，坚持"科学发展、先行先试"原则，深入实施"连接俄蒙，融入东北，承接全国，走向世界"战略，加快了对外开放合作的步伐。特别是满洲里至伊尔库茨克航线的开通，意味着满洲里公路、铁路、航空的立体化口岸疏运体系已经形成，这必将极大地促进满洲里市经贸、旅游行业的发展，同时也将促进内蒙古自治区同伊尔库茨克州的交流与合作，从整体上带动中俄毗邻地区的发展。满洲里口岸在中俄互市贸易区的基础上创立新的合作模式，即建立"满洲里-后贝加尔斯克贸易综合体"，并逐步转向建立中俄边境自由贸易区。满洲里口岸互市贸易区面积达157.06平方公里，始建于1992年，开辟了商贸旅游区、加工区等。地方政府应当借鉴互市贸易区的经验，重点关注满洲里-后贝加尔斯克贸易综合体加工贸易的发展状况，并为建立中俄边境自由贸易区做准备。

近年来，满洲里口岸在推进跨境资源整合开发与国际合作过程中取得的成绩可圈可点。满洲里市政府不断加大与俄蒙资源合作开发力度，通过吸引国内知名企业赴俄蒙开展矿业勘探、开采、加工等合作，加快塔木察格油田、乌兰铅锌矿勘探开发，积极开展境外资源整合加工。支持俄别列佐夫铁矿开发、诺永达拉果铅锌等矿业合作开发、赴俄森林采伐加工等项目建设，加强与俄合作开发和利用林木资源合作利用与加工，进一步拓展资源开发领域，提高合作开发水平。在口岸经济技术合作园区建设方面，满洲里重点开发开放试验区建设也取得了突破性进展，在完善满洲里边境经济合作区、中俄互市贸易区功能的同时，加快推进黑山头中俄经济技术合作区、室韦中俄经济技术合作区、额布都格跨境经济合作园区、阿日哈沙特中蒙合作园区建设，推进实施石油炼化、矿产品加工、农畜产品加工、口岸物流等项目，提高了资源落地加工水平。

在总结经验的同时，还可以寻找满洲里在对外合作中可能出现的突破口。在过去一个时期内，满洲里与俄罗斯、蒙古国在文化交流、技术交流、商品会展等方面的联系不够紧密，因此，满洲里应充分发挥地缘优势，依托资源优势和基础设施优势，有针对性地加强与俄方在旅游、文化、金融、民航、装备制造、电子信息、风能利用、农畜产品深加工、服务外包、物流、环保等领域的合作，加快推进第三产业尤其是旅游服务业和会展业的发展，扩大满洲里对外开放的影响力，这对满洲里口岸开发合作水平的提高将起到极大的推动作用。

4. 推进双边投资战略

投资合作是衡量国与国之间经济联系紧密程度的一个重要指标。近年来，中俄两国相互投资的步伐明显加快，尤其是2001年《中俄睦邻友好合作条约》的签订，使中俄两国的经贸关系进入了一个双边贸易大幅提升、相互投资逐步增加、科技合作领域进一步拓宽的全面发展的新阶段。从满洲里口岸与俄罗斯投资合作的情况来看，中俄双方投资合作，尤其是俄商投资项目的数量和质量都与两国经济发展水平不相适应，投资合作在中俄经贸合作中的"引擎"作用亟待加强。

从国内企业对俄投资的发展情况来看，2001年，满洲里市夏阳服装股份有限公司投资600万元在俄罗斯赤塔市兴建的"夏阳国际商厦"经商务部批准，开启了满洲里企业境外投资的新纪元。2002年，联发实业有限公司从事俄罗斯进口原木的加工与贸易，成为满洲里第一家进入生产领域的境外投资企业。2010年投资144万美元设立的满洲里市在境外的第一个矿产资源开发项目——赤塔市宇宙有限公司，主要开采俄罗斯境内布嘎莱煤矿。从投资项目看，解决木材资源进口问题仍然是满洲里市企业"走出去"的主动力，但投资领域已不仅仅局限于森林采伐加工和建筑装潢，还拓展到矿产资源开发以及生产建筑塔吊和建筑升降机等机械制造行业。此外，满洲里市政府先后与俄阿金斯克布里亚特自治区、赤塔州和后贝加尔边疆区签署了《中俄满洲里-阿金斯克国际工业经济园区开发协议》。《中俄满洲里-赤塔货商园区合作建设协议》已列入内蒙古自治区对外开放

"十一五"规划项目,满洲里－阿金斯克国际工业园区已于2006年10月正式投入使用;满洲里海峰电器商场投资1亿元建设的后贝加尔斯克"杜埃特"经济合作区已有10余家中方电子企业协议入区;满洲里驰誉经贸有限公司投资2亿元建设的后贝加尔斯克口岸联检房地产开发项目于2006年底前竣工并投入使用。截至2006年底,满洲里经商务部门批准的对俄罗斯投资企业共12家,其中中方独资企业10家、合资企业2家。审批对外工程承包和劳务合作项目369项,合同总额为1.15亿美元,完成营业额7130万美元,实际派出劳务人员13267人。投资合作项目主要集中在俄赤塔州、乌兰乌德、伊尔库茨克等地,涉及森林采伐、木材加工、民用建筑、公用设施、蔬菜种植、室内装潢以及餐饮、商品流通等领域。从效果看,满洲里企业"走出去"与俄方企业投资合作,不仅方便了俄罗斯人的生活,促进了俄罗斯经济社会的发展,而且对满洲里经济的持续、快速、健康发展具有十分重要的长远意义。

从俄罗斯企业在满洲里投资的情况来看,到目前为止,俄罗斯在满洲里投资合作企业有三家,其中满洲里三源木业有限公司为俄罗斯企业独资,满洲里宝石洁具有限公司和中俄(满洲里)泛亚钾肥工贸有限公司为企业合资,三家企业累计合作金额为108.7万美元。2007年俄罗斯"中国年"国家展期间,满洲里与俄罗斯莫斯科伊利托集团签署了《满洲里伊利托汽车专业货场合作协议》,伊利托集团将投资5000万美元在满洲里现代国际物流园区建设汽车专业货场。

满洲里双边投资发展状况较好,但是仍有一些不足的地方。其缺陷是大项目少、技术含量低、合作领域单一,中俄毗邻地区的地缘优势和经济互补优势没有得到充分发挥。其原因主要有以下两点。一是俄罗斯和中国都是处于经济转型期的国家,市场机制运作不规范,需要一个完善的过程。俄罗斯是国际公认的税务负担较重的国家之一,中方市场审批程序复杂,投资环境需要不断改善。二是双方对对方的政治、经济、法律环境以及合作伙伴的资信情况、投资项目所在领域等缺少深入的了解和可行性论证,很多企业在投资前没有全面了解所投资行业是否符合该地区当前的市场需求,加上市场信息不对称,也就无法及时准确地制订投资计划并调整投资方向。可喜的是,满洲里地方政府在鼓励本地企业对俄投资和吸引俄方投资等方面都给予了足够的重视。例如,2011年7月满洲里举办的中、俄、蒙高新技术产品展览会，为双方探索新型合作模式、建立有效投资机制搭建了良好的平台。

国际金融危机后满洲里口岸外贸、合作、开发、建设的恢复和发展势头良好，作为边境贸易城市，尽管满洲里已经进行了建立边境经济合作区等方面的政策探索，但是从根本上说，该地区至今仍未找到一种适合边疆城市开发开放的有效模式，一旦边境贸易的不确定性出现，边境口岸城市的开放程度必然受阻，其对地区经济的带动作用也会随之下降。从满洲里口岸的贸易结构上看，至今仍缺少与相邻国家间在贸易以外的其他领域的密切合作，因此满洲里要成为边疆地区经济发展的增长极和沿边经济振兴带任重道远。满洲里各有关部门应抓住东北亚各国经济形势好转的有利时机，把握中俄两国经济发展形势，加大口岸招商引资力度，完善基础设施建设，继续与俄罗斯重要经济区加强沟通和交流，同时还要积极做好开发合作中具体项目的调研工作，为迎接满洲里口岸的跨越式发展做好充分的准备，也为振兴东北老工业基地和内蒙古地区经济带快速发展做出更大的贡献。

第四章
东北沿边地区开发开放与生态环境可持续发展战略

随着东北亚地区各国之间的贸易往来日益密切，共同开发开放边境地区、进一步扩大区域内各国的经贸合作、促进本区域的经济繁荣发展已经成为东北亚各国的共识。东北沿边地区开发开放与跨境合作中的一个重要障碍性因素，就是双方的边境地区一般都是生态敏感地带。近年来，中俄、中朝、中蒙之间的很多双边合作开发项目因对生态环境的负面影响问题而被搁置。环境问题是最易引起国际纠纷乃至冲突的因素，界河的任何一方因滥砍滥伐而引发水土流失，或者任何一方进行矿产开采或发展工业而导致界河污染，都会遭到对方国家和人民的强烈反对。由于产业结构的原因，目前在中国与东北亚周边国家的合作中，资源开发在经济合作中占很大比重，如中俄合作主要是开采俄方的森林资源和石油、天然气资源，中蒙合作主要是开采蒙古国的矿产资源，吉林省对朝鲜的投资也以矿产开采为大宗。在这种合作开发模式下，由于对方经常会产生我方掠夺对方资源的想法，出于国内资源保护和环境保护的民意压力，这种合作遭到了很多质疑和阻碍。因此，在东北沿边地区开发开放与跨境合作中，必须分析生态环境制约因素，建立环境影响评价机制，实施生态环境可持续发展战略。

一 可持续发展战略对东北沿边地区开发开放的意义

东北沿边地区是我国面向东北亚各国开放的重要门户，同时又是一个可开发资源富集和生态环境复杂的特殊区域。部分沿边市、县、区曾经把解决基本的生存问题和资源供给作为发展的优先选择，逐步形成了以森林采伐、矿产采掘、土地屯垦或者是以逐水草放牧为主的资源依赖型经济。这种发展模式对生态环境的索取过大，存在大量的资源过度开发与利用问题，这在一定程度上限制了经济的持续增长。尽管近30年来中央和地方各级政府采取了多种综合治理措施，对已经遭到破坏的生态环境给予了各种补偿，但一定的环境赤字已经形成，环境问题成为制约东北边境地区进一步开发开放的因素。由于环境的破坏、资源的枯竭呈现一个缓慢的累积过程，当问题出现并唤起人们的保护意识时，已经是亡羊补牢，损失甚重。20世纪80年代以后，人们在对传统工业化的深刻反思中，环境保护和可持续发展思想逐渐形成，并已成为目前影响较为深远、得到广泛认同的人类活动之一。为了能够更好地融入东北亚区域开发开放的大环境中，从区域经济社会整体的发展趋势和发展要求来看，必须坚定不移地坚持保护与开发并举，探索资源节约、环境友好的发展模式，从而实现区域经济、资源、环境的协调发展。

二　东北沿边地区资源环境可持续发展的战略思路

东北地区可以按照地理环境和所属沿边开放带划分为以下几个区域：黑龙江省的大兴安岭和小兴安岭地区、三江平原地区和哈牡绥东地区，吉林省的图们江地区和长白山地区，辽宁省的沿鸭绿江地区，以及内蒙古自治区东部的大兴安岭地区，包括黑龙江省的9个地级市和包含蒙东部分的大兴安岭地区，吉林省的2个地级市、1个自治州，辽宁省的2个地级市以及内蒙古自治区的1个地级市。从自然条件和资源禀赋上讲，这些地区多数是矿产储量较高、生物资源丰富、生态环境复杂的区域，也存在一定程度的生态环境恶化、退化和生态系统日趋脆弱等问题。一方面，从产业结构角度来说，边疆地区大部分资源型城市是在殖民地时代和计划经济条件下依托资源基地形成和兴起的，对资源消耗具有高度依赖性，形成了产业结构单一、产业链低端化的经济结构，由于曾经一段时间出现了缺少计划的盲目开采现象，这些地区的资源消耗速度远远大于资源再生和替代的速度，部分地区已经呈现资源枯竭导致整个地区经济发展衰退的状况。另一方面，在区域经济发展过程中，人类的经济活动使自然生态环境发生了变化，从而出现了生态平衡被打破的问题，人类要想持续生存和发展，就必须对被破坏的生态环境加以保护和补偿，才能够维持人类赖以生存的生态系统。从20世纪70年代起，伴随国家各项环境保护政策的制定和实施，环境保护作为一项基本国策，各区域政府在贯彻落实国家有关环境保护及可持续发展政策的同时，纷纷制定自己区域的环境及生态保护政策，从行政、法律法规、资金、技术等方面逐渐形成了有利于区域环境建设和发展的机制，这在很大程度上对已经遭到破坏的环境起到了一定的恢复和补偿作用。但实践表明，经济活动为其固有的运行准则所制约，在其运行机制中很难或不可能为环境保护活动提供应有的空间和地位。因此，这一阶段的做法还只能算是对目前经济运行机制进行的小修小补，环境问题还是没有从根本上得到解决。

从20世纪80年代后期起，随着可持续发展思想的出现，人们开始把环境问题看成社会发展问题，于是经济、社会与环境协调发展就成为解决环境问题的主要机制。人们在解决环境问题的实践中逐渐认识到，要从根本上解决环境问题，就要由过去对自然资源的低效率开发甚至不合理使用的做法，转变为对资源的合理开发利用，在开发的同时，只有尽量不损害或保持自然环境，才能达到经济与环境和谐发展的内在要求。"可持续发展"的概念不完全等同于单纯的环境保护，这种发展方式对环境是无害的，并且发展的每一步骤都包含了良性循环的要求，从而使环境的改善与经济的发展成为一个统一的整体。发展与保护的关系不再是相互矛盾的，而是互相促进、相辅相成的，它们就像一个钟表上的两根指针，只有步调统一才能共同前进。无论是从发展的角度还是从保护环境的角度来说，可持续发展都是更深刻、更根本的思想和战略途径。东北边疆地区的开发开放与生态环境可持续发展之间具有不可分割的联系。东北边疆地区拥有很多独特的资源、地缘和政治优势，因此要坚持从实际出发，把保护生态放在优先位置，实行经济开发与生态保护相互兼顾、相互协调、相互促进的发展模式。要坚定不移地调整经济结构、转变发展方式，科学、合理、有序、有度地开发资源，实现经济发展和环境保护的双赢；还要充分发挥口岸优势，大力发展境外采掘和资源加工产业，深入推进新型边境区域合作。东北边疆地区的开发开放在全国具有先行和示范的作用，实行边境地区生态可持续发展战略对全国其他地区具有广泛的借鉴意义。

在区域开发中,东北区域政府对环境补偿所采取的行政手段主要有以下几个方面。

(1) 制定有利于区域环境补偿和保护的相关政策。从实际出发,实施可持续发展战略,贯彻落实环境保护基本国策,制定适合本区域发展的生态环境保护条例和政策。例如,从 1979 年开始,吉林省出台了一系列环境保护的地方性政策。1980 年,吉林省环保局向国务院环境保护领导小组办公室报送了吉林省自然资源状况及破坏情况的初步调查资料,并制定颁布了《吉林省"七五"环境保护计划纲要》《松花江水系环境质量标准(暂行)》《吉林省建设项目环境影响评价资格认证暂行办法》,制定了贯彻落实国务院《征收排污费暂行办法》的措施。1987 年 3 月吉林省政府颁布了《吉林省节约能源实施细则》,1988 年 12 月颁布了《吉林省环境监测成果管理若干规定》,1991 年 7 月颁布了《吉林省环境保护条例》,1992 年 9 月颁布了《吉林省水土保持条例》,1992 年 11 月颁布了《吉林省城市节约用水管理条例》,1994 年 1 月颁布了《吉林省土地管理条例》,1994 年 6 月颁布了《吉林省农业环境保护管理条例》,1997 年 12 月颁布了《吉林省人民政府关于大力发展环境保护产业的通知》,等等,从政策制定角度实施了对本区域生态环境的管理。

(2) 强化区域生态环境保护的管理职能。首先,实行了环境保护行政领导负责制。例如,从 1990 年开始,吉林省将各级人民政府完成环境保护工作任务进行目标化、定量化,以环境保护目标责任制的形式下达,并定期检查完成情况,要求地方人民政府对本辖区环境质量切实负责。其次,在全社会开展对环境保护的宣传教育活动,以增强公民的环境保护意识。例如,黑龙江省早在 1984 年就在哈尔滨、牡丹江、齐齐哈尔、鸡西等市级电台和电视台联合编播了《环境保护是基本国策》和《水污染防治法》的讲话、环保科学知识讲座,哈尔滨市还召开了两次环境保护新闻发布会,等等。

(3) 实施区域生态环境保护的管理措施。按照国家制定的"预防为主,防治结合""谁污染,谁治理"等政策和"三同时""限期治理"等制度,东北区域政府从治理"三废"到保护生态平衡,采取了多种有效的行政管理手段。例如,重点抓污染源的治理,抓重点行业的治理,严格限制严重浪费资源或损害环境的产业发展，鼓励环境保护产业的发展。同时，将治理废水、废气、噪声和固体废弃物的污染作为城市环境综合整治工作的重点，通过扩大集中供热面积、提高燃气化率和绿化率、进行道路铺装和创建烟尘控制区等措施防治空气污染；采取建立饮用水源保护区、污水截流、污水处理和中水回用等措施综合治理水污染；实施减量化、资源化、无害化等减轻固体废弃物污染；通过建立噪声达标区控制噪声污染；通过老城区改造和关闭，搬迁污染严重扰民企业，有力地调整了城市结构和布局。另外，注重防治农业环境污染和农业生态破坏，建立不同类型的农业保护区，对乡镇企业强化管理；加强自然生态的保护，强化土地利用总体规划的宏观调控作用，制定严格的用地管理措施，实施天然林保护工程，大幅度降低天然林的采伐量，严格规范地质矿产勘察开采行为，治理水土流失，兴修水利工程，努力改善东北区域水环境质量，等等。

除行政管理手段外，与可持续发展有关的立法、配套法规体系的建立，也是保护环境资源、促进可持续发展的重要工具和保障手段。自党的十一届三中全会以来，我国已出台、实施了一系列促进环境保护和可持续发展战略实施的法律法规，环境与资源立法的速度大大加快。其中，已颁布实施环境保护法6部、资源法9部、行政法规29件、环境标准375项、地方性法律900多件。遵循国家制定的各项法律法规，东北区域各省也相继制定颁布了一系列地方性法规和条例。如吉林省在1997年以前就颁布了《吉林省环境保护条例》《吉林省野生动植物保护管理暂行条例》《吉林省自然保护区条例》等地方性法规8件、政府规章3件。黑龙江省也相继出台了《黑龙江省环境保护条例》《黑龙江省工业污染防治条例》等百余件政府规章、条例、地方标准和规范性文件。辽宁省自20世纪80年代以来也制定颁布了《辽宁省环境保护条例》等地方性环境保护法律法规和行政规章50多件、环境保护地方标准6件。三省初步形成了比较完善的环境保护法规框架体系。

如前所述，运用行政手段、法律法规政策对生态环境的补偿和建设具有重要的作用，但仅仅用上述手段是不够的。由于经济发展过程是环境问题的主要影响因素，因而改革和改善经济决策过程必然是保持环境可持续利用的根本途径。特别是由于在市场经济条件下，"政府失灵"情况不可避免，国家管理环境的职能只能在一个有限的范围内行使，因此政府调解环境冲突的作用就要适当地由市场机制所取代。事实上，采取经济手段对环境进行补偿和治理，已成为各国政府保护环境的行政和法律手段的重要补充。我国为了促进环境自然资源的可持续利用，也制定和实施了相关的经济政策，主要有：通过罚款、收费、税收、信贷、补贴等手段对环境予以补偿和保护；通过征收排污费对生态环境进行补偿和保护；增加环境保护投资。东北区域各省在对环境保护的投资方面也都加大了力度，如辽宁省1983～1995年的12年，全省用于环境保护的投资为11.3亿元，1998年全省仅用于工业污染的直接投资就已达11.7亿元，超过1983～1995年的12年用于环境保护投资的总和。黑龙江省1998年用于环境保护基础设施的投入为31亿元，占国民生产总值的比重达到1.2%。环境保护投入的增加，对东北区域各省环境资源的恢复和增值、保护和治理，确实起到了重大的作用。

在过去20多年中，环境科技研究为环境政策的制定、污染防治和环境问题的逐步解决提供了必要的技术支撑。近年来，我国政府在这方面又加大了扶持力度。例如，在治理污染的技术支持方面，早在20世纪80年代初，国务院就出台了《关于结合技术改造防治工业污染的几项规定》，明确规定要通过采用先进的技术和设备，提高资源、能源的利用效率，把污染物消除在生产过程中；要编制技术改造规划，提出防治污染的要求和技术措施；国家有关部门在制定或修改各种矿产品原料和燃料商品质量标准时，要充分考虑防治污染的要求，提出有关环境的商品质量标准；要将结合技术改造防治工业污染的工程项目所需资金列入企业、地方或国家计划。进入20世纪90年代，我国又将采用清洁技术和推行清洁生产作为实施可持续发展战略的重大行动之一。1996年，《国务院关于环境保护若干问题的决定》明确规定，所有大、中、小型新建、扩建和技术改造项目，要提高技术起点，采用能耗和物耗小、污染物产生量少的清洁生产工艺，严禁采用国家明令禁止的设备和工艺。《国家环境保护"九五"计划和2010年远景目标》要求企业结合技术改造，积极推行清洁生产，加快治理老污染源的步伐，并明确了中国推行清洁生产的重点工业。总之，利用科学技术消除环境污染主要采取了以下措施：清除污染物技术（如大气污染控制技术、水污染控制技术、固体废弃物处理技术等）；改造工艺流程，采用少污染或无污染的工艺；开发新的能源，合成新的材料，并发现新的调控环境-经济系统的手段和方法。

目前，沿边地区乃至东北腹地的一些资源型城市开始按照科学发展观的要求，大力发展循环经济、低碳经济，它们在产业转型中的实践经验可以给我们一些启示。例如，伊春市是东北地区典型的资源型城市，也是大、小兴安岭地区最早的林业开发和木材生产基地。该市从实际出发，调整产业加工布局，引导绿色产业、企业、项目向优势区域集中，大力发展木材精深加工、生态畜牧、森林生态旅游、绿色食品和"北药"五大优势特色产业，到 2009 年，五大接续替代产业实现增加值 65.6 亿元，占 GDP 的比重达到 38%，重新构建了这个大兴安岭腹地城市的产业格局。在发展循环经济与产业集群整合等方面，吉林省白山市的转型经验值得借鉴。白山市注重资源开发与环境恢复之间的统筹兼顾，一方面，整合现有煤炭、金属采掘业资源，合并中小企业，关闭污染不达标企业，延长产业深加工链条，走集约化道路；另一方面，不断发展壮大医药、绿色食品和旅游等特色产业，并在发展新兴产业的同时不断投入资金改善环境，初步呈现优势产业与传统产业共同发展、资源开发与环境保护互惠互利的发展趋势。值得一提的是，辽宁丹东沿江沿海经济区依托北黄海经济开发带，突出沿海和临港两大特色，突破了过去经济发展局限于地理环境的发展模式，在加强区域内江海、边境、湿地、森林的环境保护的同时，完善了旅游景区的建设，并且充分利用建设东北东部铁路和鸭绿江新公路大桥、中朝合作开发黄金坪和威化岛经济区的有利时机，推进中朝鸭绿江跨境自由贸易区建设，呈现巨大的发展潜力，对东北地区开发开放与可持续发展的战略取向和实施路径具有很高的实践价值。

总之，近 30 年来，在东北区域开发中，环境补偿机制配套运行，对已经恶化了的生态环境起到了有效遏制和相应的补偿作用，应该说我国在整治生态环境方面取得了初步成果。但环境的治理是一个十分艰难而漫长的过程，还需要付出相当的努力并做好长期作战的准备，特别是要继续完善环境补偿及建设机制，以推动区域环境建设取得新的实质性进展。

三 东北沿边地区实施可持续发展战略的对策建议

生态环境的可持续发展是一项长期复杂的系统工程，尽管部分地区的资源替代产业发展取得了一定的成效，但一些区域长期积累的矛盾没有从根本上得到解决，在东北亚区域合作开发的大背景下，我国原有的一些环境补偿措施已显不足，因此有必要在此基础上，从多角度研究更加有效的对策，创新环境补偿机制，以更好地解决区域开发中的环境保护和可持续发展问题。

第一，强化并完善区域开发的保护机制和生态补偿机制。在行政手段方面，核心的问题在于提高政府的调控能力，集中在政策的制定、政策的执行、政策的更新，以及政府的管理行为、管理方式等方面。首先，政府要进一步制定和完善相应的管理制度和政策法规，以此推进可持续发展的能力建设和公众参与。其次，要建立强有力的环境保护协调机构，提高环境保护部门的地位和权力。最后，要进一步加大行政管理力度，采取多种措施做好生态环境的保护与恢复治理工作。如积极搞好社会公众教育，向公众普及生态环境保护知识，鼓励动员公民参加生态环境保护工作；建立生态环境保护综合决策机制，把生态环境保护责任制落到实处；实施分类指导，实现生态环境保护的分区推进。在经济政策方面，应进一步增加用于生态环境保护和建设方面的投资，并确保用于生态环境保护的投资到位。在技术扶持方面，必须进一步完善国家科技创新体系，为环境政策的制定、污染的防治和环境问题的逐步解决提供必要的技术支持，各地区应大力发展高科技产业，努力构建科技金融支撑体系，支持科技环保事业更快发展。在经济立法方面，应当将经济社会发展与环境资源保护紧密地结合起来，将生态环境、自然资源的保护融入经济社会立法之中，进一步健全和完善环境资源立法体系。

第二，通过产业结构调整加强资源环境保护。目前东北区域产业结构的特点是第二产业的比重过大，东北区域的能耗和污染程度较高。因此，为了更好地降低产业能耗，调整产业结构，应把加速发展第三产业作为一项重要的产业政策，这对于保护环境、走可持续发展之路是一种战略选择。同时，要积极推进工业结构向低污染、高级化以及清洁生产的方向发展。具体而言,应大力发展优质能源生产企业,实现能源结构优质化,同时降低重污染部门和产业的比例,提升工业结构层次,把发展高新技术产业和知识经济作为实现产业结构高级化、实施可持续发展战略的重要内容,力争使东北区域的产业结构较快实现优化升级,形成有利于生态环境建设的经济新格局;要把清洁生产作为控制污染物排放的重要手段,通过综合利用、净化处理等手段达到减少污染物排放、降低环境污染的目的。为了使环保产业得到长足发展,政府应制定针对环保企业的鼓励和优惠政策,在产业政策上予以大力扶持,包括加大对那些效益较好、信誉较高的企业的固定资产投资力度,为东北区域改善环境、防治污染奠定良好的物质基础。在东北广大农村中仍然存在发展的不可持续问题,如耕地减少、土壤退化、环境污染、贫富差距拉大等,应当从以下几个方面入手,采取有利于农村人口与资源、环境可持续发展的措施。首先,必须尽快拆除城乡藩篱,以实现农村剩余劳动力的合理流动,缓解农村人口压力;其次,要组织开展关于农村结构调整与农业资源优化配置的调查研究,制定和完善农业区域性主导产业规划,并根据当地的自然条件,合理地开发利用"农林牧副渔"资源,调整农村种植经营结构;再次,对于东北西部地区来说,有必要加大退耕还林、还草以及重点湿地还湿的力度,要坚持"谁退耕,谁造林(草),谁管护,谁受益"的原则,使生态环境得到更好的改善;最后,必须加强乡镇工业环境污染的治理,对污染严重的乡镇企业要坚决实行限期治理或"关、停、并、转",要严禁城市将落后、陈旧、污染严重的设备淘汰给乡镇企业。此外,通过农村结构调整,最终要达到"宜农则农、宜林则林、宜牧则牧、宜渔则渔,因地制宜,多种经营"的目的。切实保护好土地资源、水资源、森林资源、草原资源,以及珍稀濒危农业生物资源,实现农村经济和生态环境的可持续发展。

第三,在注重生态环境保护的同时加强生态环境再生能力建设。生态能力建设是一个对资源利用方向、利用强度、利用效率的诱导和提高过程。长期以来,我们在环境能力建设方面,总体上说存在重环境污染治理、轻环境资源再生能力建设的倾向。以环境保护投资为例,我国的环境保护投资无论是在计划安排上还是在实际使用上都投向了污染治理,似乎环境资源再生能力建设不需要费用,因而这方面的费用安排较少。

例如，在"中国跨世纪绿色工程规划"中，"九五"期间实施的项目共有1591个，而与环境资源再生能力建设相关的生态环境保护项目只有117个，仅占项目总数的7.4%。这种状况应该尽快改变。为此，必须强化对环境资源再生能力建设重要性的认识，积极探索资源环境恢复治理新机制；要进一步加大这方面的投资力度，坚持"谁投资，谁受益"的原则；要保持政策和制度的连续性、稳定性，以确保建设者的利益不受侵害。

第四，要正确处理区域经济发展与生态环境保护的关系，这既是对人们社会实践行为提出的要求，又是人们在认知、思想、观念等方面转变的需要。首先，要正确处理经济与环境的关系。实践证明，以环境为代价发展经济是不可取的，我们必须在发展经济与保护环境之间做出明智选择。如何选择，核心的一条，就是要坚持经济与环境相协调的原则，即将促进经济发展与保护生态环境有机地结合起来，坚持"在发展中保护，在保护中发展"。根据环境保护的目标和要求，既要考虑到人类健康和其他生物生存的基本需要，又要考虑到经济发展水平、环境保护的水平和目标只能在经济发展的基础上不断提高和实现；要通过全面规划、综合平衡，把全局利益和局部利益、长期利益和近期利益有机地结合起来，力争实现经济增长与生态环境建设的"双赢"。其次，要正确处理政府行为与市场行为的关系，将政府行为与市场行为按经济运行规则有机地结合起来，是保护生态环境、实现可持续发展的必然选择。这方面的具体措施有：明确和保护包括土地资源、矿产资源、森林资源、生物资源在内的资源产权，建立产权变更和转移的交易规则，奠定可持续发展的经济体制基础；建立合理的价格机制，制定资源环境成本的价格标准，尽快纠正相对价格扭曲和不考虑资源环境成本的状态，为使经济发展与环境保护相互促进做好重要的制度安排；建立强有力的集中协调机构，提高保护部门的地位和权力，以实现发展与保护的同步并进；建立一套合理有效的成本分担和损害（或利益）的补偿机制，消解各种从局部利益出发的损人利己行为，以形成有利于可持续发展的各局部的共同责任。最后，要处理好生态环境道德建设与法律的关系，以环境道德建设为支撑，以法律为保障，使其相辅相成，在保护生态环境建设和实施可持续发展战略中发挥应有的作用。其一，要明确道德与法律之间的内在联系，将道德作为基础，将法律作为手段，明确道德和法律各自管辖的范围、领域及所起的作用；其二，要把环境意识的培养和教育作为环境道德建设的基础，要让老百姓都知道，可持续发展需要全体公民自己捍卫自己的环境权益和享受持续发展的利益；其三，走可持续发展的道路，教育官员是必要的环节，这就要求地方各级政府的政策制定者和执行者对可持续发展战略的原则、思想有一个接受和认识的过程；其四，由于法律具有权威性，能够以其强制力达到协调人与自然关系的目的，因此在环境道德涉及不到甚至起不到作用的领域，必须用法的精神、法的方式去解决。

第五，要制定一整套具有可行性、战略性和指导性的可持续区域开发规划，其中包含区域经济发展政策的制定、区域经济发展管理机制及监测和调控机制的完善等。由于各个区域发展的基础和条件不同，发展的水平和存在的问题也有差异，因此可持续发展的内容要从各地区的实际出发，尽量做到因地制宜。以黑龙江三江平原为例，该区域地域广阔，第一产业以种植业为主，应依靠农业系统内部来维持土壤肥力，促使农业稳定增产，进一步使生态形成良性循环，使社会获得品种丰富且质量优良的农产品，并能保持良好的生态环境。又如，吉林的白山、通化等地历史上资源开发的程度较高，形成了一些以重工业为主的集中区域，由于这些地区的工业生产，必然要消耗大量资源，往往还会伴生水资源污染、大气污染以及土地资源中耕地迅速减少等问题，因此要注意在工业发展中兼顾生态平衡。近年来，在东北边境地区的江河沿线和边境口岸地区兴起了一批高新技术产业开发区和出口加工区，这些地区的经济发展较快，要特别注意加强环境保护，同时要不断改善投资和开发的软环境。综合以上观点，可以考虑从以下几个方面来制定发展政策。首先，要制定正确的区域开发策略和指导思想，把区域开发与资源利用、环境治理和生态保护统一起来。其次，要合理调整土地利用结构，协调地进行生态建设。不同层次（地、市、县、乡、村等）、不同类型区（草原、山地、农田、水域等）都要因地制宜地搞好土地利用结构的调整，建立比较稳定的、优化的复合生态系统。最后，要制定不同层次的区域开发建设总体规划，克服条块分割、城乡割裂、工农脱节等弊端，各部门和各区域的开发建设及工业、农业建设，都要在区域开发建设总体规划的指导下进行，以发挥总体功能和最佳效益。此外，要开展不同类型生态建设模式的试验和推广活动。为了进一步把生态环境建设好,要在总结群众实践经验的基础上,使各种类型的生态建设模式系统化、理论化,并有计划地在城市和农村、山区、平原和草原,以及市、县、乡、村开展不同类型和不同层次的生态建设模式的试验和推广活动。实行依法开发,在区域开发中严格执行国家保护生态环境的政策和法令,做到有法必依、执法必严,推行生态责任制,运用法制手段,保护与建设良好的生态环境。

第六,要加速老工业基地的改造和替代产业的培育。在东北区域开发过程中形成了资源依赖型的产业结构,尤其对矿产资源有严重的依赖性,因而普遍面临资源枯竭和生态环境污染破坏的问题。随之而来的必然是区域经济衰落,为此,必须正确认识原有的结构性缺陷。如本溪和东北许多老工业基地一样,一方面,新的优势产业并未形成;另一方面,仍然依靠加大投入、强化开采来维持经济总量的继续扩张,对已经失去资源依托的产业不断追求加大投入,对已经过"重"的重工业仍不断强化开采。这样,不仅区域经济总体效益水平急剧下降,而且掩盖了增长断代的危机。因此,加快产业结构调整,成为振兴东北老工业基地的必然选择。可以考虑依靠高新技术发展自然资源产品的深加工,完成对无资源前景工业的替代,在此过程中应按照计划规定的规模限制,减少资源开采量,并培育和发展资源枯竭型区域的替代产业。位于内蒙古自治区东北部的呼伦贝尔市近年来的发展经验值得借鉴。由于其独特的地理位置等因素,境内形成了大兴安岭林业区、岭西牧业区和岭东农业区三大自然经济区,是国家重点旅游开发区和生态建设示范区。2005年以来,呼伦贝尔市结合自身特点,探索出了一种区域经济开发与生态环境相互支撑、相互促进的发展模式,即利用本地区资源禀赋较高、生态环境保持较好的优势以及满洲里至绥芬河的水陆便捷通道,逐步形成从能源原材料到加工制造再延伸到进出口贸易这样一系列完整的工业体系,并通过积极打造口岸合作平台,推行合作共赢的区域合作新机制,迅速提高了区域开发和开放水平,被誉为"美丽与发展双赢"的成功模式。总的来说,发展替代产业有两条途径可以作为参考:一是以为主导产业服务的技术优势为基础,寻找新的市场适应性,发展面向广大外地市场的生产;二是将为本地生活服务的技术,与当地的原料优势相结合,发展面向广大外地市场的生产。

总之，只有在沿边地区开发开放中坚持经济、社会、生态环境的全方位协调统一，才能减少传统开发过程中产生的诸多弊端，避免生态环境的破坏，使区域经济走上良性循环的轨道。也只有在此基础上，才能进一步探索沿边地区跨境经济合作模式等方面的先行先试，从而推动东北地区与邻近国家的区域合作开发在更高层次上向纵深发展。

第五章
中俄跨境区域经济合作战略

一 中俄跨境区域经济合作的战略路径选择

按照当今世界范围内区域经济合作发展的一般规律,可以将区域经济合作、区域经济一体化划分为六种不同的阶段和形态:优惠贸易安排、自由贸易区、关税同盟、共同市场、经济与货币联盟、完全经济一体化。从中国东北与俄罗斯区域经济合作发展的现实水平来看,目前中俄区域经济合作处在进入"优惠贸易安排"初级阶段的前期,在这个阶段,双方合作的主要任务和目标是排除贸易合作障碍,增强互信,消除各种关税和非关税壁垒,促进贸易和投资便利化,为中俄两国的长远合作创造一个良好的发展环境。因此,根据目前形势,中俄区域经济合作发展要采取政府引导、市场主导、制度安排、合作认同,最终形成两国长期合作的战略路径。这一合作路径的选择主要是由中俄两国经济发展水平、利益和意愿等因素决定的。

1. 政府引导

中俄两国的经济发展水平决定了在中俄区域经济合作进程中,仅仅依靠市场需求推动合作的发展,会使经济合作进程十分缓慢,甚至合作得不到保障,因此,目前双方政府应该在合作中发挥引导作用,积极出台政策加以推进,这是加速中俄两国区域经济合作的最基本的现实路径。近年来,随着中国与俄罗斯政治关系的不断密切,双方的经济合作也日益增强,合作的质量不断提高,规模日益扩大。尤其是乌克兰危机爆发以来,由于俄罗斯受到西方的严厉制裁,俄罗斯对加强与中国合作的意愿更加强烈。在这种情势下,中国各级政府应从整体利益出发,转变观念,从战略的高度上充分重视开展中俄两国区域经济合作对中国经济可持续发展的重要作用，加强政策引导，尽快完善区域经济合作的相关政策，建立相应的制度和法律体系，制定对外经济合作指南，建立通畅的经济信息服务网络，同时加快基础设施建设和人才培养，促进文化交流，奠定企业开展区域经济合作的基础。

首先，中俄两国政府要科学合理地制定中俄两国长期合作的战略规划，明确合作的思路、目标、重点和扶持政策，适时调整贸易结构，扩大投资和合作的范围，可以采取铁腕措施开拓投资，认真做好重大合作项目建设的可行性论证，双方政府还可协商、确定将某些产业如能源产业、机电产业、轻工产业等作为试点，在取得一定经济效益的基础上，再逐步扩大到其他产业，全面推进合作向深度和广度发展。同时，地方政府也应结合本地区的产业发展方向和市场需求状况，确定本地区对俄经济合作的重点领域或项目以及中长期发展目标，并制定具有前瞻性和指导性的政策意见和可操作的措施安排。

其次，中俄两国政府应尽快完善区域经济合作的相关政策，建立相应的制度和法律体系。从目前来看，中俄两国的现行政策并不能很好地适应中俄全方位开展区域经济合作的要求，很多管理制度已成为制约中俄区域经济合作的障碍。因此，中俄两国政府应加快经济体制改革，尽快完善相关政策，积极与WTO贸易体制接轨。除此之外，双方政府还应加大对开展区域经济合作项目的资金投入，支持两国尽快实现由低层次的边境旅游购物、边民互市向高层次的区域经济合作发展，实现推动双方经济互补性发展和产业结构优化。同时，政府应建立和完善相应的制度和法律体系，完善双方投资的法规和保险制度，对企业加强政府资金支持，如对企业进行贷款、担保，对重点企业进行扶持。政府要积极完善基础设施建设，提高政府政策的透明度，营造良好的投资环境，积极引导和支持企业"走出去""引进来"。中俄双方政府还要制定一系列的合作实施细则，确保双方构建的合作机制得以实施，避免双方合作的空洞化。

再次，政府要建立通畅的经济信息服务网站。中俄两国政府要在现有信息网络的基础上，加大投资力度，更新技术设备，建设覆盖全国的经济发展信息和中俄区域经济合作的信息服务网络，为企业提供市场需求、价格变动、政策法规、动态信息等方面的服务，降低企业合作的风险。

最后，中俄两国政府应加强合作，加快基础设施建设和人才培养，为两国开展区域经济合作奠定基础。中国与俄罗斯有铁路、公路和水路相通，在地理位置上两国具有开展贸易和经济合作的地缘优势，双方应尽快将潜在的地缘优势转化为现实的地缘优势，为两国进行经济和贸易合作提供便利。交通是通商的前提条件，这个问题不解决，中国和俄罗斯之间的区域经济合作必然受到制约。因此，中俄两国政府应加快运输通道的建设，重点推进国际铁路、国际公路、国际航线等项目的建设，形成人流、物流、信息流的综合大通道。此外，两国政府还要提高工作效率，提升口岸协调管理能力，尽快提升口岸便利化、信息化、服务化，使其适应不断扩大的双方经济贸易合作和旅游业的发展需要。同时，要加快培养具有跨国区域经济合作能力，具有较高外语水平、技术水平、管理能力的各类人才，为中俄区域经济合作提供智力上的支持。

2. 市场主导

从长期来看，中俄两国间的经济利益将是影响双边关系的最重要因素，市场力量应始终是推动区域经济合作发展的基础性和关键性的因素。市场力量的主体是企业，而企业自身也要遵循市场规律，掌握市场信息，转变观念和经营机制，充分利用政府提供的各种资源，提高自身综合实力，积极主动地参与到中俄区域经济合作中来。

首先，企业要转变对俄合作的理念，树立战略性发展意识。理念决定成败，理念决定效果。对俄合作必须转变原有合作理念，不在理念和指导思想上做根本性的调整，就难以适应俄方逐渐规范市场的根本性变化。要强化以质取胜的理念。质量是决定对俄合作能走多远的关键因素。只有在依托提升贸易质量上取信于俄罗斯市场，对俄经贸合作才能从目前的"危机"中走出来。我国不能再重蹈20世纪90年代初期中俄边境贸易货物假冒伪劣、贸易秩序混乱无序的覆辙。同时，还要强化依法经营的理念。目前，企业必须转变经营理念，认清"灰色贸易"短期利益的弊端，认清规范贸易不仅有利于开展长期合作，而且有利于降低经营风险。只有依法经营对俄贸易和投资，摒弃不合法的传统贸易，树立文明经商形象，不做损人、坑人的不文明之事，不偷税、漏税、行小贿得便宜，才能真正摆脱困境，实现恢复性增长。此外，还要强化循序渐进的理念。对俄区域经济合作要有紧迫感，但又不能急功近利，总想"一口吃个胖子"是不行的。要脚踏实地，遵规守矩，扎扎实实做好每一个项目，使中俄双方在每次业务中共同获利。否则，既可能增加风险，也可能做出不守规则和规范的事情，不利于长远的合作和发展。最重要的是要强化通力协作的理念。目前对俄经济合作已不仅仅局限于边境地区的双方合作，中俄区域经济合作的范围已扩展到更广泛的地域和领域。因此，边境省区的对俄企业，既要同省区内的企业搞好合作，也要与国内其他省区的企业联手对俄合作。这个问题如果解决不好，不仅会给企业造成损失，而且会给俄方可乘之机，甚至"渔翁得利"。要引导我国对俄合作企业树立团结互助的合作意识、团队意识和大局意识，不能搞彼此明争暗斗、不择手段的"恶性竞争"。一致对外，"抱团取暖"，才是深化对俄合作、追求利益最大化的最佳选择。

其次，企业要实施集团化发展，提高综合实力和竞争力。中国在进行经济体制转轨的过程中，许多国有企业逐渐退出市场，而民营企业和个体企业异军突起，尤其是在中俄区域经济合作中表现得更为明显。但是我们也应看到，参与俄罗斯经济合作的企业规模较小、实力不强的问题十分突出，难以形成规模化投资。在俄市场的激烈竞争中，中国的企业往往没有优势，在与欧美国家、日本、韩国的竞争中，很难在俄市场中获得一席之位。因此，企业在有效利用政府扶持政策的同时，也要通过股份制、大企业调整重组来实现企业的股权多元化，将企业做大做强，应加快培育具有国际竞争力的企业主体，形成适应中俄区域经济合作的企业集团化。目前中国与俄罗斯开展区域经济合作的大项目多为能源、农业等领域，如中俄油气管线支线建设、中俄"波罗的海明珠大型多功能综合社区"项目、中国"格林伍德"贸易园区等多由国有及大型企业承担，缺乏民间社会资本的参与，这些因素成为制约中国企业开拓俄罗斯市场的"软肋"。长此以往，就会逐渐失去俄罗斯市场，很难使中俄区域经济合作走得更远。

最后，企业要加强沟通与合作，实现互利互赢。中俄两国的企业在开展经济合作的过程中，缺乏对对方国家的整体认识，再加上没有正规渠道获取信息，盲目投资和合作，没有必要的沟通，导致中俄两国合作之间经常会发生大量的纠纷。纠纷发生后，又没有必要的解决机制，纠纷难以得到有效解决，使中俄两国的企业都背上沉重的经济负担，这在一定程度上影响了双方企业的进一步投资，致使双方对合作产生消极情绪，最终造成中俄企业对合作失去信心，达不成双方的合作意愿和认同。因此，中俄两国企业要避免盲目投资带来的经济损失，积极沟通与合作，树立互利共赢的合作理念，才能形成良好的合作态势。

3. 制度安排

制度安排对于实现国际合作具有重要意义，它可以降低交易成本，改善信息交流状况，减少不确定性，促进信任的产生，帮助国与国之间形成关于合作的稳定预期。新自由制度主义借鉴新制度经济学的研究成果，指出通过制度安排和制度创新来实现合作，可以克服市场失灵所带来的一些问题，如阻止合作的问题。同时，根据本书理论综述中所分析的，中俄区域经济合作实际上是国家间的经济博弈，而合作博弈与非合作博弈最大的区别就在于，合作博弈具有对博弈各方都有约束力的协议，要达成有约束力的协议，就需要有实现博弈各方策略协调沟通的途径和渠道，通过参与方之间有效的磋商和沟通机制来实现或通过建立一种制度安排来实现。制度是多个行为体通过协商和谈判共同建构起来的社会性安排，可以表现为行政机构、法律、规范以及运行程序。一旦形成制度，参与者就要受到制度的约束。所以，制度不仅具有对行为的约束作用，而且可以减缓无序状态，有助于解决冲突，降低欺骗的可能性。更重要的是，建立在规范基础之上的制度一旦确立，就成为行为体共享的文化，对行为具有深层次的规制作用。制度的构建不仅约束国家的行为，而且有助于推动国家间的信任和认同。制度是实现区域经济合作的重要保障。如果没有一套公认的、共同遵循的合作制度做保障，不具有保持这一超国家机构正常运转的机制，那么合作是不能得以持续发展的。

中俄两国之间自 1996 年起就确立了两国高层领导人定期会晤协商制度、中俄总理定期会晤机制、中俄战略对话即中俄两国战略安全磋商机制，2005 年又启动了副总理级别的磋商机制。这些机制的确立为中俄双方进行有效磋商、沟通和协调搭建了一个渠道和途径。这种合作机制的建立将非合作博弈演变成合作博弈，使双方能进行有效磋商、沟通和协调，给双方一个稳定的预期，避免了可能的、潜在的冲突。目前中俄区域经济合作还停留在功能化合作阶段，制度化程度较低。虽然中俄两国的机制构建已经形成多渠道、多层次、多领域的格局，并已呈现一些效果，但是这些制度还停留在松散的框架阶段，其约束力还相当有限，存在效率不高的现象，而且这些机制本身具有协商性质，没有稳定的组织保障，与世界其他地区的区域经济合作相比，中俄两国还没有建立起正式的地区合作机制，缺乏统一的、长远的合作规划，从而制约了中俄两国区域经济合作质量和效率的提高。因此，中俄区域经济合作必须依靠有效的制度安排来开展和实施，使两国合作从功能化阶段过渡到制度化阶段。例如，中俄双方可以建立一个有效的利益平衡机制，使得合作中获益较少的国家确信暂时的获益受损可以从长期稳定的合作中获得补偿，所以，在合作的利益分配问题上，虽然存在一国绝对利益或相对利益获取的不平衡问题，但是出于对长期合作利益的预期，两国之间的经济合作关系仍然可以有效地维持。特别是还应建立具有协议约束性质的合作机制，将两国合作关系机制化、长期化，使各方之间的利益平衡可以通过合作机制加以解决。中俄两国还需建立一个有效、规范的监督机制，以增强两国间的信任，在中俄两国文化、历史传统之间存在差别的情况下，能够相互尊重，形成优势互补，开展和谐互动的合作关系。同时，中俄两国间相互猜忌和防范的心理很重，在沟通存在一定困难的情况下很难实现高度互动，这一点在很大程度上也是由两国之间信息的缺乏和不对称造成的。总之，制度的安排、构建与规范是实现中俄区域经济合作紧要且必要的措施，它可以使两国间的经济合作在一个相对平衡、有效、可持续的状态下运行，从而实现两国整体利益的最大化，增强两国的共同命运感，形成对制度的共同理解，产生强烈的合作认同。因此，当下中俄双方最重要、最紧迫的不是形成身份认同和共有观念，而是达成双边合作机制的共识。只有在暂时缺乏身份认同和共有观念的条件下形成合作机制，才能进一步推动身份认同和共有观念的形成，最终建立中俄双方合作的共同体。

4. 合作认同

利益是合作的基础，制度是合作的重要途径，那么认同就是合作质量的保证。

追求共同利益是国家间合作的根本动力，然而共同利益又包括政治利益、经济利益以及其他利益，还有无形的、有形的、现实的、未来的、短期的、长期的利益等。不同的国家对利益会有不同的理解，而这些是国家决定是否参与合作的重要根据。如果各国对共同利益的理解大致相同，而且确信通过彼此的政策协调可以实现共同利益，那么双方的合作就容易达成，反之就会出现合作困难的情况。因此，国家间正向的、积极的文化和观念的认同有利于国际合作的展开和发展，而负向的、消极的认同则可能成为合作的障碍。

目前，中俄两国之间文化和观念的认同还存在一些问题，这也是导致双方合作进程缓慢的主要原因。但随着两国间互动和相互依赖的加深、合作中共赢实践的证明、文化和观念的交流、规范制度的建立以及中俄两国之间共同利益的增多，就会逐步培养出相互信任和合作的良性认同，从而产生对对方可靠的预期，进而奠定合作的基础。而规范框架内的合作又有助于产生新的认同和信任，最终形成一种良性的高水平的合作关系。

总之，中俄两国目前应遵循这一合作路径，循序渐进、脚踏实地做好现实中的每一个项目，争取实现双方利益的最大化。同时，利用外部力量，以对话的方式解决问题，建立多层次、多领域的合作机制，并促进双方观念和身份认同的建立，以此为前提推进中俄区域经济合作。

二 基于地缘结合模式的中俄跨境区域合作战略

地缘结合模式是发展中国家边境地区开展经济合作的一种模式。从地理位置上看，边境地区具有某种能够促进经济发展的优势，如资源优势、生产要素优势、区位地理优势、产业合作优势等。但主权国家边境的存在，使这些优势成为一种潜在的优势，而这些潜在的优势又往往得不到发挥，其原因很多，如国家之间缺乏应有的信任、社会制度不同、经济发展水平差距过大、体制障碍、法律环境的差异、缺乏必要的资金投入等。如果能够通过地缘结合方式将这些潜在的优势整合和发挥出来，将会极大地促进边境地区乃至国家的经济发展。

根据边境地区的不同条件，地缘结合模式可以有不同的管理形式和发展路径，如建立互市贸易区、边境经济合作区、跨境经济合作区、边境自由贸易区等。其中，边境经济合作区模式是经过国家政府相关部门同意，在具备条件的边境地区，依托边境城市或口岸的独特优势，吸引相邻国家或其他国家进行投资以便进行经济合作的一种模式。跨境经济合作区模式与边境经济合作区模式不同，这种模式横跨两个相邻国家的地区，各自拿出一部分地域面积，共同出资建设，共同进行经济合作。它是对边境经济合作区模式的一种发展，是在其外延意义上的扩展。因此，跨境经济合作区模式是指两个接壤国家或地区在达成合作共识的基础上,在两国边境划定特殊区域,赋予该区域特殊的财政税收、投资贸易等相关政策,并对该区域进行跨境海关特殊监管,吸引人流、物流、资金流、信息流等各种生产要素在此集聚,进行区域经济合作,从而实现该区域经济的快速发展,进而通过辐射效应带动周边地区发展。目前,随着中俄两国区域经济合作的不断发展,中俄互市贸易区模式与边境经济合作区模式正逐步向跨境经济合作区模式的方向建设和发展。

跨境经济合作区有着明确的地理范围、特殊的管理模式和优惠的区域政策,是在边境贸易区、互市贸易区和边境经济合作区发展的基础上,两个接壤国家在边境地区跨境合作的体现。其发展路径为:一方面,可以依托一国边境口岸单方规划经济合作区,颁布优惠政策以吸引或鼓励对方也采取相对应的政策,通过国家间的谈判和协议的签署进行对接;另一方面,直接通过两国的政策谈判、协议签署,划定边境特殊区域,实行特殊优惠政策,进行区域经济合作。但跨境经济合作区不同于自由贸易区、关税同盟、共同市场等区域经济一体化组织形式,它是在承认双方在制度、体制、政策等方面存在差异的情况下求同存异、尽可能谋求协调行动的合作形式。[①] 因此,跨境经济合作区初期阶段的重点在基础设施建设和边境地区交通、通信等软硬件的整备与协调方面,随着合作发展到一定阶段,可以探讨关税减让和自由贸易的问题。跨境经济合作就是为了整合被边境分割的某种优势条件而在边境地区开展的一种经济合作方式。它在尊重各国主权独立、领土完整和法定边界有效的基础上,承认各方有关政策和体制的差异性,通过双边或者多边的共同协作开发,形成有利于经济发展的条件和优势资源。[②] 跨境经济合作不涵盖两个以上国家的其他地区,而是仅涉及具有潜在优势资源的边境地区,因此属于地缘经济系统中基层地域间的经济合作形式。同时,跨境经济合作一般需经中央政府授权,是以中央或地方政府为主体展开的灵活、机动的经济合作形式。[③]

总之,建立跨境经济合作区作为地缘结合的一种模式,是目前比较符合我国与俄罗斯开展区域经济合作的一种模式。

[①] 王胜今、于潇:《图们江地区跨国经济合作研究》,吉林人民出版社,2010,第16页。
[②] 王胜今、于潇:《图们江地区跨国经济合作研究》,吉林人民出版社,2010,第16页。
[③] 王胜今、于潇:《图们江地区跨国经济合作研究》,吉林人民出版社,2010,第16页。

1. 满洲里中俄互市贸易区和边境经济合作区发展战略

自1992年以来,满洲里相继设立了中俄互市贸易区、边境经济合作区。中俄满洲里-后贝加尔斯克互市贸易区是中国首家跨国贸易区,承担着"建设大通道、造就大流通、培育大市场、建设大开放"的艰巨任务,具有自由贸易、保税仓储、物资集散、免税加工、商品展示、服务娱乐、货币自由流通等特殊功能。目前,中方一侧互市贸易区生意兴隆,热闹非凡。满洲里中俄互市贸易区是中俄两国战略合作伙伴关系的产物,将按照符合国际惯例的模式运作,不断完善商贸、旅游、进出口加工、物流、服务等功能,最终向"自由贸易区"方向发展。

满洲里边境经济合作区于1992年经国务院批准建立,享有国家级开发区的优惠政策,经济合作以开发新技术产业为主导方向,向多功能、多产业方向发展,逐步成为新兴的出口加工基地。满洲里的东湖创汇农业区、能源开发区以及国际贸易旅游城的建设都是围绕这一项目展开的。2010年,中国内蒙古满洲里互市贸易区负责人与俄罗斯后贝加尔斯克区区长就在中俄互市贸易区的基础上建设中俄跨境经济合作区的有关事宜进行了磋商,双方都希望采取积极措施,共同推进各自的工作,进行基础设施建设,尽快为建立中俄跨境经济合作区奠定基础,促进两国边境地区的共同发展。

2. 中俄绥芬河跨境经济合作区发展战略

绥芬河市位于黑龙江省东南部,与俄罗斯滨海边疆区接壤,距俄对应口岸波格拉尼奇内21公里,距俄远东最大的港口城市海参崴210公里,有公路、铁路两个国家一类口岸,是中俄边境线上最大的陆路口岸之一。1999年经中俄两国政府外交换文批准设立中俄绥芬河-波格拉尼奇内互市贸易区。多年来,国家相关部委和省委、省政府对互市贸易区项目建设高度重视,并给予了大力支持和帮助。2009年,绥芬河市被商务部列为推进中俄跨境经济合作区建设试点。中俄绥芬河跨境经济合作区前身是绥芬河-波格拉尼奇内边境互市贸易区(以下简称中俄绥-波贸易综合体)。中俄绥-波贸易综合体是1997年5月经黑龙江省政府批准设立,1999年6月2日经中俄两国政府外交换文确认的第一个全封闭式贸易区,位于中国黑龙江省绥芬河市公路口岸与俄罗斯滨海边疆区波格拉尼奇内边境线两侧。2002年黑龙江省政府与俄罗斯滨海边疆区政府签署协议,确定了中俄绥-波贸易综合体建区方案。2004年8月由绥芬河市政府引入中俄战略投资者上海世茂集团与俄罗斯滨海信息集团共同投资、合作兴建，总占地面积为4.53平方公里，其中中方1.53平方公里、俄方3平方公里。中俄绥-波贸易综合体是以国际贸易为基础，以投资合作为主导，集贸易、旅游、商务、会展、金融、物流、加工等多功能于一体的跨境综合经济区。2006年中俄双方均在各自区域内完成了一期工程。目前，中俄双方已累计投资14亿元。中方完成了72万平方米的区域封闭及联检设施建设，建成了8.3万平方米的国际商展中心和4.9万平方米的五星级假日酒店。道路、管网以及人工湖、水渠等基础设施和生态环境建设已经竣工。俄方完成了80万平方米的区域封闭及联检设施建设，具有综合功能的8500平方米的联络中心以及水渠、照明灯配套设施已经建成。但由于中俄两国关于贸易综合体的管理政策迟迟不到位，加之原有的功能定位已经不适应当前中俄经贸合作发展的现实需要，因此，2007年绥芬河市政府提出在中俄绥-波贸易综合体的基础上进一步建立中俄绥芬河跨境经济合作区的构想。中俄绥芬河跨境经济合作区是新的区域发展模式，是中俄绥-波贸易综合体功能的升级转型。绥芬河市政府十分重视推进"中俄绥-波贸易综合体"向"中俄绥芬河跨境经济合作区"的过渡。中俄两国政府对建立中俄绥芬河跨境经济合作区高度重视，并一致认为已具备建设跨境经济合作区的条件。中俄绥芬河跨境经济合作区建立的设想也得到了中国和俄罗斯两国国家领导人的重视。2008年时任政协主席贾庆林、国务院副总理王岐山到黑龙江省进行调研，也同意在绥芬河市建立中俄绥芬河跨境经济合作区，并对该项目给予了肯定。外交部领事司与俄罗斯驻华大使馆就中俄绥-波贸易综合体政策落实问题举行了会谈，有力地促进了政策落实的进展。同时，绥芬河市政府积极进行招商引资工作，成绩十分显著。2008年在中俄绥-波贸易综合体的国际商展中心成功举办了首届中国名优商品展销会和第四届牡丹江国际木业博览会，2009年又圆满举办了第二届中俄政党论坛和第二届中国名优商品展销会。广泛宣传、积极推介、政策吸引带动了整个绥芬河市外贸、旅游业的发展，进而促进了绥芬河市整个社会经济的繁荣发展。

2009年4月，国务院批准设立绥芬河综合保税区。绥芬河综合保税区按照"一线放开、二线管住、区内自由、入区退税"的原则，实行全区封闭监管。绥芬河综合保税区逐步发挥完善国际中转、国际配送、国际采购、转口贸易、商品展销、进出口加工等功能，并建立多元化投融资机制，着重发展以科技、电子、物流等高附加值产品为主的保税业务，为周边及腹地加工贸易企业营造了一个良好的物流发展环境。2009年底，绥芬河综合保税区封关，运行后将拉动绥芬河口岸国际贸易额每年增加20亿美元，还将带动口岸型产业和相关服务业的发展。绥芬河综合保税区的建立并不妨碍中俄绥芬河跨境经济合作区的创建，因为跨境经济合作区除具有保税区的功能外，还具有保税区所不具备的特殊功能，它的建立不仅可以实现中俄两国边境贸易的便利化、规范化和自由化，而且可以充分发挥和利用两国的"差异性效应"。总之，绥芬河市政府力争配合投资企业加快中俄绥－波贸易综合体基础设施及配套项目建设，积极推动中俄绥－波贸易综合体功能的不断升级和完善，创建中俄绥芬河跨境经济合作区，为最终建立中俄边境自由贸易区奠定基础。

3. 中俄黑河边境经济合作区发展战略

黑河边境经济合作区成立于1992年3月，是经国务院批准成立的国家级边境经济合作区，总面积为45.9平方公里，管辖6个产业园区，包括五秀山俄电加工区、二公河俄电加工区，以及正在筹建的黑河光伏产业园、石化工业区、锦河俄电加工区、黑龙江大桥桥头区。黑河边境经济合作区的发展大致经历了三个阶段。第一阶段从1992年到1994年，主要是开展对俄罗斯的边境贸易、地方贸易，以及口岸、新区基础设施建设。这三年的进出口贸易额超过2亿美元。第二阶段从1995年到2001年，主要是开展城市基础设施建设和招商引资，完成了7.63平方公里区域内基础设施的"七通一平"建设。第三阶段从2002年至今，主要是开展园区和大项目建设。近年来，黑河边境经济合作区制定了"贸易营造优势，产业构筑强区，环境塑造形象，服务推动发展"的工作思路，积极构建从对外贸易到加工制造业，再到国际性流通服务业的发展框架，重点培育了原材料加工、有机化工、医药化工、进出口加工等产业。现已投入使用的园区有两个。一个是五秀山俄电加工区。该区是依托俄电资源优势而设立的新型基础原材料加工区。2002年7月，原国家经贸委等九部委正式批准实施黑河对俄购电项目；2003年6月，五秀山俄电加工区开工建设；2004年4月1日，俄电正式输入五秀山俄电加工区。该区规划面积为1.8平方公里，区内重点发展工业硅、多晶硅、碳化硼等硅硼新型材料加工业。另一个是二公河俄电加工区。该区规划面积为3.1平方公里。区内重点发展有机化工业、医药化工业、进出口加工制造业、农副产品出口加工业。园区于2006年6月开工建设，1.5平方公里启动区内的基础设施已达到"五通一平"，累计完成基础设施投资9457万元。截至2010年6月，黑河五秀山、二公河两个园区入区超千万元工业项目达到18个，其中建成投产企业9家，在建项目3个，近期开工建设项目6个。除了以上两个已投入使用的园区外，2011年黑河边境经济合作区将重点建设产业项目11个，年度计划投资10.6亿元，其中包括建成投产的6个、加快建设的2个、开工建设的3个。另外，在对俄合作项目上，黑河边境经济合作区将重点支持阿穆尔－黑河边境油品储运与炼化综合体项目，并将该项目首站别列佐夫卡石化工业园纳入境外经贸合作区体系，成为中俄跨境合作的典范。

4. 中俄珲春－哈桑跨国边境经济合作区发展战略

中俄珲春－哈桑跨国边境经济合作区的建设包括中国珲春市和俄罗斯哈桑区南半部地理毗邻的地区，面积各约3000平方公里。它的总体开发模式是以港口为龙头，以口岸为枢纽，以线路为纽带，以腹地和城镇为基地，以物流为载体，集现代物流、出口加工、国际贸易、跨国旅游于一体的边境经济合作区。该合作区是中俄互市贸易区功能和职能的深化扩展，并借鉴了云南姐告边境贸易区的先进经验，积极争取"境内关外""海关后移"的政策支持，使其具有对内相对自由、对外具有开放性的特点，并允许第三国人员、货物自由进出，有利于吸引其他国家参与合作。中俄互市贸易区是中俄珲春－哈桑跨国边境经济合作区中方一侧的特别功能区。2001年2月1日，经国务院批准中俄互市贸易区设立，占地面积为9.6公顷，中俄互市贸易区距中俄珲春铁路口岸0.5公里，距中俄珲春口岸8.7公里。中俄互市贸易区于2001年12月7日启动试运行，2005年6月1日转入正式运行。区内道路、通信等各种基础设施十分完备，宾馆、公寓等服务功能较全。中俄互市贸易区自成立以来，共实现俄罗斯边民入区20多万人次、互市贸易交易额30多亿元。特别是2006年4月对俄旅游购物贸易恢复开通以来，俄罗斯边民进入互市贸易区的人数逐步上升，交易货物量不断扩大，2006年实现俄罗斯边民入区2.4万人次、互市贸易交易额5.2亿元；2007年实现俄罗斯边民入区4.8万人次、互市贸易交易额7亿多元；2008年实现俄罗斯边民入区6万人次、互市贸易交易额2.19亿美元。区内正在进行可研的珲春东北亚国际商都项目，已引起国内外开发商的密切关注和浓厚兴趣。该项目计划通过三期开发建设，把珲春中俄互市贸易区发展成为对外辐射俄、朝、韩、日等国乃至整个东北亚，对内辐射百公里以内周边城乡的综合性国际批发市场。珲春中俄互市贸易区自建立以来，有效地带动了吉林省与俄罗斯滨海边疆区的经贸往来，繁荣了两国毗邻地区的经济，提高了双方边民的生活水平，极大地丰富了哈桑区与珲春市的商品市场。随着中国图们江区域国际合作开发战略和长吉图开发开放先导区战略的实施，再加上俄罗斯也开始着手实施远东大开发计划，此地区的合作条件将不断改善，中俄两国的合作意愿也将更加强烈。另外，珲春市是中国通向东北亚的窗口，周边分布着俄罗斯的波谢特、扎鲁比诺、海参崴等众多港口，这些自然条件也为区域内进一步开展跨境经济合作提供了便利，因此，吉林省珲春地区正逐渐成为中俄跨境经济合作的先行区。

总之，随着中俄两国政府推进毗邻地区合作的不断深化，以及中国东北地区谋划的"沿海－沿边"战略和黑龙江、吉林、内蒙古打造的"沿边开放先导区""长吉图开发开放先导区""口岸经济区"战略布局的形成，中俄两国的跨境经济合作战略将逐步实施并产生巨大的效益。

5. 中俄跨境经济合作区发展战略评价

中俄跨境经济合作区的建立不仅可以实现中俄两国区域经济合作的便利化、规范化、自由化，而且是中俄两国边境贸易合作模式的进一步升级，也是中俄互市贸易区和边境经济合作区的进一步发展。建立中俄跨境经济合作区是目前解决中俄区域经济合作中出现的问题的最佳方式。

第一，可以缓解俄方对中方劳务人员输入的限制，俄罗斯劳动力资源匮乏，但它又担心劳务人员过多进入俄罗斯境内工作。因此，中俄在跨境经济合作区内可以采取深圳－香港用工方式，白天中方劳务人员到俄方区域工作，晚上回到中方区域休息。这样既可以解决俄方劳动力资源短缺的问题，又能够消除俄方对"中国人口扩张论"的顾虑。

第二，可以消除中俄双方企业对投资合作的顾虑，尤其是中方企业对在俄投资的担忧。由于俄方投资环境相对较差，政策不稳定，人身安全得不到保障，中方企业对在俄投资的顾虑较多，而在跨境经济合作区内既可以方便设备、产品和人员的出入，又可以保证双方的安全。

第三，可以缓解资源进口的矛盾，促进中俄资源产业合作。中俄跨境合作可以利用双方各自的优势，如中方的技术、机械、劳动力，以及俄方的土地、厂房等进行合资建厂，中方可以将进口资源加工企业的生产环节在跨境合作区内完成，这样既可以消除俄方对原材料、资源出口的过分担忧，又可以满足中方对资源的需求，真正体现中俄双方互利共赢的原则。

第四，有利于形成跨境产业链。中方企业可以在跨境经济合作区内将生产的半成品进行加工，与俄方共同组装成成品，由"中国制造"变成"俄罗斯制造"进行销售，这样可以规避欧美对中国家具、服装等商品的贸易壁垒。

第五，在跨境经济合作区内，可以对中俄经贸合作及管理方式进行体制和机制上的探索与实践。例如，对于中俄本币结算问题，可以在区内设立卢布与人民币交易所，在此区域内试行卢布现钞调运，区内区外企业都可以在此中心进行结算；中俄双方企业在跨境经济合作区内试行互免互让政策；中俄双方公民可持护照及其他有效简化证件进入跨境经济合作区；中俄双方共同成立区内管理协调委员会，探索中俄双方共同管理跨境经济合作区的运行机制；等等。

第六，便于集中中俄双方名优特色商品进行展示展销，形成商品集散中心、物流中心。中俄双方企业可在对方区域内设立商展中心，长期集中展示销售各自产品。这样可以解决由于商品产地分散、产销脱节、质量认证、售后服务、运输不便、信息不畅等多方面原因而给企业带来的不便。

建立中俄跨境经济合作区，是促进双方经贸投资合作的有效措施，是中俄边境地区合作体制和机制的创新，是中俄互市贸易区和边境经济合作区的进一步发展。中俄跨境经济合作区的建立，可为提升中俄边境地区经济合作水平做出贡献，也可为最终建立中俄边境自由贸易区奠定坚实的基础。

三 "飞地经济"模式与中俄毗邻地区经济合作战略

中俄毗邻地区在中国与俄罗斯两国中都属于相对比较落后的地区。虽然在国际金融危机的背景下，中国与俄罗斯在这一区域的经济合作日趋紧密，双方的经贸合作也呈现蓬勃发展的态势，但从两国经济合作的规模看，其对经济的带动作用还没有显现出来，还远远不能适应两国互动发展的需要。因此，中俄两国亟须建立破解这一难题的合作模式，而建立中俄"飞地经济"模式的合作可以说是一种有益的尝试。

1. "飞地经济"的内涵和发展模式

所谓"飞地"，原指远离本国领土用于外交、军事、科学或其他目的的地块，或指一个行政区的土地中与其成片分离，并坐落于其他行政土地范围内的零星土地。[①] 本书中的"飞地经济"是指两个互相独立、经济发展存在落差的地区，打破行政区域划分的限制，把"飞出地"的资金和项目放到"飞入地"的区域，通过规划、建设、管理和税收分配等合作机制，进行跨空间的经济开发，从而实现两地资源互补、经济协调发展、互利共赢的持续或跨越发展的一种区域经济合作模式。

"飞地经济"早在15世纪欧洲殖民主义者进行殖民掠夺时就已产生，可以说西方殖民主义者是最早的"飞地"实践者。我国最早使用"飞地经济"一词源于改革开放之初的一些沿海经济特区。20世纪80年代，我国开始实施改革开放的政策，按照党中央和国务院的指示与部署，我国首先将深圳、珠海、汕头、厦门等作为经济特区进行重点建设，取得显著成果后，于1988年在海南省设立了最大的经济特区，1990年又开发上海浦东，形成了沿海地区开发开放的格局。沿海经济地区由于其经济优惠政策而成为吸引外资的热点地区，也逐步形成外资加工企业的集聚地，这在一定程度上使沿海地区成为国外企业在中国的"飞地"，从而促进了我国东部沿海地区经济的迅速发展。但我国实行这一"非均衡发展"的战略，也导致我国沿海地区与中部、西部、东北地区的经济发展和经济增长出现了不协调且差距越来越大的局面。为了缩小区域经济发展的差距，很多经济学家也在探讨利用"飞地经济"模式的示范效应，使其向内陆地区延伸，这一模式先后在我国许多地区成功实施，并取得了良好效果。例如，广东省就曾利用"飞地"政策推动了珠三角产业的转移。2008年，随着珠三角企业向外扩张和转移的要求日益迫切，广东省积极采取"飞地"产业转移这一模式，由珠三角城市与欠发达的粤北地区联合，建立了产业工业园区，不

---

① 刘晓春、李技：《曹妃甸开发区"飞地经济"发展初探》，《港口经济》2007年第4期，第43页。

仅为转移企业提供了服务和支持，而且有力地促进了区域经济的协调发展，达到了共同发展的目的。事实证明，"飞地经济"是区域发展过程中的一种模式，它是经济相对发达地区将资金、项目等要素输入经济不发达地区并与这一地区提供的生产要素相结合，由前者进行管理，产生利益后，以一定的利益分配机制进行分享，进而实现地区之间发展双赢的目的，这对扩大两个区域或地区的合作广度，加深两地合作的深度，起着非常重要的作用。

"飞地经济"发展模式一般有两种：一种是"借鸡下蛋"，即有些经营发展较为成功的地区或企业，由于其所在地区土地资源限制等原因，无法获得更广阔的发展空间，便选择其他有发展潜力的地区进行扩大规模发展，把企业的一些投资和招商项目放到行政上隶属乙地的工业园区，从而借其他地方的园区发展自己的项目；另一种是"筑巢引凤"，即一些区位等条件好的比较发达的地区因其能够提供较好的基础设施及服务，允许其他行政区的企业来到这一区域进行投资建厂或划出专门区域供其经营与发展。这两种模式都要通过建立合理的利益分配机制来实现"飞出地"与"飞入地"的共同发展和互利共赢，同时带动当地实现经济发展的目标。

2. 中俄"飞地经济"模式发展战略的初步实施

辽宁省对"飞地"和"飞地经济"模式的认识已经积累了一定的实践经验。早在2006年，辽宁省就在辽西锦州湾沿海经济区域内设立"飞地"，并实施优惠政策，吸引辽宁中部地区的朝阳市和阜新市在区域内确定的若干平方公里的"飞地"内设立企业，取得了很多开展"飞地经济"模式合作的经验。随着中俄两国政府推进毗邻地区合作的不断深化，中国东北地区各省区间打破行政区域限制，采取"飞地经济"模式加强合作，形成合力开展对俄合作已成为一种趋势。当前，中国东北地区谋划的"沿海–沿边"战略的框架已基本形成。一是沿大连向东，经辽宁丹东、吉林珲春至俄罗斯海参崴、纳霍德卡等港口，在加强与俄远东合作的基础上，进一步开展对日、韩的多边合作，形成"东线"。二是依托辽宁"沿海经济带"的辽西沿海开放区，以州港为对外开放门户，沿辽西向西延伸，通过与内蒙古东部地区"沿边"口岸的连接与合作，经蒙古国辐射到俄西伯利亚地区，形成"西线"。三是承接黑龙江、吉林、内蒙古打造的"沿边开放先导区""长吉图开发开放先导区""口岸经济区",加强"内联外开",在黑龙江省的对俄各口岸,形成"沿海战略"外延的"中线"。作为上述东北四省区的战略布局,东北四省区拟建设"飞地"合作区,以扩大相互间的开放,形成中俄地区间的战略合作互动。在实施"沿海"与"沿边"的战略互动中,辽宁可在黑龙江、吉林、内蒙古三省区沿边口岸开辟"飞地",如在吉林珲春、黑龙江绥芬河、内蒙古满洲里等口岸开辟"飞地",黑龙江、吉林、内蒙古可选择在辽宁沿海产业带开辟"飞地"。其中,在满洲里对俄口岸建设辽宁对俄合作的"飞地"更加具有现实意义。因为,中国的满洲里、海拉尔,俄罗斯的后贝加尔斯克、赤塔以及蒙古国的乔巴山形成三国交界地区,在资源结构、产业结构和市场需求等方面的互补性较强,近年来经贸合作发展十分迅速。特别是经过多年的建设,内蒙古已经形成了以满洲里铁路口岸和公路口岸为主,以海拉尔航空口岸为核心的对外开放格局,中、俄、蒙互开的边境口岸不断增加,形成了非常活跃的中、俄、蒙三国区域合作地带,其未来的合作前景十分广阔。同时,把辽宁招入的项目和资金放在内蒙古的口岸城市,通过建立完善的利益分配机制,既最大限度地化解了辽宁省对俄合作的地缘劣势,又充分发挥了辽宁省的工业、产业优势,在一定程度上拉近了与俄罗斯的距离,也带动了内蒙古当地经济的发展,最终实现了"飞地经济"模式所追寻的互利共赢的目标。因此,"飞地经济"模式可以将东北四省区的分散力量尽可能地整合起来,促成一些大项目的达成,解决对俄合作中的无序竞争问题,提升中俄区域经济的合作水平。

3. 中俄"飞地经济"合作战略的评价

通过对中国利用"飞地经济"模式促进区域经济协调发展的成功经验的总结,我们认为"飞地经济"模式可以成为促进中俄区域经济合作全面提升的一种可行的战略模式。

首先,随着中国"振兴东北"与俄罗斯"开发远东"战略的实施,中俄两国毗邻地区的经济合作日渐加速,但在合作的过程中,中俄两国也面临各种各样的瓶颈与困难,采用"飞地经济"模式可以打破合作中的一些瓶颈。一是打破投资瓶颈。中俄毗邻地区的区域经济合作发展动力不足,地方财力较弱,基础设施建设投入明显不足,且基础设施建设的投资较大,若完全依靠当地政府投资,财政压力很大。因此,采用"飞地经济"

模式，利用优惠政策与条件吸引发达地区的资本加入这一区域的建设中，可以解决制约中俄区域经济合作投资难的问题，有利于形成市场化、多元化的投资主体。二是打破招商瓶颈。基础设施建设完成后，就要招商引资进行各种项目的合作。中俄只有依托项目合作，经济合作才能蓬勃发展。如果项目完全依靠政府引资和招商，会产生信息资源、人力资源有限，不利于吸引企业的弊端。采用"飞地经济"模式，通过建立完善的利益分配机制，从而调动"飞出地"政府及企业的积极性，将招商项目引入中俄毗邻地区，有利于解决招商项目不足的问题。三是打破管理瓶颈。中俄毗邻地区可以通过"飞地经济"模式，解决人员、人才的引进问题。同时，还能引入先进的管理经验，使中俄毗邻地区落后的发展理念有所革新，在一定程度上解决合作管理方式落后的瓶颈问题。

其次，中国东北地区工业基础较完备，人才较集中，同时中国东北四省区中黑龙江的"哈大齐工业走廊"、辽宁的"沿海经济带"、吉林的"长吉图开发开放先导区"和内蒙古的"沿边开发开放区"等战略的实施，为东北地区的经济发展提供了强有力的政策支持，也为发达地区项目和资金的"飞入"创造了良好的条件。另外，中国东北地区内蒙古、黑龙江、吉林与辽宁之间也应转变传统观念，打破行政区划的束缚，整合区域内资源，与俄罗斯东部地区寻求经济合作，通过"飞地经济"模式，建立广泛的经济协作关系，实现"飞出地"与"飞入地"经济共同发展，使中俄两国的经济和产业优势得到充分发挥，促进两国区域经济合作更好更快地发展。

最后，"飞地经济"作为实现互利共赢的经济发展模式，能够充分调动中国沿海发达地区和中俄毗邻欠发达地区的积极性，使"让我合作"变为"我要合作"，这对促使中俄两国产生长期的合作认同起着重要的作用。另外，加快完善区域协调发展的合作机制，是我国"十二五"时期的重要任务，"飞地经济"模式也将成为区域经济一体化发展的重要载体。因此，在中俄关系紧密但经济发展又存在很大差距的区域间，采用"飞地经济"模式，不仅可以使中俄欠发达地区为发达地区提供"飞地"，而且可以在经济发达地区划出"飞地"供中俄落后地区使用，最终使两地共享发展成果。

4. 实施中俄"飞地经济"合作战略应注意的问题

中俄选择"飞地经济"模式存在一些不容忽视的问题，这些问题的存在很可能制约"飞地经济"的正常运行，因此，在选择这一模式时，中俄两国应予以充分重视。

第一，市场容量问题。一般而言，"飞出地"将其产业带入"飞入地"后，其生产的产品将在"飞入地"原地消耗，进入当地的市场销售，或运回"飞出地"进行销售。但大多数情况下，"飞出地"的产品在"飞入地"的市场进行消耗。因此，中俄选择"飞地经济"模式之前，应考虑"飞入地"的市场规模、消费潜力和市场的承受能力。在选择"飞地经济"模式合作和"飞地"选址过程中，必须广泛进行市场调研，收集消费市场的信息，处理好日后相关的产品销售等问题，尽量减少选择市场不当造成的对其区域经济发展产生障碍的情况出现。

第二，文化观念差异问题。相通的文化可以为"飞地经济"模式的合作带来有利条件，减少两国地区之间或两个地区中企业与政府之间的交流沟通障碍。因为文化观念的差异会导致双方对某一问题的看法存在分歧，会阻碍经济上的合作，所以两国在选择"飞地"时，应选择中俄地理位置接近的地区和文化观念相互认同的地区，从而减少可能产生的摩擦。同时，要深入"飞地"地区了解其历史文化背景和政策，并通过加强宣传、引导等方法，更新观念，尽可能达成合作认同，促进"飞地经济"发展。

第三，利益协调问题。处理"飞入地"与"飞出地"之间的经济利益是发展"飞地经济"的一大难题。在"飞地经济"发展过程中，始终存在利益冲突与矛盾。如何构建利益协调机制，更好地处理双方的利益关系，是选择"飞地经济"模式必须思考的问题。由于中俄两国采取"飞地经济"模式涉及国家主权和利益让渡问题，因此两国政府要进行充分的协商与谈判，建立合理、科学的利益机制，减少潜在的合作冲突。

总之，"飞地经济"模式是区域经济协调发展和互利共赢的区域经济合作模式，为中俄两国经济合作提供了新的途径，对中俄两国提升区域经济合作水平具有重要的现实意义和深远影响。

四 建立中俄自由贸易区的战略构想

中国改革开放的实践证明,在发展布局上必须坚持局部突破、梯次发展。实现局部突破必须依靠深度解放思想和强力政策投入。党的十七大报告首次提出"实施自由贸易区战略",这是为适应进入 21 世纪区域经济一体化加速发展的趋势而提出的。自由贸易区战略是我国参与区域经济一体化的重要形式。尤其是 2013 年 9 月 18 日国务院批准了《中国(上海)自由贸易试验区总体方案》,建立了中国(上海)自由贸易试验区,这是党中央、国务院在新形势下推进改革开放的重大举措,对加快政府职能转变、积极探索管理模式创新、促进贸易和投资便利化,为全面深化改革和扩大开放探索新途径、积累新经验,以及全国深化改革开放具有重要示范意义。我国实施自由贸易区战略的目的是:通过建立双边和区域自由贸易区,进一步促进国内经济改革和结构调整,提升我国经济的国际竞争力;确保国家和企业的根本利益;促进与我国建立自由贸易区的各国的经济发展,实现互利共赢、共同发展,提高区域整体实力和地位。

1. 建立中俄自由贸易区的背景

目前,我国已开始实施和在谈的自由贸易协定已超过 10 个,与对象国的贸易额约占我国对外贸易总额的 25%。而美国与欧盟自由贸易协定对象国的贸易额约占各国对外贸易总额的 40%。可见,我国未来进行自由贸易区谈判的范围是相当有限的。全球具有一体化规模的经济体有 60 多个,除欧美外,其余重要国家所剩不多,我国与最终能够建立自由贸易区的对象国的贸易额最多只能占我国对外贸易总额的 40% 左右,空间和范围的选择非常有限。因此,我国参与和推进区域经济合作所遵循的战略方针是"先易后难、先近后远、由浅入深、逐步推进"。先易后难,就是先与和我国没有历史矛盾、没有贸易纠纷、谈判难点少的国家谈;先近后远,就是把周边国家和地区作为优先开展区域经济合作的区域;由浅入深,就是先进行贸易投资便利化的谈判,时机成熟后再启动贸易投资自由化的谈判,最后朝经济一体化方向发展;逐步推进,就是既要有紧迫感,主动出击,务实合作,又要做好考虑复杂性的准备,讲究策略,循序渐进。根据这一战略方针,周边国家是我国优先考虑建立自由贸易区的重点合作对象,因为周边国家是我国利益比较集中的地区,加强与这一地区的国家开展合作对我国具有重要意义。目前,我国与东南亚的东盟十国和南亚的巴基斯坦已签署了自由贸易协定,正在与南亚的印度和东亚的韩国探讨签署自由贸易协定的问题。从我国与周边国家参与区域贸易安排的进程来看,只有北部的俄罗斯、蒙古国和中亚的一些国家与中国尚未商谈自由贸易安排。而这些国家对中国又是至关重要的国家。俄罗斯是世界上国土面积最大、人均占有资源量最多、发展潜力最大的国家。俄罗斯2008年的经济总量已跃居世界前十位。中俄有着4300多公里的漫长的边界线,毗邻地区广阔,两国又都是上海合作组织中重要的成员国。如果中俄两国能够适时开展区域经济合作,最终建立自由贸易区,实现两国贸易投资自由化,将对两国经济和世界经济的发展起到重要的作用。但由于中俄两国沿边区域的经济发展水平、社会人文条件和基础设施建设还存在明显不足,中俄两国一步到位建成规范的国际自由贸易区尚有相当大的难度,特别是由于中俄周边国家均为发展中国家,经济技术发展落后,且差异性较大,有些国家还存在政治争端,多边利益关系不好协调,因此,建设大范围的自由贸易区的困难很多,进展也很缓慢,而如果在中俄两个国家的边境地区建立自由贸易区则比较容易,况且它也是区域经济组织到自由贸易区的过渡形式,通过建立跨国边境自由贸易区来促进国家间的经济贸易合作,在国际上已有成功的例证,如美墨边境自由贸易区。中国境内也有试验典型,如建设中的横跨中哈两国的新疆维吾尔自治区霍尔果斯国际边境合作中心等。中俄毗邻地区有建立涵盖贸易、加工、金融、服务等功能广泛,内容丰富的综合性边境经济合作区的基础,因此,中俄双方应发挥经济互补和地缘、资源优势,创建别具一格的中俄自由贸易区,这是中俄两国经济合作发展的趋势。

我国与俄罗斯边界一侧的大多数行政区(如满洲里市、绥芬河市、黑河市)距离边界线在20公里以内,在此建立边境自由贸易区符合国际惯例有关"在一定半径距离内,只要有一个国家对另一个国家的口岸有国际中转业务需求,就有必要建立自由贸易区"的一般规则和世贸组织有关不断促进贸易自由化的宗旨。因此,筹建中俄自由贸易区不能急于求成,中国应制定跨国边境自由贸易区的整体规划和配套政策,按照循序渐进的原则,创造条件逐步把东北地区的满洲里和绥芬河两个跨国边民互市贸易区、跨国边境合作区升级为自由贸易区，取得经验后，再将边境地区的自由贸易区范围扩大到俄远东地区与中国东北地区、俄东西伯利亚地区与中国内蒙古及华北地区、俄西西伯利亚地区与中国西北地区三个区域性经济合作区和上海合作组织的自由贸易区。按照这样的思路，创建中俄自由贸易区必须依靠中俄双方的共同努力，才能实现这一目标。

2. 建立中俄自由贸易区的必要性

首先，建立中俄自由贸易区有利于消除关税壁垒，促进区域内贸易规模的扩大。从中俄经贸合作的实际情况看，高关税仍是中俄两国扩大贸易与经济合作规模的重要障碍之一。根据国际贸易通用的 GTAP 模型数据库估算出中国与俄罗斯之间的综合平均关税率（包含非关税壁垒在内），俄罗斯对中国的平均进口关税率为 14.1%，中国对俄罗斯的平均进口关税率为 6.1%。对有关企业的问卷调查表明，65% 的企业认为，俄罗斯的高关税影响了企业的经营活动，甚至成为企业经营活动的主要障碍。高关税是区域内贸易活动的主要障碍，制约了区域内货物的自由流动和贸易规模的扩大，直接影响了区域经济合作的效果。因此，建立自由贸易区的首要任务就是要消除关税壁垒，实行进出口商品零关税。如果这一目标能够实现，那么中俄区域内的贸易规模将急剧扩大，区域经济合作的效果也将迅速显现出来，中俄双方都将从中受益。

其次，建立中俄自由贸易区有利于促进区域经济全面发展。建立中俄自由贸易区，实现贸易投资的便利化和自由化，可以将消除关税和非关税壁垒措施相结合，不仅能够带来区域内的贸易增长，而且可以促进区域经济合作取得实质性的成效，从而带动中俄两国经济的发展，促进就业，提高两国人民的福利水平。目前，中俄区域经济合作过程中遇到的一些障碍和非关税壁垒与高关税密切相关，如贸易秩序不规范、走私问题、通关中的腐败行为等。如果建立自由贸易区，取消关税壁垒，这些问题便会迎刃而解，区域经济合作的效果会大大提升。

最后，建立中俄自由贸易区有利于应对其他区域经济合作组织的挑战。目前，在世界不同地区存在由不同国家主导的区域及次区域合作组织，贸易便利化和贸易投资自由化都是这些组织开展区域经济合作的基本方向。如果中俄之间不提出更高的发展目标，并为此做出努力，那么将在激烈的竞争中始终处于劣势，并将长期失去应有的作用和吸引力，这不利于中俄两国的长久发展。建立中俄自由贸易区可以使中俄两国的区域经济合作提升到一个新的平台,超越目前的一些次区域经济合作水平,从而巩固中俄两国在亚太地区乃至世界的地位,并保持相当的竞争优势,为两国的长远发展创造有利的条件。

3. 建立中俄自由贸易区的可行性

首先,从历史上看,中俄两国具有开展自由贸易区的良好传统。自17世纪初沙俄与清政府签订一系列条约,全面开放了黑龙江和乌苏里江沿岸地区,在长达数千里的中俄边界上建立了以界河为中线、两岸各宽50俄里的自由贸易区,规定"两国贸易在百里内,均不纳税","俄国境内之中国人,均得以自由进行贸易活动,对于在进行通商活动场所的商人,滞留期限未予规定,可以自行其便","中国商人愿往俄罗斯内地亦可"。根据这些规定,大批的中国商人纷纷来到边境地区从事贸易和到远东地区进行商业投资。据统计,早在19世纪末,远东地区中俄自由贸易区的年贸易额就超过50万卢布,1893～1894年达到300万卢布以上,为俄国在远东地区建立和发展农业及民族工业提供了强有力的保障。另外,中俄边关的互市和经贸往来也是中俄两国关系的重要内容。中俄双方于1727年签订了《恰克图条约》,决定在恰克图建立互市区,允许两国边民在所规定的区域内进行免税贸易,这就是当时历史上非常有名的恰克图互市贸易。这段历史记录了以恰克图为中心的中俄跨界互市区的建立与发展,表明了中俄两国长期睦邻合作、互惠互利发展区域经济的良好传统,同时也是创建现代中俄自由贸易区不可多得的历史遗产。其实,今天绥芬河、黑河等地的互市区就是借鉴了当年恰克图边关互市区的贸易方式和管理方式。

其次,从现实来看,中俄关系发展稳定,创建自由贸易区符合两国和两国人民的根本利益。当今社会,经济全球化已把世界变成一个"地球村",每个国家都不可能长期独立、封闭地发展自己的经济。特别是在后危机时代,中俄两国都面临调整经济发展结构、加速发展经济的迫切任务,需要共同抵御金融危机给两国带来的冲击,因此,创建中俄自由贸易区,发展两国相邻地区的经济合作是一件实现"双赢"的好事。尤其是近年来中俄两国的贸易增长速度较快,据中国海关统计,2005年中俄双边贸易额达到291亿美元,2006年两国贸易额为333.9亿美元,2007年达到了481.6亿美元,2008年为568.3亿美元。受全球金融危机的影响,2009年中俄双边贸易额大幅下降，仅为395.09亿美元。2013年，中俄双边贸易额同比增长1.1%，达到890亿美元。其中，中国对俄罗斯出口增长12.6%，达到500亿美元；而俄罗斯对中国出口较2012年减少10%，为近400亿美元。预计2020年中俄贸易额将达到2000亿美元。中俄贸易额占双方各自对外贸易总额的比重并不高，中俄目前的贸易水平与中俄日益密切的战略合作伙伴关系还很不协调，贸易规模与两国的贸易潜力相距甚远。我们必须清醒地看到，在后危机时代以及全球经济贸易最困难的时刻，中俄两国贸易中的不确定性因素会随时出现。即使我国实现了中俄贸易额达到1000亿美元的目标，也与中俄双方的贸易潜力存在很大差距，因此，实现中俄贸易自由化，深度挖掘和发挥中俄贸易的巨大潜力，积极采取措施，开拓各自市场，应对危机，不断把中俄经济合作推向新的阶段，是中俄两国不得不面临的艰巨任务。

最后，从发展前景看，中俄自由贸易区的建立可以推动东北亚区域经济一体化的进程。虽然目前中俄边境地区的经济合作还处于起步阶段，总体水平不高、规模不大，但两国发展的潜力巨大。一是双方追求共同的经济利益是两国建立自由贸易区的重要动力。二是中俄两国的市场经济体制要与国际并轨。中国已经加入WTO，而俄罗斯也已经成为WTO的一员，这将是中俄建立自由贸易区的一个重要前提条件。因为加入WTO，就意味着必须按照WTO的规则从事国际经贸活动，俄罗斯加入WTO后，中俄双方合作的环境会彻底改观，目前中俄区域经济合作中存在的市场机制不完善，贸易方式不规范，结算、仲裁、保险、司法保障等问题都将得到彻底解决，从而确保自由贸易区的正常发展。三是东北亚国际关系前景会发生重要改变。虽然现在朝鲜半岛出现危机，但是从长远看，东北亚各国的对话会增多，对抗会趋弱。朝鲜多次表明要积极进行国内经济改革，加速发展本国经济。中俄自由贸易区的建立会为东北亚各国带来一种榜样的力量，从而使东北亚地区的区域经济合作成为可能。如果中、俄、朝三国在协调国家利益方面能够相互理解和信任，图们江流域的开发计划便有望取得实质性突破。而中、俄、朝沿边经济合作的发展有可能引来日、韩、蒙等国的参与，从而直接推动整个东北亚经济一体化的进程。反过来，东北亚国际背景的改善也会进一步推动中俄区域经济合作得到巩固和扩大，形成良性互动的局面。

总之，中俄建立自由贸易区是必要的，也是可行的。中俄两国应积极合作进行详细论证，并尽快就此问题进行高层接触。中俄沿边地方政府也可在建立互市贸易区和跨境经济合作区的基础上进一步商讨采取实际步骤，为实施中俄自由贸易区的建设做好准备。

五　黑瞎子岛中俄自由贸易区的战略构想与对策

黑瞎子岛位于中俄边界，地处我国东北部的极角。岛屿四周环水，是黑龙江、乌苏里江两江汇合口的中心岛，具有得天独厚的地理优势。黑瞎子岛的战略地位十分重要。中俄两国共同开发利用黑瞎子岛，可使中、蒙、俄三国共同使用江海联运至日本、韩国、朝鲜和东南亚各国，形成东北亚经济圈经济大循环。黑瞎子岛具有便捷的交通条件，可以促进江海联运，带动东北亚区域经济发展。黑瞎子岛是黑龙江省江海联运的最佳起点，货轮经由庙街入日本海可以直达太平洋，比经大连港至日本要省1/3里程。同时，本区铁路、公路与西伯利亚铁路、俄远东公路相连，也是我国距北美大陆最近的支点，可成为连接亚欧、亚美的"大陆桥"。

黑瞎子岛的开发，可以促进中俄边境两侧的城市群互补发展，具备带动区域经济发展的潜力。黑瞎子岛与俄罗斯哈巴罗夫斯克市仅一江之隔。哈巴罗夫斯克是中俄边境上俄方最大的城市，人口近百万人，是俄远东地区最大的交通枢纽，也是俄远东地区重要的商品集散地，辐射周边数个俄罗斯城市。同时，黑瞎子岛背靠黑龙江省东部煤电化城市群，因此黑瞎子岛已经成为连接两国两大城市群的桥梁和纽带。

1. 黑瞎子岛开发构想与建设现状

（1）空间布局发展构想

目前黑瞎子岛开发的初步规划已经明确，其基本设想是在满足国防建设需求的基础上，在岛上建设国家级自然保护区、综合保税贸易区、国家级旅游度假区、国家级湿地公园、行政管理区、部队防务区等，在岛外建设综合保税加工物流区、生活区和产业园区。

综合保税贸易区。拟设在黑瞎子岛南端，规划面积为10平方公里。主要功能包括国际贸易洽谈、商品展览和销售、现代商务服务（金融、信息、咨询、法律认证等)、国际旅游、休闲文化娱乐。

国家级湿地公园。规划的国家级湿地公园位于黑瞎子岛中方西南部，包括抚远水道中的前代岛、万代岛等，面积约为30平方公里，由河流、岛屿、江滩、沼泽等湿地组成。

综合保税加工物流区。拟设在莽吉塔港口南侧、火车站北侧，并向东展开区域，规划面积为10平方公里。保税区内设进出口货物仓储区、出口货物加工区和口岸物流作业区。区内入住国际贸易、转口贸易、国际物流方面的企业和开展"两头在外"业务的加工贸易企业。

在银龙岛全部区域和黑瞎子岛上，除综合保税贸易区、国家级湿地公园、部队防务区以外，全部区域辟建为国家级自然保护区，并将其列入黑龙江流域中俄跨界自然保护网络。

(2) 区域产业发展规划

在产业发展方面，黑瞎子岛在发展绿色农业、观光农业和旅游业的基础上，重点将以综合保税贸易区为载体发展多种产业，提高产品档次和竞争力。同时，开展江海联运，发展国际转口贸易，形成高效、便捷、低成本物流服务体系。

农业。以建设对俄出口农畜产品和绿色农产品生产基地为发展核心。按照集约化、专业化要求，建设优质绿色大豆生产基地、优质绿色水稻生产基地、大棚蔬菜基地、瓜果花卉等经济品种生产基地；发展渔业经济，加快养殖基地建设，以冷水鱼繁育、养殖和深加工为重点，扩大鲟鳇鱼、大马哈鱼等"名、特、优"鱼类的人工繁育养殖规模。

制造业。依托综合保税区和加工园区，重点发展转口加工、进出口产品加工和本地优势资源精深加工；与俄远东开发规划相对接，利用俄罗斯木业资源，加快发展复合板材、集成材、家具、地板、装饰材料木材加工业和建材业，形成优势产业集群；发挥江海联运枢纽港的优势，进口俄罗斯水产品，在综合保税区进行精深加工，向俄罗斯市场返销；引进国内外大型食品企业，开发农畜产品资源，发展绿色、天然、安全、保健的食品加工业。

经贸业。发展商品展示、商品销售、商业洽谈、旅游商贸、经贸信息服务等各种业态，建成全国对俄经贸科技旅游合作的重要窗口；优先发展俄罗斯市场需求较旺盛的轻纺、机电、食品、建材及装饰材料等产业，大力发展加工贸易，培育壮大进出口主导型产业。

物流业。依托口岸优势和铁路、公路、航空、水运等有利条件，大力发展第三方物流，构建保税物流体系，努力形成面向俄远东、日本、韩国和我国沿海、沿江的高效、便捷、低成本物流服务体系；重点发展江海联运，在尽快形成重大装备运输能力的基础上，积极培育货运资源，努力形成常态化、定期货运航班；加强与国内外物流企业合作，培育现代物流企业集团，吸引对俄进出口货物向黑瞎子岛汇集，构筑对俄物流集散地和配送中心。

旅游业。依据独具特色的资源禀赋，开发生态游、界江游、极地游、异国风情游等景区景点，发掘历史文化题材，突出对俄特色，设计旅游新产品，培育生态旅游产业，形成集教育、科普、休闲、避暑等功能于一体的旅游板块；与俄方共同建立区域旅游多边和双边联合营销机制，促进旅游出入境便利化。

信息服务业。推进电子商务和电子政务发展，建设包括商务投资、金融、港口航运、产品质量检验检疫、旅游、劳动力、科技、文化等综合性和专业性信息在内的国际信息交流服务中心。

文化教育产业。以黑瞎子岛开发为平台，加强俄远东城市群与我国城市群之间文化团体交流、演出、互访、互展等活动；支持和吸引双方各大中专院校到黑瞎子岛设立分校及培训中心，培训经贸专业人才，促进双方文化教育交流。

（3）基础设施项目建设现状

作为一个新的开发区域，基础设施建设是有力的支撑。黑瞎子岛回归后，根据国家批复的总体规划，黑龙江省在黑瞎子岛先后启动了多个基础设施建设项目，包括登岛大桥乌苏大桥及引道工程、岛内主干道工程、莽吉塔港工程、抚远水道综合整治工程等。

乌苏大桥于2010年7月开工。该桥位于黑龙江省抚远县乌苏镇境内，跨越抚远水道，大桥及引道工程全长6.405公里，工程概算总投资6.03亿元，是世界上首座大挑臂钢箱结合梁斜拉桥，被誉为中国"东方第一桥"。乌苏大桥目前已成功合龙，并于2012年10月正式交工通车，这标志着中方将率先实现常态登岛。

抚远莽吉塔深水港设计为1个5000吨级泊位和2个3000吨级泊位，

目前已建成并交付使用，可容纳波音737飞机起降的抚远机场于2012年10月投入使用。这些交通基础建设项目的建成，将大大降低运输成本，并对开发黑瞎子岛、加强中俄两国地区合作、发展对外贸易起到极大的推动作用。

2. 黑瞎子岛建设自由贸易区的区位优势及产业优势分析

从区域产业条件角度分析，中、俄、日、韩四国已经形成较明显的区域产业分工格局。俄罗斯远东地区林业、矿产和能源资源富集，初级产品具有显著的比较优势，国际竞争力极强，而中国在劳动密集型产品上具有很强的比较优势和国际竞争力。因此，中俄两国在贸易结构上的相似性较低，即贸易竞争性低，更多地体现为互补性。董锐（2010）对中俄贸易互补性的实证分析表明，两国的贸易互补性具有持久性并不断改善，符合两国的资源禀赋特点，而且俄罗斯对中国的出口依赖和进口依赖强于中国对俄罗斯的出口依赖和进口依赖，两国的经贸往来空间广阔。[①] 中、日、韩三国的产业结构差异也较大，互补性特征突出。三国的资源禀赋各有优劣，日韩的竞争优势是技术含量高的产品，中国则在自然资源、人力资本方面优于日韩，其竞争优势主要集中于初级产品和初级制成品。如日本在机械与运输设备产品上具有比较优势，韩国在造船、机械制造、电子等产业方面具有明显的竞争优势，而中国在日用品、轻工业产品、食品等方面具有竞争优势。由于东北亚国家具有较强的经济结构互补性，黑瞎子岛建立自由贸易区，可以降低贸易壁垒，提高贸易创造效应和贸易转移效应，从而进一步推动中俄国际经贸发展，加速东北亚国际区域经济合作与发展。

从区位条件来看，东北亚涉及中国东北、朝鲜、韩国、日本、蒙古国和俄罗斯东西伯利亚地区，面积近900万平方公里，拥有3亿人口，在全球经济中的作用举足轻重。目前东北亚区域合作主要是中国东北地区、俄罗斯远东地区、日本海沿岸等相对落后的地区以及朝鲜和蒙古国。其合作主要由地方政府、企业、民间机构推动，政府间的磋商机制并没有达成，也没有建立起双边自由贸易区等制度性合作机制。区内各国经济体制和发展水平存在较大差异，再加上合作机制不完善，导致运输成本高，贸易规

[①] 董锐：《中俄贸易互补性实证分析》，《东北亚论坛》2010年第3期，第51页。

模小，区位优势没有得到充分发挥。同时，东北亚地区的朝核问题、岛屿主权争端、对侵略历史的态度等政治因素，也是制约东北亚区域合作的主要因素。

但从东北亚区域发展战略格局来分析，黑瞎子岛区域合作前景十分广阔。2012年8月，《中国东北地区面向东北亚区域开放规划纲要（2012~2020年）》（以下简称《纲要》）获得国务院批复，东北地区将被打造成面向东北亚开放的重要枢纽，以及先进生产要素集聚的现代产业基地。因此，对外开放通道的建设，将成为提升东北地区开发开放水平的基础性工程。未来两年，东北三省将进一步突破行政区划限制，打通多条腹地与港口连通、内陆与口岸互通的物流大通道，使东北地区打破封闭状态，整体提升对外开放的水平。《纲要》的实施，将为东北振兴注入新动力，较强的互补性将推动东北亚区域合作向更宽领域、更高层次拓展。

《纲要》把东北东部的对外开放作为东北地区对外开放的重点区域加以规划。长期以来，东北地区经济的重心一直处于中部和沿海地区，辽宁沿海经济带、沈阳中部城市群、长吉图开发开放先导区、哈大齐工业走廊成为东北振兴的带动因素。而在全面振兴中，东北地区亟须解决相对落后地区的协调发展问题。目前东北东部14市（州）规划了抚远、绥芬河、丹东等17个边境口岸建设项目，突出口岸优势互补，改造基础设施，增强对俄、对朝贸易集散功能，进一步推动陆海、江海联运，内陆与口岸的联系将进一步加强。随着东北东部铁路和高速公路的开通，抚远作为通道最北端的出口，将成为便捷的出海通道。这对黑瞎子岛自由贸易区的建设，无疑具有重要作用。

同时，俄远东开发战略也给黑瞎子岛自由贸易区的建设带来潜在的机遇。俄罗斯地跨欧、亚两洲，77%的领土在亚洲，远东地区蕴藏着许多储量丰富、经济发展所必需的原料。2010年1月20日，俄总理普京批准了俄罗斯《2025年前远东和贝加尔地区经济社会发展战略》，俄远东地区的新一轮开发即将开始。这不仅对俄远东地区的社会经济发展具有重要意义，而且对俄罗斯的整体振兴也具有十分重要的战略意义。

3. 黑瞎子岛自由贸易区建设的经验借鉴

"境内关外"监管模式的实施使姐告边境贸易区成为开拓东南亚、南亚国际市场的桥头堡，这为我国边境县市建立自由贸易区提供了一个可资借鉴的有效管理模式，对黑瞎子岛开发和建设为自由贸易区也具有指导意义。

姐告边境贸易区位于云南省德宏州瑞丽市4公里的瑞丽江东南岸，是中国对缅贸易最大的陆路口岸，是中缅贸易的"中转站"和"集散地"。姐告边境贸易区是国务院批准设立的率先实施"境内关外"特殊政策的边境自由贸易区，其"境内关外"的特殊监管模式，即以姐告大桥中心横线为海关关境线，联检机构设于大桥西侧，出口货物越过关境线即为出口，进口货物在贸易区内免于向海关申报。姐告边境贸易区具有贸易、加工、仓储、旅游等功能，在区内可开展一般贸易、加工贸易、转口贸易、过境贸易、边境贸易、边民互市和国际经济技术合作。

目前，姐告边境贸易区的贸易形式从过去单一的边境贸易、边民互市扩大到一般贸易、过境贸易、转口贸易等多种形式，经贸合作领域也从过去单一的进出口贸易扩展到双向投资和服务贸易，呈现贸易总额迅速上升、经济迅猛增长的势头，口岸基础设施日趋完善，贸易、仓储、加工、旅游四大功能全面启动，获得了良好的经济效益。姐告口岸的进出口贸易总额占德宏州对缅贸易的85%左右，占云南省对缅贸易的64%左右，占全国对缅贸易的26%左右，姐告进出境车辆和人员分别居全国陆路口岸的第1位和第3位，成为中国边境最大的陆路口岸之一，实现了由边境贸易区向完全的自由贸易区、外向型经济区的转变。

"境内关外"特殊监管模式和一系列优惠政策是姐告边境贸易区发展的根本保证。在"境内关外"监管模式下，中方的出口商品可以随时报关入区享受退税政策，降低了贸易成本；入区商品可等到缅甸边境贸易政策、管制措施和缅币兑换比值对我方出口商品有利时才出境，这样极大地降低了贸易风险；缅甸出口货物可以随时进入姐告边境贸易区进行仓储、加工、销售，促进了缅甸对华出口，缩小了缅甸对华贸易逆差；第三国商品可以转关入区销售，在区内开展过境贸易业务，从而丰富了中缅贸易的内涵，促进了贸易企业的发展。实践证明，"境内关外"监管模式符合边境省份的实际情况，为中缅贸易提供了安全、有效的贸易平台，有利于边疆地区扩大对外开放，促进边境贸易与跨境合作的全面发展。

4. 黑瞎子岛自由贸易区建设的对策

黑瞎子岛保护与开发，事关维护我国领土主权、国际政治、对外开放、边境稳定及生态保护，涉及国家外交大局和整体利益，在国家实施沿边开放战略中的地位举足轻重，对我国沿边开放将产生重大影响。

发展对外贸易、促进跨境区域合作是现阶段黑龙江省经济发展乃至东北亚区域经济合作的关键拉动因素。对于黑瞎子岛这一特定的地理区域来说，要促进这一目标的实现，有两个重要途径：一是建设大港口；二是建设自由贸易区。建设大港口对黑龙江经济振兴具有带动作用，但受松花江内河航道条件所限，不适合建大港口，加之黑瞎子岛的重要战略地位，因此应该在黑瞎子岛规划建设深水港。黑瞎子岛具有建设深水港的天然优势，在非封冻期江面非常开阔，可以通行万吨级货轮，直达庙街入日本海到太平洋。黑瞎子岛建设深水港，对于其建设自由贸易区、扩大国际辐射面亦有重要影响。

为了推进黑瞎子岛保税区建设规划，应逐步向中央政府争取更加优惠的政策支持，实施"境内关外"监管模式，在远期将黑瞎子岛建为自由贸易区，这将比将其建为保税区更能对区域发展产生促进作用。虽然俄方在这一问题上并不主动，但从东北亚六国长期发展角度分析，黑瞎子岛自由贸易区建设仍是必然的发展趋势。

在黑瞎子岛开发中，省级地方政府应建立联席会议制度，明确管理体制，提供组织保障，研究讨论重大事项。同时，应深化对俄战略伙伴关系，创建中俄两国省（州）地方会晤机制，及时协调解决保护与开发具体合作事宜，建立双边推进工作机制，营造良好的合作氛围，从建立边境贸易合作区入手，在远期尝试开展多种货币自由兑换，建立亚元试水区，将黑瞎子岛建成商品自由流通、资本自由流动、货币自由兑换、人员自由进出的自由贸易区。

第六章
长吉图开发开放先导区发展战略

一 创新沿边开发开放模式，推进长吉图开发开放先导区战略

1. 传统边疆开发模式下图们江地区开发开放的困境

图们江地区开发是我国沿边开发开放的重要环节。1991年，联合国开发计划署正式提出了"图们江地区开发项目"并将其列为推动东北亚各国合作的关键项目。我国对图们江地区开发高度重视，1992年国务院把珲春列为首批14个沿边开放城市，赋予其省级外贸管理权，设立边境经济合作区。此后，吉林省设立图们江地区开发办公室，全力支持以珲春为核心的开发开放。1992~2006年，珲春市累计完成固定资产投资129亿元，交通设施、供水设施、供电设施都得到了根本改善，从而实现了由一个落后的边陲小镇到一座新兴的边境城市的历史性跨越。图们江地区的口岸经济也迅速发展，2000年珲春设立出口加工区，2001年珲春又设立中俄互市贸易区，2012年4月13日国务院批准设立中国图们江区域（珲春）国际合作示范区。截至2014年上半年，珲春示范区实施重点项目102个，到位资金达40亿元。珲春已经成为对俄朝重要贸易口岸。

但是，由于图们江地区地处中、朝、俄三国的边缘地带，人口少，经济总量小，发展程度远远落后于经济发达地区。朝鲜是世界上最贫困的国家之一，与我国接壤地区更为落后。俄罗斯与图们江毗邻地区位于俄罗斯最东部，原为军事管制区，地广人稀，经济发展缓慢。我国延边、珲春地区经过20年的开发开放，尽管经济发展较快，但其基础仍然薄弱，该地区城市规模小，人口少，经济实力弱，产业层次较低。尤其是相对于长春、吉林等腹地中心城市的迅速发展，图们江地区的延吉和珲春面临边缘化的

局面。目前延边州的大部分边境县市仍然属于国家级贫困县，图们江地区对外开放的前沿和窗口作用不明显，区位优势没有得到充分发挥，无论是对外贸易还是外商投资都受到很大的局限，严重制约了图们江区域合作开发的深入展开和对外开放格局的形成。

传统的边疆开发开放模式是局限于边境口岸区位、以边境城市为核心的区域发展模式。边境城市一般规模较小，不能有效集聚经济资源并发展成为带动力强的区域性经济中心。尽管各边境城市和边境经济合作区都将引进工业项目视为经济发展的重点，并且通过创办出口加工区、提供税收优惠等方式开展招商引资活动，但总体上看，各项政策的效果并不明显，边境经济合作区和开发区大片土地闲置。有的边境城市和边境经济合作区缺少国内腹地的支撑，与毗邻国家的合作也难以有效推进，陷入"孤岛经济"状态。尽管珲春市也设立了出口加工区，享有较高水平的对外开放政策，但与长春、吉林乃至延吉等区域中心城市的经济联系弱，并且对外通道"通而不畅"，跨国交易费用较高，致使该加工区的产业发展困难重重，在全国出口加工区中的排名比较靠后。而且边疆地区的县级行政单位级别低、管理权限小，在金融、财税、土地、涉外等方面的权力十分有限。多年来，珲春、图们、龙井、和龙、安图等边境县市尽管对图们江地区的开发热情很高，但由于图们江区域合作开发中涉及的通关制度调整、跨国基础设施建设、贸易投资自由化和便利化等方面的事项都属于省级甚至国家级事权范围，仅靠边疆县市的努力很难推动。吉林省的中部城市群皆将辽宁沿海诸港作为出海口，与珲春等延边口岸缺乏产业的链接和物流的联动，因而沿边口岸与腹地中心城市之间尚未形成互动发展的机制。

2.《长吉图先导区规划》提出了沿边开发开放的新思路

《中国图们江区域合作开发规划纲要——以长吉图为开发开放先导区》（以下简称《长吉图先导区规划》）明确了长吉图开发开放先导区的四大战略定位，即我国沿边开发开放的重要区域、我国面向东北亚开放的重要门户、东北亚经济技术合作的重要平台、东北地区新的重要增长极。为实现上述战略定位，《长吉图先导区规划》确定了三个方面的重点任务：一是加快长吉图开发开放先导区建设；二是积极促进长吉图与国内区域联动；三是大力推进图们江国际区域合作。分析《长吉图先导区规划》的指导思想和主要内容，我们发现该规划对图们江地区开发开放提出了一系列新的战略思路。

首先，提出了区域协调的战略思路。近年来，国家陆续批准实施了10余个区域发展规划，主要的战略意图是解决我国经济发展中的区域差距拉大和发展失衡问题。《长吉图先导区规划》也体现了中央推进区域协调发展的战略意图，有17处提到"协调"一词，体现了对协调问题的高度重视。《长吉图先导区规划》明确提出长吉图开发开放先导区要"为全面振兴东北老工业基地和促进区域协调发展发挥促进与支撑作用"。为此，《长吉图先导区规划》不仅要求实现先导区内部边疆开放前沿与腹地中心城市之间的协调发展，"统筹推进长吉图开发开放，促进长吉图一体化发展，形成窗口、前沿、腹地有机联结、功能协调、有效互动的空间布局"，"促进区域内各类城市层次清晰、功能互补、布局合理、协调发展"，而且提出"统筹长吉图区域与吉林省其他地区的协调发展，在对外通道等基础设施建设、产业分工与布局等方面有机联动，合力推进"，加强吉林省与东北其他地区乃至国内长三角、珠三角、环渤海、北部湾等发达地区的协作，与其他地区形成发展合力，共同推进图们江地区开发开放，最终实现边疆与内地协调发展的战略目标。

其次，提出了区域整合的发展思路。为了解决沿边地区经济总量较小、产业基础薄弱的问题，《长吉图先导区规划》明确提出了通过区域整合发展经济的思路。《长吉图先导区规划》在区域空间布局上提出了三大区域整合战略，即在长吉图腹地推进长吉一体化，强化腹地中心城市的支撑能力；在边疆开放前沿推进延龙图一体化，打造边疆区域性中心城市；在珲春开放窗口大力推进跨境区域合作，加强与俄朝毗邻地区的整合，把珲春发展成为图们江国际合作开发的桥头堡。此外，长吉图开发开放先导区还在汽车、石化、农产品加工、光电子信息、冶金建材、装备制造、生物、新材料八大新型工业基地建设，区域物流、特色旅游、文化创意、服务外包、商务会展、金融保险等现代服务业体系建设，交通、水利、能源、信息等基础设施的共建共享、互联互通，生态建设和环境保护，以及建立长效生态补偿机制和生态环境共治机制等方面都做了统筹规划，从各个方面全力推进长吉图区域一体化进程，并作为一个整体参与国际合作。为了建立完善的区域整合机制，《长吉图先导区规划》明确提出要充分发挥市场配置资源的基础性作用，加强政府规划和政策引导，设立综合管理机构，强化在制定和实施区域发展规划、统筹产业布局、推进基础设施建设、解决重大问题等方面的协调职能。逐步打破区域行政界限，推动延龙图行政管理一体化。鼓励区域间、企业间开展经济技术合作，进一步打破行政性垄断和地区性封锁，加快推进市场一体化。

最后，提出了区域联动的推进思路。《长吉图先导区规划》的指导思想是"立足图们江，面向东北亚，服务大东北，全面推进图们江区域合作开发"。要坚持统筹国内与国际合作，打造优势互补、互利共赢的联动发展新格局，努力建设我国沿边开发开放的先行区和示范区。《长吉图先导区规划》把图们江地区开发与吉林省中部经济中心城市的发展结合起来，在促进边疆地区与内陆腹地优势互补和联动发展方面先行先试，推动图们江区域合作开发在更高层次上向纵深发展。《长吉图先导区规划》要求长吉中心城市发挥支撑图们江区域合作开发的直接腹地作用，有选择地将相关配套产业向前沿和窗口地区转移，支持和鼓励企业利用对外通道开展国际物流业。在着力推进长吉图开发开放先导区内部联动发展的同时，加强长吉图区域与国内其他区域的经济联系与合作，建立区域性联合推动机制，实现资源优势互补、产业合理分工、基础设施协同共建、区域经济协调发展，全面推动中国图们江区域合作开发。

3. 创新图们江地区开发开放模式的对策建议

国家对长吉图开发开放先导区的战略定位之一是"我国沿边开发开放的重要区域"，即以长吉图开发开放先导区建设为主体，在促进沿边地区与内陆腹地优势互补和联动发展、开拓陆海联运国际运输新通道、探索沿边地区跨境经济合作模式等方面先行先试，推动图们江区域合作开发在更高层次上向纵深发展，为全国沿边开发开放提供经验和示范。根据我国陆地边疆地区开发开放中面临的普遍性问题，长吉图开发开放应大胆创新，不断探索新的模式。

（1）沿边开放口岸与腹地中心城市联动发展模式。近年来，长吉一体化和延龙图一体化都取得了一定的进展，有了一定的基础。今后应抓住长吉图开发开放先导区上升为国家战略的契机，明确提出长吉图一体化的发展战略，着手编制长吉图一体化发展规划，在产业布局、区域分工、企业集群、管理体制等方面做出统筹规划。只有通过区域一体化的制度创新，才能在体制和机制上把边疆开放前沿和腹地中心城市有机整合起来，形成区域联动发展的新格局。为了推进长吉图一体化进程，2010年5月20日，吉林省委、省政府正式发布了《长吉图规划实施方案》，明确提出成立长吉图开发开放先导区规划实施领导小组及其办公室。该机构将承担组织、协调、指导和推动长吉图开发开放先导区规划实施的职责，在组织上和行政体制上为长吉图开发开放先导区建设提供保障。该实施方案提出了以下推进原则：一是统筹安排，分步实施；二是整合优势，合理布局，努力打破区域内行政壁垒和市场分割，推进长春市、吉林市、延边州联动协调发展；三是强化载体，突出项目，整合提升区域内各类开发区和工业集中区功能；四是创新示范，带动全省，充分利用国家赋予的政策机遇，勇于先行先试，通过加强长吉图与省内其他地区的基础设施共建、产业互补融合，带动全省加快发展；五是分工协作，各负其责，坚持全省统筹、市（州）为主、市场化运作，强化组织领导，建立有效的协调机制，创新区域管理体制，推动区域间协作融合，形成整体合力。

（2）境内合作与跨境合作协同发展模式。沿边地区在进行跨境经济合作中，由于跨境双方都是所在国家经济比较落后的边疆地区，因而跨境合作的深度和广度都受到限制，边境地区合作大多停留在小额易货贸易层次上。为了提升跨境经济合作水平，必须统筹境内区域整合与跨境区域整合。在长吉图开发开放先导区建设中，要通过延龙图一体化以及长吉一体化的境内区域整合，为珲春窗口开放提供有力的腹地支撑，为跨境区域合作提供雄厚的产业基础和货源支撑。各种类型的合作园区和开发区是推进国际经济技术合作和承接国内产业转移的重要载体。长吉图开发开放先导区建设要创新园区发展模式，在加快珲春窗口国际合作园区发展的同时，要积极探索口岸地区国际产业合作园区与内地各类工业园区协同发展的模式和机制。积极争取外交部、商务部的支持，在珲春市建立"中日韩循环经济示范基地"和环保设备制造基地；通过外交和商务渠道，将落户在珲春的日本、韩国、中国香港工业园区纳入中国内地与日本、韩国和中国香港特区政府间合作项目；加快长春中俄国家级国际联合研究中心（长春中俄科技园）、中国－新加坡吉林食品园区、吉林（丰满）韩国工业园、延吉韩国工业园等国际产业合作园，以及落户在长春、吉林的上海工业园、浙江工业园、广东工业园、深圳工业园、台湾工业园等省际产业合作园区建设。只有通过境内合作与跨境合作、国际园区与省际园区、内资与外资的协同发展,才能把境内外优势要素引入边疆地区,加大推动边疆地区开发开放的力度。

(3)境内外交通物流网络统筹发展模式。尽管我国近年来加大了对沿边地区基础设施建设的支持力度,但对外通道仍然处于"通而不畅"的状态。其中,关键的瓶颈问题是对方基础设施没有同步跟进,边疆地区的交通网络大多属于"断头路"。因此,长吉图开发开放先导区的基础设施建设应实行境内外统筹发展的模式,我国应通过境外投资、援建等方式推动境外配套设施建设,使境内的交通物流网络能够与境外连接起来,真正解决对外通道问题。《长吉图先导区规划》提出要"完善区域内综合交通运输体系,以畅通区域对外通道和省际通道为重点,构建南北纵横、东西贯通、布局合理、衔接顺畅、高效一体的立体交通网络"。畅通国际大通道是长吉图开发开放的关键任务,也是先行先试的内容之一。要着力在借港出海、联港出海、连线出境、内贸外运等方面进行探索试验,在努力完善国际合作机制以及加强国家外交、经济和地方政府合作等不同层面协商机制的基础上,围绕与俄朝毗邻地区公路、铁路、港口等基础设施合作项目,中蒙大通道,以及国际空港物流通道等核心建设内容,加快构筑贯通东北经济区、蒙古国通往日本海的国际运输大通道。

二 长吉图开发开放先导区与朝鲜罗先特别市联动发展战略

1. 支持朝鲜罗先特别市开发开放的战略意义

据朝鲜中央通讯社消息,2010年1月4日罗先市正式升格为朝鲜中央直辖的特别市,成为朝鲜继平壤、开城之后的第三个特别市。朝鲜已制定了《朝鲜民主主义共和国罗先经济贸易法》等一系列特殊的法规和政策,提出了一些雄心勃勃的开发建设项目,计划以图们江地区开发为轴心,把罗先-清津地区发展成连接中、俄、朝的东北亚物流和贸易中心。2010年2月,朝鲜成立了"大丰国际投资集团"(以下简称大丰集团),负责吸引外资,推进开发开放工作。大丰集团董事会7名成员中包括朝鲜统一战线部部长金养健(董事长)和被外界视为朝鲜第二号实权人物的张成泽(金正日的妹夫)。尤其值得注意的是,担任大丰集团常务副董事长兼总裁的竟是中国籍企业家朴哲洙(朝鲜族)。这是朝鲜积极呼应我国的《长吉图先导区规划》，在对外开放方面提出的重大决策，对于朝鲜半岛局势稳定和东北亚和平与发展将产生重要影响，我国对此应给予高度关注和积极支持。

（1）支持罗先特别市开发开放对朝鲜半岛局势稳定的重大意义。近年来，美韩日一直鼓噪"朝鲜崩溃论"。据披露，美韩先前已将应对所谓"朝鲜剧变"而制订的概念性"5029作战计划"转变为具有可操作性的"军事行动计划"。韩美部分势力断定朝鲜"注定崩溃"，认为遭到制裁的朝鲜将出现经济停滞、国力衰落、民生凋敝的现象，这势必导致政权威信丧失、民众不满上升、社会不稳加剧，最终引起"民变"特别是"自上而下的内变"，并猜测金正日去世后朝鲜现政权将迅速崩溃。自"天安号事件"以来，美国和韩国更是加强了对朝鲜的制裁和挤压，在黄海展开大规模联合军演，军演中竟然专门设置"战略进攻阶段"，预先演练朝鲜现政权"崩溃"，模拟韩美联军攻入朝鲜，占领平壤。近来，朝鲜由于国际制裁、币制改革失败、遭遇严重自然灾害等原因，正陷入空前严重的困难局面。但有迹象表明，朝鲜为解决目前的困难正在调整政策。金正日2010年连续两次访华，集中、大量地考察了中国经济建设的情况，认为中国的方针政策"非常正确"，并提出要"认真研究中方的做法和经验"。金正日重申"朝鲜坚持半岛无核化的立场没有改变"，愿意"早日重启六方会谈"。尤其是金正恩执政以来，日益表现出对外开放的姿态，在与中国合作开发"两岛一区"项目上更加积极主动。因此，支持朝鲜罗先特别市开发开放，是我国引导朝鲜实行对外开放政策、把半岛局势由军事对峙引向和平发展、维护半岛局势稳定的有利切入点。

（2）支持罗先特别市开发开放对我国主导东北亚和平发展局势的重大意义。在"天安号事件"之后，美国有效地利用该事件解决了与日本和韩国的军事同盟问题，借助激化半岛紧张局势强化了美日同盟和美韩同盟，并顺利解决了驻日美军基地问题和韩国军队指挥权问题，重新掌控了东北亚局势。韩国凭借美国的支持，积极利用"天安号事件"加强对朝鲜施压，除了大规模军演外又提出征收"统一税"，企图借机搞乱朝鲜，乘机统一北方。日本也在美国的支持下对我国实行了强硬的外交路线，在钓鱼岛、东海等问题上的姿态越来越蛮横。自"天安号事件"以来，中韩、中日关系出现了紧张甚至对峙的局面。美国通过在东北亚制造紧张局势，一方面压迫朝鲜从内部生变,另一方面破坏东北亚经济合作,以达到美国重新掌握东北亚局势主导权的目标。近来,日俄、日韩、中日岛礁之争呈现白热化的趋势,东北亚安全局势日趋紧张。我国应抓住朝鲜目前具有对外开放意愿的良机,针对美国要把东北亚局势引向紧张对峙的企图做好战略准备,采取有力措施维护朝鲜半岛的稳定,紧紧抓住合作与发展的主题,通过支持罗先特别市开发开放,推动中朝跨境区域合作和朝鲜对外开放,引导东北亚局势由对峙走向合作、由战争走向和平发展,重新掌握东北亚和平发展的话语权和主导权。

(3) 支持罗先特别市开发开放对实施《长吉图先导区规划》的重要意义。畅通国际大通道是长吉图开发开放的关键任务,是长吉图开发开放先导区快速发展的先决条件和支撑。通道建设要在借港出海、联港出海、连线出境、内贸外运等方面加强运作,才能顺利实现《长吉图先导区规划》的战略目标。同时,推进跨境区域合作,促进跨境旅游和边境贸易,也是长吉图开发开放先导区先行先试的重要任务。长吉图开发开放先导区是经国家批准实施的沿边开发开放、先行先试区域,加强边境地区的跨境合作是先导区建设的关键环节。朝鲜罗先特别市开发开放积极呼应了《长吉图先导区规划》,对我国解决制约长吉图开发开放先导区建设中的对外通道建设和跨境区域合作问题具有重要意义。罗先特别市地处中、朝、俄三国交界的"金三角地区",又是日本海的不冻良港,有铁路、公路与我国延边地区多个口岸连接,朝鲜在这里搞经济开发特区,对长吉图开发开放先导区的发展具有特别重要的地缘优势和战略价值。朝鲜罗先特别市驻延吉代表处首席代表金先生认为,从圈河大桥的朝方一侧到罗津港中心约50公里高等级公路以及罗津港的扩建是朝方优先考虑的建设项目,中国东北地区可以使用罗津港开辟朝鲜东海(日本海)的出海通道。现在罗津港的年吞吐量只有100万吨,且无集装箱码头,朝鲜计划在5年内把罗津港的年吞吐量扩大到300万吨。如果罗先特别市开发开放取得实效,长吉图开发开放先导区的通道建设将水到渠成。

2. 罗先特别市与长吉图开发开放先导区联动发展面临的新形势和新问题

(1) 金正日访问为长吉图开发开放先导区建设与罗先特别市开发开放联动发展提供了新的机遇。2010年8月26~30日,金正日对我国吉林省和黑龙江省进行了非正式访问,先后在吉林市、长春市、哈尔滨市参观考察了有关机械制造、轨道交通、化学工业、食品加工企业和农业项目。2010年8月27日，中共中央总书记、国家主席胡锦涛在长春同朝鲜劳动党总书记、国防委员会委员长金正日举行会谈。金正日表示："朝鲜当前致力于发展经济、改善民生，希望加强同中方的交流合作……东北地区与朝鲜接壤，山川地貌相近，工业结构相似。朝方要加强同东北地区的交流合作，认真研究中方的做法和经验。"中国国家主席胡锦涛强调说："中方愿同朝方本着'政府主导、企业为主、市场运作、互利共赢'的原则，努力发展经贸合作。"胡锦涛还指出："发展经济既要靠自力更生，也离不开对外合作。这是顺应时代潮流、加快国家发展的必由之路。"金正日来访以及与胡锦涛总书记的会谈，首次明确表态要积极推动朝鲜与我国东北地区的合作，表明两国最高领导人对推动双方跨境区域合作的高度重视，为罗先特别市开发开放与长吉图开发开放先导区建设提供了前所未有的历史机遇。

（2）长吉图开发开放先导区建设与罗先特别市开发开放联动发展已经启动。《长吉图先导区规划》上升为国家战略后，得到了朝方的积极响应。近期我国延边各市县领导纷纷到朝鲜相关地区和部门访问，洽谈通道、投资、贸易、跨境旅游等方面的合作事宜。据各市县领导反馈的消息，朝方相关单位的领导都表现出了与以往不同的积极态度，其开放与合作的意愿都非常强烈，这是以前没有过的新情况。目前，长吉图开发开放先导区建设与罗先特别市开发开放联动发展的势头已经初现端倪。2010年9月2日，中国延边州与朝鲜罗先特别市双边合作会谈在长春市吉隆坡大酒店举行。州长李龙熙与朝鲜罗先特别市人民委员会委员长金秀悦就建立双边合作机制、新建圈河口岸至元汀口岸跨境大桥项目、优化通关环境、开展跨境旅游等进行了会谈，共同签署了《延边州政府与朝鲜罗先特别市人民委员会关于建立合作机制的框架协议》。双方决定以此次会谈为契机，正式建立双边合作交流机制，每半年举行一次双边会议，就有关问题交换意见。为便于沟通与合作，双方各自设立联络机构或部门，并按照合作的领域成立相关工作组，通过召开相应的工作组会议，共同研究推动双边合作的有效对策，解决双边合作中存在的问题，以促进两地合作不断向前发展。

（3）国家高层之间的合作机制正在建立。2012年8月14日，中朝共同开发和共同管理罗先经济贸易区和黄金坪、威化岛经济区（以下简称两个经济区）联合指导委员会第三次会议在北京召开。中国商务部部长陈德铭和朝鲜劳动党中央行政部部长张成泽共同主持会议，联合指导委员会双方成员单位有关负责人出席会议。双方一致认为，在两国政府和企业的共同努力下，两个经济区开发合作已取得显著成果，进入实质性开发阶段。双方已共同编制完成有关规划纲要，推动机制建设、人才培训、详细规划编制、法律法规制定、通关便利化、通信、农业合作以及具体项目建设不断取得新的积极进展。朝方还为此专门修订了《罗先经贸区法》，制定了《黄金坪、威化岛经济区法》。双方强调，继续积极稳妥地推进两个经济区开发合作，对于进一步巩固和发展中朝传统友好合作关系，带动各领域交流与合作，促进两国经济发展、地区稳定与繁荣具有重要意义，符合两国人民的共同利益。双方将继续认真落实两国领导人共识，按照"政府引导、企业为主、市场运作、互利共赢"的开发合作原则，共同努力，充分利用、发挥各自优势，加快区内基础设施建设，吸引更多企业到区内投资兴业，将两个经济区建设成为中朝经贸合作示范区和与世界各国开展经贸合作的平台。会议期间，双方宣布成立罗先经济贸易区管理委员会和黄金坪、威化岛经济区管理委员会，并签署了成立和运营管理委员会的协议、经济技术合作协定，以及农业合作、对罗先地区输电、园区建设、详细规划等相关协议。

（4）长吉图开发开放先导区建设与罗先特别市开发开放联动发展面临的主要困难和问题。尽管目前两国合作开发的意愿十分强烈，但由于各种因素的制约，罗先特别市的开发开放面临一系列困难和问题。其一，由于朝核问题处于胶着状态，"天安号事件"后西方加强了对朝鲜的制裁，朝鲜发展经济面临险恶的国际环境。其二，朝鲜经济十分困难，缺乏投资建设的资金，而且其经济政策多变，行政运作不透明，在朝投资具有一定风险，吸引外资的难度较大。其三，朝鲜道路、港口、电力、网络等基础设施建设不健全，投资硬环境较差。例如，一名来自浙江的小型化工企业老板在罗先特别市投资建了一家小的化工厂，但当地电力供应不足，经常停电，只有下午3点至晚上11点供电，致使经营困难。其四，由于遭受美国制裁的威胁，来朝鲜投资的大多是私营中小企业，缺乏具有实力的大企业。据罗先特别市人民委员会主管外事工作的蔡副委员长（相当于副市长）介绍，目前来罗先特别市投资的外国企业有108家，但都是中小企业。他分析造成这种局面的原因，是美国还没有改变对朝敌视和制裁政策，国际上的大企业都看美国的眼色行事，它们担心会受到美国的制裁，所以不敢来投资。其五，朝鲜货币体制较混乱，国际汇兑机制不健全，尤其是朝鲜贸然进行币制改革，造成金融体系的极大混乱，也影响了中朝贸易的正常结算。

3. 推进长吉图与罗先特别市联动发展的对策建议

（1）把支持罗先特别市开发开放上升为国家安全战略。如上所述，支持朝鲜罗先特别市开发开放事关朝鲜半岛局势的稳定和我国东北边疆的安全，有利于我国掌控东北亚和平发展的主导权，是我国实施长吉图开发开放先导区规划的关键环节。因此，我国应把支持朝鲜罗先特别市开发开放上升为国家安全战略，从我国的切身利益出发，积极支持朝鲜实施对外开放政策。建议两国建立高层管理机制，加强对合作开发罗先特别市的领导和推动。我国应拿出切实可行的实际行动支持罗先特别市开发开放，在基础设施建设、跨境合作、通道建设等方面给予大力支持。对罗先特别市开发开放的支持应像当年我国支援非洲、修建坦赞铁路一样，要给予相应规模的投资，以实现我国在东北亚的战略目标。

（2）推动设置中朝长吉图开发开放先导区建设与罗先特别市开发开放联席委员会，负责解决两个区域的联动发展问题。由于长吉图开发开放先导区建设与罗先特别市开发开放都是中朝双方的国家战略，为了切实推动这两个国家战略的实施，建议我国与朝鲜协商，共同组设双边联席委员会，由双方负责经济工作的副总理担任委员会主席，由两国经济、贸易、海关、铁路、港口等部门的负责人，以及吉林省、罗先特别市的负责人担任委员，作为推进双边合作开发的决策机构。在吉林省和罗先特别市分别设立联席委员会办公室，作为推进双方合作开发的实施机构。这样才能构建推进长吉图开发开放先导区建设与罗先特别市开发开放联动发展的有效运行机制，切实推进双方的合作与两个区域的开发开放。

（3）加大对罗先特别市基础设施建设的投资力度，全力打通长吉图的对外通道。目前制约罗先特别市开发开放和长吉图开发开放先导区建设的主要障碍是公路、铁路、港口、电力等基础设施建设严重滞后，而这些基础设施建设目前仅仅依靠双方的地方政府和我国的一些私营中小企业在运作。由于地方政府财力有限，中小企业也不具有大规模投资建设的能力，而且经常遭遇朝鲜中央政府政策变化的风险制约，因此，建议我国从中央政府的层面加大对朝鲜罗先特别市基础设施建设投资的力度，由相关的央企参与一些战略性工程，举国家之力打通我国的图们江国际大通道，并以此把朝鲜纳入我国东北经济圈，贯彻我国在朝鲜半岛稳定与东北亚和平发展的战略意图。鉴于当前东北亚局势的敏感性，可以由央企下属的子公司或者控股公司参与罗先特别市的开发项目。在支持罗先特别市开发开放中贯彻"政府主导、企业为主、市场运作、互利共赢"的原则，实质支持罗先特别市的开发开放。

(4) 试行对朝贸易人民币结算体制，推进人民币区域化和国际化。2010 年 8 月 22 日，中国政府将丹东指定为人民币结算试点城市。这意味着中国将中朝贸易主要结算货币由美元替换为人民币，鼓励两国之间的合法贸易并抑制走私活动。随着中国在世界经济中地位的提升以及与亚洲各国家间经贸合作的加强，人民币成为许多周边国家和地区边境贸易结算的主要币种，呈现区域化发展态势。朝鲜在国际关系中所处的不利位置、落后封闭的经济发展状况以及中朝历史关系等因素的影响，使得朝鲜对我国的经济依赖性很强，其出口所得收入基本上用于从我国的进口，因此向朝鲜支付人民币与可自由兑换货币对其而言并无大异。据调查，在朝鲜，无论是官方还是民间都把人民币视同可自由兑换货币，朝方个人之间、贸易团体之间以及服务性行业的宾馆、酒店常见以人民币进行结算。特别是朝鲜民间持有人民币数额巨大，估计占朝鲜国内沉淀人民币总额的 70%。目前中朝贸易中人民币跨境流通的管理制度还不完善。虽然中朝之间签订了双边支付结算协议，但是由于朝鲜国内银行的信誉问题以及朝方外汇渠道不畅，朝方商社经常以携带人民币现钞入境的方式进行货款结算。但是目前我国规定携带人民币现钞出入境的限额为每次 2 万元，远远不能满足贸易结算的需求。根据目前中朝贸易特点及人民币的跨境使用现状，应分阶段、分层次、有步骤地促进人民币的合法跨境流动，从而有效地推进中朝边境的人民币区域化进程。第一阶段，以促进人民币在贸易结算中发挥主要作用为目标；第二阶段，扩大人民币结算的使用范围，将其拓展到非贸易项下，进而实现对朝经常项目下可以使用人民币结算；第三阶段及以后，根据我国人民币可兑换进程的安排，针对中朝间经济发展的特殊情况,探索人民币跨境投资的合理有效渠道和管理方式。根据发展形势逐步实现从个案核准、审批向以总量控制为主的演变。建立跨境人民币投资备案管理制度,将管理的重心转移到企业的统计和财务状况管理方面,加强对资本项目下人民币资金来源和使用的真实性、合法性、合规性检验和审核,通过核准备案制度加强事前和事后的监管,从而提高管理效率。中朝贸易与投资推行人民币结算体制,不仅对于促进对朝贸易与投资具有重要意义,而且是我国推进人民币区域化和国际化的试验田,对于提升人民币的国际地位以及我国的经济地位都具有重要的战略意义。

三 长吉图开发开放先导区海关特殊监管区发展战略

长吉图开发开放先导区作为第一个被批准为国家沿边对外开放的示范区,应抓住国家战略的历史性机遇,解放思想,勇于先行先试,积极申请设立各种类型的海关特殊监管区,构建完善的保税物流体系,以此作为长吉图开发开放先导区大幅提升对外开放水平的突破点。

1. 海关特殊监管区建设是提升对外开放水平的关键举措

改革开放以来,随着我国经济的不断发展,对外贸易额逐年扩大,为进一步促进我国经济发展,扩大对外贸易,发展转口贸易、过境贸易和出口加工服务,创造较好的投资环境,我国在上海、天津、大连、宁波等城市陆续设立了一批海关特殊监管区。

20 世纪 90 年代以来,我国海关监管体制经历了四波改革。

(1) 第一波改革。1990 年 6 月,经中央批准在上海创办了我国第一个保税区——上海外高桥保税区。1992 年后,国务院又陆续批准设立了天津港、大连、张家港、深圳沙头角、深圳福田、福州、海口、厦门象屿、广州、青岛、宁波、汕头、深圳盐田港、珠海、海南洋浦共 15 个保税区。保税区亦称保税仓库区,海关对入境和出境货物实行区域封闭保税管理,并以保税仓储业务为核心,拓展国际贸易、出口加工、商品展示等功能,成为我国海关监管体制改革的试验区。

(2) 第二波改革。进入 21 世纪,为了适应我国入世后国际产业转移和加工贸易发展的新形势,2000 年开始在全国各地经济技术开发区和对外开放前沿地带陆续设立了 63 个出口加工区,形成沿海、沿边和腹地全方位对外开放的新格局。出口加工区对保税区的出口加工功能进行了提升和优化，享有入区退税等多项比保税区更加优惠的政策，有力地促进了我国各地招商引资和加工贸易的发展。

（3）第三波改革。为适应现代物流业发展和保税区转型升级的需求，自2003年开始，国家批准在上海外高桥保税区开展区港联动试点，建设保税物流园区。保税物流园区是通过保税区与港口的连接来促使保税仓储物流业务转型升级，并叠加了出口加工区优惠政策，使该区域成为具有国际采购、国际配送、国际中转和转口贸易等现代物流功能的对外开放窗口。2004年，国务院又批复设立了青岛、宁波、大连、张家港、厦门象屿、深圳盐田港、天津港等9个保税物流园区。部分内地开放城市也紧跟这波改革浪潮。同年，苏州工业园设立全国首家内陆"海关保税物流中心"，此后其他内陆城市陆续跟进，仅2009年元旦，国务院就批准设立了17处保税物流中心，目前全国已设立23家保税物流中心。

（4）第四波改革。2005年以来，上海、大连等地先后提出规划建设保税港区，推行自由港政策，受到国务院重视并批准试行。此后，国家陆续批准设立了上海洋山、天津东疆、大连大窑湾、海南洋浦、宁波梅山、广西钦州、厦门海沧、青岛前湾、深圳前海湾、广州南沙、重庆两路寸滩、江苏张家港、烟台、福州共14个保税港区。保税港区叠加了保税区、出口加工区和保税物流园区的开放政策，具有口岸、加工、物流等综合功能，是我国目前开放度最高、政策最优惠、功能最齐全的功能区。一些内陆和沿边地区为了跟上新一轮改革潮流，便仿照保税港区政策申请设立具有保税港区功能的综合保税区。目前，经国务院批准设立的综合保税区有30个。

经过四波改革，我国海关监管经历了普通保税区—出口加工区—保税物流园区（保税物流中心）—保税港区（综合保税区）的发展过程，海关监管制度日趋完善和开放。追随海关监管体制改革潮流，争取设立各种类型的海关特殊监管区，已经成为各地发展外向型经济的关键举措。这些区域享受海关便捷通关措施，是我国引进外资、发展加工贸易和现代物流业的关键节点。目前，这些海关特殊监管区分布于我国沿海、沿边和内地重要开放城市，成为我国对外开放的重要窗口和平台。

2. 长吉图开发开放先导区海关特殊监管区建设的历史机遇与有利条件

吉林省在海关监管体制改革方面起步较早，珲春出口加工区是2000年经国务院批准设立的全国首批15个出口加工区之一。出口加工区也是海关封闭监管的特殊区域。其政策可概括为"四不、四免、二退、一保"。"四不"：一是开展加工贸易业务不实行加工贸易银行保证金台账制度；二是海关不实行《加工贸易登记手册》管理；三是国家对加工区内的加工产品不征收增值税、消费税；四是与境外之间进出的货物不实行进出口配额、许可证件管理。"四免"：一是生产所需进境的机器、设备、模具及其维修用零配件予以免税；二是生产性基础设施建设项目所需进境的机器、设备和建设生产厂房、仓储设施所需进境的基建物资予以免税；三是企业和行政管理机构进境的自用合理数量的办公用品予以免税；四是区内企业加工的制成品及其在加工生产过程中的边角料、余料、残次品、废品等销往境外免征出口关税。"二退"：从区外进入加工区的货物视同出口，可办理出口退税；区内企业使用水、电、气实行退税。"一保"：为加工出口产品所需进境的原材料、包装物件及消耗材料予以全额保税。

但是，出口加工区与综合保税区相比，仍然具有开放层次较低、功能比较单一的局限性。国家设立出口加工区主要是为了改革加工贸易监管模式，遏制加工贸易走私；而设立综合保税区则是为了对既有的保税区、出口加工区、保税物流中心等海关特殊监管区域进行功能整合，实现区域开放从外延扩张向内涵优化转变。出口加工区的功能主要是开展出口加工业务；而综合保税区除了可以开展出口加工外，还具有转口贸易、仓储、物流、研发、展示等综合功能。由功能单一型保税区向功能综合型保税区转型升级，已经成为我国各地提升对外开放水平的基本路径。

《长吉图先导区规划》上升为国家战略，为区域海关特殊监管区建设提供了历史性机遇。2010年3月5日，国家海关总署、吉林省政府在北京签署《关于支持吉林省经济发展和对外开放合作备忘录》。根据双方签署的合作备忘录，国家海关总署将进一步支持长吉图开发开放先导区建设，支持吉林省口岸"大通关"建设，支持吉林省海关特殊监管区建设和发展，支持长吉图国际大通道建设，促进吉林贸易通关便利化，提高海关服务吉林经济发展的能力。同年3月29日，吉林省委书记孙政才专程到长春海关进行调研，指示海关部门要落实好吉林省与海关总署签署的合作备忘录内容，大力支持吉林省海关特殊监管区的建设和发展，积极推动长春综合保税区建设，全面落实珲春出口加工区扩区和改设为综合保税区的各项政策，积极支持出口产品基地和进口资源加工区建设，让更多更好的外向型企业入驻关区，让更多更好的关区产品通过海关进入国际市场。

目前，国家海关总署正在按照以下三个原则展开海关特殊监管区的审批工作：一是有利于国家级区域发展战略规划的实施；二是有利于海关特殊监管区优化升级；三是确实有外向型大项目期待进驻且有利于中西部地区承接产业转移。吉林省已经基本具备了发展保税物流业的基础条件，包括区位、交通、外向型产业以及出口加工区、保税库等，为发展保税物流业奠定了一定的整合发展的硬件基础；吉林省在海关监管、政府服务环境上也具有良好基础。吉林省应借助《长吉图先导区规划》上升为国家战略的机遇，积极推进海关特殊监管区的配置，尽快建立较完善的保税物流体系。

3. 长吉图开发开放先导区海关特殊监管区建设的对策建议

据调查了解，国家海关总署将对已经设立的海关特殊监管区进行考核和整顿，制定退出机制。珲春出口加工区在全国55个加工区中排名第49位，吉林省如果不加大对珲春出口加工区的建设力度，不仅转型升级无望，而且存活都成为问题，必须引起高度重视。建议加大珲春出口加工区和长春兴隆综合保税区预定园区的招商引资力度，利用保税政策吸引国内外大型企业进入，通过保税功能带动省内企业融入加工贸易及配套产业链和供应链，力争把一些外向型大企业和大项目引入这两个海关特殊监管区，大力加强这两个吉林省对外开放政策高地的建设。

（1）抓住国家海关监管体制改革的机遇，从长吉图开发开放先导区发展的需要出发，科学合理配置海关特殊监管区，构建吉林省对外开放的保税物流体系。根据《长吉图先导区规划》，长吉图开发开放先导区的空间布局以珲春为窗口，以延龙图为前沿，以长吉为腹地。吉林省的海关特殊监管区也应在窗口、前沿和腹地之间进行合理布局。鉴于上升为国家战略的辽宁沿海已经设有6处海关特殊监管区，广西北部湾也设立了4处海关特殊监管区，吉林省目前至少应在窗口、前沿和腹地之间合理配置海关特殊监管区，除了已设珲春出口加工区和长春兴隆综合保税区外，还应在延边州敦化市、图们市、延吉市设立保税物流中心，这样才能形成比较完备的保税物流体系,保证国家战略的顺利实施。

(2) 扎实推进长春海关特殊监管区建设。2011年12月16日,国务院正式批准设立长春兴隆综合保税区;2013年10月31日,长春兴隆综合保税区通过了国家十部委的联合验收。这是我国第19个综合保税区,也是吉林省首个国家级综合保税区,对长吉图区域整体对外开放、东北老工业基地振兴乃至促进东北亚经济合作具有重要的战略意义。长春兴隆综合保税区位于经济开发区兴隆山镇内,规划面积为4.89平方公里。兴隆保税区设有口岸作业、出口加工、保税物流和综合服务四个功能分区,将重点发展以汽车电子产品为主的高科技电子产品加工制造业,以及交通装备工业零部件制造与模块组装两大主导产业。依托长春陆路干港、龙嘉国际机场口岸功能,长春兴隆综合保税区还将打通东北亚中、日、韩、俄联运通道,打造立足长吉图区域、辐射全国乃至东北亚的现代化物流网络,建设成为东北亚区域进出口商品物流基地。2014年10月,长春兴隆综合保税区共签约项目42个,总投资93.6亿元,实现年进出口额17.6亿美元。到"十二五"末,长春兴隆综合保税区进出口额达50亿美元,入区各类企业达100家,提供就业岗位3万个。长春兴隆综合保税区的设立,为推动吉林又好又快发展注入了新的动力,也有利于全面提升长春的竞争力,拓展城市对外开放空间,有效利用国内国际两个市场、两种资源,加速长吉图外向型经济的转型和升级。长春兴隆综合保税区可以享受多种优惠政策,主要包括:国外货物入区保税;国内货物入区视同出口,实行退税;区内企业生产的供区内销售或者运往境外的产品,免征相应的增值税和消费税等。此外,长春兴隆综合保税区还可以享受国家振兴东北老工业基地以及省市出台的相关优惠政策。吉林省要着力引进适合在长春市发展的大企业和大项目,利用吉林省优势产业及优惠政策,积极承接加工贸易企业转移,加大对开展加工贸易企业的支持与投入。同时,利用保税政策,吸引国外大型企业进驻,通过保税功能,带动省内企业融入加工贸易及配套产业链和供应链。积极导入特殊区域及现代物流体系,完成功能整合,确保保税区的建设顺利进行,推动地方经济增长。

(3) 积极推进珲春出口加工区的转型升级。珲春作为长吉图开发开放先导区的窗口,其主要功能是贸易和物流。根据海关监管体制改革的新动态,由功能单一型出口加工区向功能综合型保税区转型升级,已经成为我国各地提升对外开放水平的基本路径。因此，促进珲春出口加工区转型升级是提升长吉图开发开放先导区对外开放层次、加快延边州和珲春市外向型经济发展步伐、在窗口地区形成对外开放政策高地、推进长吉图开发开放先导区对外开放的必要举措。珲春出口加工区应积极推进"先行先试"，加强对出口加工区拓展保税物流功能的研究与推广，通过功能拓展，培育新的经济增长点，为扩大吉林省边境贸易总量和口岸过货量努力创造条件，使珲春出口加工区真正繁荣发展起来，为转型升级创造条件。

（4）解放思想，大胆创新，积极探索建立中国珲春"边境自由贸易合作区"，打造我国沿边地区对外开放的模范试验区。珲春作为长吉图开发开放先导区的对外开放窗口，把先行先试落到实处的首要任务就是建立集国内最优惠、最深入、最具前瞻性和探索性的各种对外开放政策于一体，实行全方位对外开放的中国珲春"边境自由贸易合作区"。可参照云南姐告模式，争取国家赋予"一线放开、二线管住"等更加灵活的边境自由贸易政策，实行海关后移，形成"境内关外"的对外开放政策高地。甚至可以在珲春实行全域开放，把珲春全境建成我国沿边地区面积最大、开放度最高、功能最完备的综合性边境自由贸易区。

四　加强图们铁路通道建设的战略对策

1. 图们铁路口岸的历史作用和现实优势

图们市位于吉林省东部、图们江下游，是吉林省唯一有公路和铁路与朝鲜相连并允许第三国客货通行的国家一类边境口岸城市，是吉林省发展对朝贸易和借港出海的主要通道，是沟通中朝俄、辐射东北亚的重要交通枢纽。

图们历史上就是吉林省东部铁路的主要枢纽。图们铁路口岸始建于1932年，1933年正式开设商埠，现有的对朝铁路及口岸都是日伪统治时期建设的，当时日本就把图们作为掳夺东北物资的主通道，并开通了长春—图们—朝鲜清津—日本"小陆桥"运输。1936~1939年，进出口贸易平均每年递增53%，1938年进出口贸易额突破1亿日元大关，在东北地区仅次于大连，居第2位。日伪统治时期，出口货物主要品类有大豆等豆类以及木材和纤维纸浆等；进口货物主要品类有工具、机械、金属及矿砂、鱼介海产品等。

新中国成立后,图们铁路货运量逐年增加,1950年货物发送量为136.3万吨,1960年增加到527.4万吨,增长2.9倍。随着中朝两国之间友好贸易的发展,图们铁路口岸货运量显著增加,1978年图们口岸进出口货物114.9万吨,1985年增加到177.1万吨,1993年达到历史最佳时期,进出口货物219.8万吨,目前中朝间每月对开7对列车,每年经铁路口岸进出口物资70万吨以上。因图们的地理位置重要,国家曾在此设立过沈阳铁路局图们分局,直到21世纪初才因铁路改革而撤销。

回顾图们铁路的发展史不难看出,图们铁路具有十分重要的战略地位,不仅承担着我国对朝大宗物资的运输任务,而且是我国东北地区吉、黑两省通往日本海的最便捷通道。

经过了七八十年的建设,图们铁路口岸设施更加齐全,功能更加完备。图们火车站现有编组线24条,能一次开行5000吨的重行货车,建有一次换装17节车皮的国际货车换装站以及煤炭战略装车点,并有木材、粮食、石油、煤炭等多条铁路专用线和多个货运站场,年吞吐能力达到500万吨,铁路口岸的连接、辐射、集散功能十分突出。对内可通往全国各地,对外还可直达朝鲜清津、罗津等港,经朝鲜铁路还可与俄罗斯远东铁路相连,这些独特的区位优势和交通优势使图们具备了全面参与长吉图开发开放的基础,也为图们在畅通对外通道等方面先行先试创造了条件。

2. 充分利用图们铁路口岸的重要性和必要性

(1)图们铁路口岸将成为东北东部发展国际陆海联运的最佳通道。缺乏出海口一直是制约吉林省对外开放的重要瓶颈。图们铁路与朝鲜铁路相通,经图们可直达朝鲜的清津港(171.1公里),这也使图们—清津铁路成为吉林省"借港出海"的最佳通道,可通过朝鲜清津港直达日本海与亚洲、美洲、欧洲等国际海运航线连接,是中国通往韩、日和北美最便捷的国际通道和国际客货、海陆联运最佳结合点,这使图们铁路口岸成为东北东部发展国际陆海联运的最佳通道,为中、朝、俄、日、韩等国的多边贸易搭建了新的合作发展平台,具有发展国际经贸合作优势和连接国内、国际市场的优越条件。朝鲜的矿产资源和旅游资源丰富,亚洲最大的茂山铁矿在图们—清津铁路辐射范围内,因此,畅通图们—清津的铁路,也将为中朝合作开发朝鲜铁矿等资源提供便捷的国际铁路联运通道。同时,图们又是1998年联合国开发计划署建设的中蒙铁路路经地,通过这条大动脉可抵达朝鲜清津港,与韩国及日本港口隔海相望,形成东起图们江地区,西连蒙古国、俄罗斯,沟通整个东北亚的新欧亚大陆桥。通过对珲春(图们)—罗津(清津)—新潟(敦贺)与延边—大连—新潟(敦贺)航线的综合比较可以看出,图们具有国际铁海联运的优势和铁路口岸的优势。

(2)图们铁路口岸是吉林省内贸货物跨境运输的主要通道。通过中国图们经朝鲜清津至中国东南沿海内贸货物跨境运输通道,可将东北地区的粮食、煤炭、重型装备等物资经铁路出境运输至朝鲜清津港,再经海路运输至中国东南沿海地区,还可将南方的轻工产品等物资通过此通道运往北方,相对低廉的海运成本和陆海联运通道将大大提升吉林省货物外销的竞争力,并有效地缓解我国东北铁路的运输压力,使长期困扰东北地区进关运力紧张的问题得到缓解。

(3)《长吉图先导区规划》赋予了图们铁路口岸通道新的历史发展机遇和重任。《长吉图先导区规划》给图们市的发展带来了千载难逢的好机遇,特别是《长吉图先导区规划》提出的"鼓励在开拓陆海联运国际运输新通道、探索沿边地区跨境经济合作模式等方面先行先试""尽快打通东北东部铁路和公路大通道,逐步建成我国东北地区新的国际通道""在延龙图重点建设面向东北亚的国际物流基地"等内容,使图们正在推进的利用朝鲜清津港开展陆海联运及内贸货物跨境运输工作有了国家战略的支撑。同时,《沈阳铁路局三年发展规划》决定重点建设图们铁路,开行长春—图们5000吨重载列车,增建吉林—图们第二线货车,新建吉林—图们—珲春快速铁路;启动进出口货物运输代理业务,建设以图们为中心,辐射珲春、朝鲜清津和罗津、俄罗斯远东地区大口岸格局的物流基地。这些政策和战略的实施为图们实现对外通道新突破,促进长吉图窗口、前沿和腹地的联动发展,推动沿边开发开放发展奠定了基础。

(4)图们铁路口岸将与珲春口岸实现优势互补、统筹发展,构筑长吉图开发开放新格局。珲春、图们作为吉林省延边州海运主通道口岸与发运港,各具优势,珲春是对俄第一口岸、对朝第二口岸、对朝陆海联运主通道,图们是对朝第一口岸、对朝铁海联运主通道、对俄第二口岸,要合理规划,优势互补,统筹发展。图们铁路口岸主要承担大宗货物运输和贸易,其功能与珲春具有互补性。

（5）图们市在铁路口岸及通道建设方面做了积极的探索和实践，为项目的启动奠定了基础。图们在对朝通道建设方面已经做了大量卓有成效的工作，也做了许多积极的探索和实践，特别是在综合利用朝鲜清津港开展国际陆海联运及内贸货物跨境运输方面取得了重大进展，与朝鲜有关部门及多个层面签署了《内贸跨境铁路运输协议》《国际集装箱运输业务协议》以及清津港码头综合利用及设备购买安装使用的相关合同，并确定了运行初期的主要货物品种和双方的运营主体。同时，过境用的200个货车车皮也已准备完毕，港口所需的40吨型集装箱和散货两用吊装设备也已在上海定制。

3. 充分利用图们铁路口岸，加强对外通道建设的对策建议

虽然图们的对朝通道建设取得了积极进展，但也面临开辟内贸货物跨境运输新航线、涉证物资运输、运输环节烦琐、朝鲜电力不足等亟待解决的问题。吉林省应加大对图们铁路口岸的支持力度，使其在长吉图开发开放先导区建设和吉林省对外开放中发挥重要作用。建议吉林省尽快向国家交通部提出申请，增加清津港为允许开展内贸货物跨境运输的港口，并批准开辟中国图们经朝鲜清津港至中国东南沿海的内贸货物跨境运输航线；吉林省应请求国家海关总署和商务部在有效监管的前提下，允许涉证物资利用朝鲜清津港开展内贸跨境运输业务；吉林省应协调铁路部门投入专用车皮或允许运营企业自投车皮，开通专用"绿色通道"，允许中国车皮不用倒装直接进入朝鲜清津港和罗津港，减少运输环节，提高运输效能；吉林省电力部门应以投资企业为主体，采取易货贸易等方式，帮助朝鲜解决电力供应不足问题，保障"借港出海"通道的正常运营；吉林省要积极协调国家铁路等部门，以援建等方式，对中国图们—朝鲜清津171公里的铁路线进行改建，使其与长吉图快速铁路连接，以提高"借港出海"的效能。

五 以跨境旅游业为突破口推进图们江跨境区域合作

发展跨境旅游能够成为促进图们江地区经济合作的突破口和最佳切入点，一旦实现大发展，将会实质性地推进和开辟图们江地区多领域的合作，使对外开放真正成为推动长吉图地区经济发展的重要引擎。发展跨境

旅游有利于推动各成员国在旅游业合作上朝着简化跨境旅游手续、提高旅游设施和服务质量等方向实现新突破。发展跨境旅游更有利于图们江周边国家致力于推动多日游，加快形成一个大图们江区域的环形跨境旅游区。

目前东北亚国际局势非常紧张，美国、韩国和日本加大了对朝鲜制裁和封锁的力度，并积极推动联合国对朝鲜实施更加严厉的制裁。美韩军演的加剧也在东北亚营造了新的冷战氛围。在这种国际背景下，中朝之间的大规模经贸合作将受到严重影响。按照《长吉图先导区规划》的设想，对朝借港出海大多经由韩国港口或者韩国控制的航线，因而货物贸易将受到东北亚紧张局势的制约。在此局面下，中朝边境地区的跨境旅游可以避开国际制裁因素，将以比较稳妥和务实的形式推进中朝合作，给予遭遇严峻封锁的朝鲜以实际的支持，并以此为契机实质上推进图们江区域跨境合作。

通过一年来对我国边疆各省区建立跨境合作区情况的考察，发现这些跨境合作区基本上是我国单边开放的合作区，都没有实现双边对等开放的设想。其根本原因在于我国对跨境合作区的定位太高，因涉及土地、投资、贸易、关税、货币等一系列问题，事关国家主权和边疆安全，建立综合性的跨境合作区难度极大。因此，吉林省应发挥珲春"一眼望三国"的区位优势，与俄朝合作建立跨境旅游合作区，推出免签证跨境三国游和日本海出海游等项目，以单项跨境合作区为突破口，在条件成熟时自然升级为综合性跨境合作区。

1. 发展中、俄、朝跨境旅游业的可行性

（1）区域间有良好的合作基础。图们江区域开发20年以来，区域经济国际合作相对成功的是旅游和边境贸易，已初步形成中俄三日游、四日游，中朝一日游、二日游等成熟的旅游品牌。区域间海洋、沙滩、森林、湖泊、湿地等生态资源和众多的健康元素优势明显，邻近的防川景区、海参崴、琵琶岛等旅游项目有着极大的国际影响力和吸引力。俄朝口岸基础设施相对完善，俄方有意改造克拉斯基诺口岸，朝鲜也将改造元汀口岸，中朝圈河大桥已经完成维修工作，元汀—罗津公路建设已经开工。俄朝间具有成型的铁路和水路交通体系。人民币在中、俄、朝区域相对流通，贸易旅游结算便捷。

（2）符合各国地区产业发展方向。由于旅游业无可替代的巨大优势，周边国家纷纷将其作为优先发展的产业。2009年9月中俄两国政府签署的《中国东北地区同俄罗斯远东及东西伯利亚地区合作规划纲要（2009~2018年）》，以及俄罗斯政府制定出台的《远东及后贝加尔振兴规划》，都把旅游业作为滨海边疆区优先发展的产业和与我国进行合作的重要领域。朝鲜也赋予罗津－先锋自由经济贸易区更加灵活的特区政策，放宽了对旅游市场的管制，首都平壤先行对北京、沈阳和丹东三市开放。中国方面，国务院下发了《关于进一步促进广西经济社会发展的若干意见》，批准设立了凭祥友谊关中越国际旅游合作区，开创了以旅游产业为纽带的国际合作先例。

（3）符合相关国家边境安全政策。图们江区域敏感系数高，各国都把安全作为最高目标，都在考虑不涉及主权、不涉及敏感问题的合作项目。近年来，为探索图们江地区的开发开放出路，各省、州、市先后提出了建立跨境自由经济区、自由贸易区甚至陆港区一体化等思路。但这些领域的合作都需要相邻三国从国家层面调整关税、投资和货币等政策，周期长、难度大，可操作性不强。例如，中国－东盟自由贸易区谈判历时十多年，涉及工业、农业、贸易、交通、劳务、签证等几十个行业和部门的政策对接。目前来看，唯独旅游业不涉及主权，不触及邻国能源、工业、政治等安全，符合合作国家的边境安全政策，容易达成合作共识。跨境旅游圈本身就是在区域各国间利益高度一致的情况下，通过外交互信建立的特殊旅游区域。它是各国合作互信的产物，对区域各国的边境安全能起到有力的促进作用。

（4）中、俄、朝三国具有在旅游领域展开合作的强烈意愿。中国不仅出台了《东北地区旅游业发展规划》，而且在《中国东北地区同俄罗斯远东及东西伯利亚地区合作规划纲要（2009~2018年）》中突出旅游领域合作；俄罗斯从滨海边疆区2012年承办APEC会议和2014年承办世界冬季奥运会的实际需要出发，推进旅游基础设施建设，并且将海参崴市的俄罗斯岛辟建为旅游经济特区，把旅游业确定为滨海边疆区优先发展的产业。尤其值得关注的是，自朝鲜核试验以及"天安号事件"以来，朝鲜半岛出现空前严峻的军事对峙局面。朝韩关系全面中断，开城工业园区和金刚山旅游项目的停顿使朝鲜外汇来源枯竭，朝鲜货币改革失败使国民经济陷入困境。在此艰难情况下，朝鲜不得不把搞活经济的希望寄托在中国身上。于是，我们看到朝鲜方面对中朝跨境经济合作的态度非常积极，尤其是希望通过开放旅游市场来弥补金刚山旅游项目停顿以来的外汇损失。因此，朝鲜放宽了对旅游市场的管制，不仅向我国部分地区开放了旅游市场，而且在《罗先经贸法》中明确规定罗先特别市为"进行特定贸易及投资、中转运输、金融、旅游、服务的特定经济区域"，并对"直接进入罗先经济贸易区的外国人实行无签证制度"。这些政策都为中、俄、朝三国通过旅游合作，实现区域联动、优势互补、资源共享、合作共赢提供了良好的契机。为此，我们必须抓住机遇，有必要在中俄朝毗邻的边境地区辟建跨境旅游区。

2. 图们江地区跨境旅游的现状与问题

国家旅游局于1992年6月批准吉林省开展对俄跨境旅游业务，历经16年，延边州对俄跨境旅游呈现良好的发展态势。目前，已开通至俄海参崴三日、四日游，有17家旅行社经营对俄跨境旅游业务（全省共30家）。1998～2008年，中国公民通过延边赴俄旅游人数近13万人次，年均出境游客量为1.3万人次；组织俄罗斯来延边旅游人数近30万人次，年均入境游客量为3万人次。

赴朝跨境旅游方面，国家旅游局于1988年8月批准通过图们口岸开展对朝边境一日游。此后，州内相继有图们、珲春、龙井、和龙等地开展了对朝跨境旅游业务。20年来，对朝跨境旅游几经波折，特别是2005年，由于在全国开展打击赌博违法犯罪专项行动，公安部门取消了跨境旅游异地办证（照）政策，跨境旅游暂时陷入停顿状态。但在省委、省政府的领导和支持下，经过地方政府和旅游行业坚持不懈的努力，自2006年开始，对朝跨境旅游业务呈现恢复态势。

目前，延吉对俄朝两国跨境旅游业存在许多突出并且亟待解决的问题，突出表现在以下三个方面。

一是境外旅游服务环境较差。旅游通关手续复杂、用时长。存在我方验放手续简便、速度快，而外方查验手续复杂、验放速度慢的不协调现象。目前，中俄两国开通的互不结算班车已满足不了旅游客源增长的需要。尤其是近年来客货混载、多团一车、一团分车等情况经常发生，造成导游讲解相互干扰、同团不能同行等影响旅游服务质量的现象。

二是境外旅游政策环境不宽松。2002年，中、俄、朝三国地方政府首脑在珲春就开辟珲春—符拉迪沃斯—罗先跨国旅游线路问题举行了会晤，并达成了共识，签订了协议。但俄罗斯因涉及军事管辖区等问题，该线路始终没有进入实际操作阶段。对朝跨境游出境不稳定。部分口岸跨境游业务不能正常开通。近年来，朝方经常以各种理由或借口，单方面停止跨境游业务，使我方已经组成的团队无法赴朝旅游，造成很大的经济损失，影响了吉林省跨境旅游的声誉。

三是重新批准吉林省异地办证问题有待解决。自2005年1月全国开始实施的打击赌博违法犯罪专项行动以来，公安部门取消了异地办证（照）政策。延边州对朝俄跨境旅游人员中省外客源均占80%，取消异地办证意味着失去了大部分客源市场，对发展跨境旅游造成了严重影响。赴俄罗斯游客如有异地办证，数量至少会增长3倍，朝鲜更加悬殊。解决异地办证问题，是解决发展图们江跨境旅游的关键所在。

3. 促进中、俄、朝跨境旅游合作的对策与建议

跨境旅游产业具有关联度高、带动作用大、合作难度小、成效显而易见等特点。在长吉图开发开放先导区建设过程中，延边跨境旅游产业要实现率先发展、率先突破，就必须抓住机遇，依托区位优势，打造长吉图开发开放先导区旅游产业增长极，进而实现以旅游推动经济发展、以旅游推动长吉图地区开放的目的。为促进跨境旅游的发展，针对目前存在的困难和问题，提出以下对策与建议。

（1）营造宽松的旅游政策环境。建立互访沟通常态机制。中、朝、俄多方缺乏经常性互访和定期会晤沟通机制，造成跨境旅游发展过程中出现的问题不能及时解决，从而影响跨境旅游的可持续发展。建议中俄和中朝双方建立定期和不定期等不同形式、不同层次、不同级别的会晤沟通机制，提倡市、州及县（市）建立常态的旅游沟通联络渠道，开展经常性的旅游部门互通交流活动。

（2）共同努力改善旅游服务环境。一是协调改善通关手续、境外服务环境问题。简化查验手续，提高验关速度，缩短游客在口岸停留的时间。对俄方面，加强协调与沟通，建议外方采取有效措施改善社会治安环境，保证中方游客和领队的安全。二是解决旅游交通运输问题。允许延吉旅游企业经营的旅游运输专用车辆直达旅游目的地。解决延吉市15家旅行社在俄没有备案并批准在俄经营权的问题，允许我方旅游船只通过图们江出海旅游。三是加强对俄跨境旅游市场的监管。继续加强对旅行社和导游员的教育、培训与管理，使每个旅游从业人员都熟知我国禁赌工作的政策法

规。继续加强对旅游广告、旅游产品以及旅游线路的监督检查,做到从产品设计上杜绝中国游客有参与境外赌博的机会,使跨境旅游良性健康发展。

(3) 发挥区位优势加快对外通道建设。要发挥好延龙图作为长吉图前沿城市和吉林省东部中心城市的作用,推动跨境旅游产业发展,对外通道建设相当关键。除了即将开通的长珲高速公路外,还要适应跨境旅游新产品的需要,加快配套交通设施建设。如安图县开通了长白山双目峰口岸跨境游项目,但因交通不配套而无法实施。该段18公里的道路应尽快改建成二级硬化道路,投资不大却能达到旅游与边防的双重实效。

(4) 加大跨境旅游宣传推介力度。延边地区要强化旅游宣传推介,加快景区景点建设,开发旅游新线路,规范旅游市场。同时,积极加强与周边国家和地区的旅游交流与合作,积极推进中、朝、俄、韩、日五国跨国游,以此带动周边国家和地区的人员流动与交往,把长白山旅游和民俗旅游、跨境旅游结合起来,加快跨境旅游产品的创新和集群化发展。

(5) 通过设立跨境旅游合作区实质性推进跨境经济合作。必须抓住当前俄罗斯和朝鲜积极发展旅游业的机遇,在中、俄、朝毗邻的边境地区,即中国珲春市敬信镇、俄罗斯哈桑区和朝鲜豆满江区,辟建跨境旅游合作区。在合作区内三国共同打造精品旅游线路,辟建免税店、保税区等设施,实现签证手续和通关便利化,以此为突破口和切入点,实质性推进图们江地区的跨境经济合作。建议吉林省立即成立有关专家组,提出切实可行的推进方案。

总之,跨境旅游是实现率先发展的突破点,必将从人员流、物资流、资金流和信息流等多方面促进长吉图战略的实施,推进图们江地区的跨境国际合作开发进程。

六 以开放促转型,创新对外经济合作模式

吉林省周边的俄、朝、蒙等国都是能源或资源富集的地区,因而能源和资源合作是吉林省对外合作的重点。但是,传统的能源和资源输入合作模式已经引起周边国家的猜疑,而且不符合我国转变经济发展方式的要求。因此,建议吉林省在对外合作中要由单纯的能源和资源输入,转型为

"走出去"的合作战略，即适应周边国家发展资源加工业的要求，在境外投资于能源和资源初级加工业，在境内发展能源和资源高端加工业，全力提升吉林省在对外合作中的产业链位置，大力发展低碳经济和循环经济，促进吉林省经济发展方式的转型。

1. 对外开放是转变经济发展方式的强大动力和有效路径之一

党的十七届五中全会通过的《中共中央关于制定国民经济和社会发展第十二个五年规划的建议》明确提出，"以加快转变经济发展方式为主线"，"坚持把改革开放作为加快转变经济发展方式的强大动力"，"适应我国对外开放由以出口和吸收外资为主转向进口和出口、吸收外资和对外投资并重的新形势，必须实行更加积极主动的开放战略，不断拓展新的开放领域和空间，扩大和深化同各方利益的汇合点，完善更加适应发展开放型经济要求的体制机制，有效防范风险，以开放促发展、促改革、促创新"。因此，长吉图开发开放先导区建设必须坚持以"转变经济发展方式"为主线，积极创新对外合作模式，把对外开放作为吉林省转变经济发展方式的有效路径，通过创新对外合作模式，服务于吉林省转变经济发展方式的大局。

2. 通过创新对外合作模式促进经济发展方式转变的必要性

（1）通过创新对外合作模式促进吉林省产业结构的优化和升级。吉林省作为老工业基地，长期实行粗放式的经济增长模式，主要依赖本地资源发展粗加工业，大部分产品是"原"字号初级产品，处于产业链条的底端。目前，吉林省有很多城市面临资源枯竭的问题。通过加强与周边国家在能源和资源领域的合作，在境外发展资源粗加工产业，可以为吉林省发展高端制造业和新兴战略产业、促进区域产业结构升级提供广阔的发展空间。

（2）通过创新对外合作模式促进吉林省发展低碳经济和循环经济，为吉林省建设资源节约型、环境友好型社会提供动力。目前，能源短缺、资源枯竭、环境污染已经成为制约区域经济发展的重要因素。与此同时，在国际合作和贸易中，绿色壁垒、能源安全和环境保护也成为影响国际关系的关键因素。因此，必须以科学发展观和可持续发展理论为指导，通过创新对外合作模式，以低碳的理念和环保的要求积极提升对外合作水平，为吉林省从更广阔的领域解决能源安全和资源短缺问题、发展低碳经济和循环经济提供新的动力和支撑。

（3）通过创新对外合作模式促进长吉图现代服务业的发展，促进吉林省老工业基地由生产型产业基地向生产与服务并重型产业基地转变。由于吉林省对外开放水平较低，现代服务业的发展一直比较滞后。在长吉图开发开放先导区建设中，应通过加强对周边国家基础设施建设的投资和援助，全力打通吉林省的对外通道，实现国际大通关、大通道、大物流的全面发展，为吉林省发展现代服务业，尤其是金融、交通、信息、技术、物流等生产性服务业和高端服务业提供强大动力，把长吉图开发开放先导区建设成为我国参与东北亚地区合作的重要平台，并以此为契机推动吉林省产业结构的高端化和经济发展方式的转型。

3. 把珲春建设成为"以开放促转型示范区"的建议

珲春是长吉图开发开放先导区对外开放的窗口，具有"一眼望三国"的区位优势。《长吉图先导区规划》提出，"赋予珲春更加灵活的边境贸易政策，探索双边、多边合作的有效方式；加快中国珲春俄罗斯工业园、中国珲春日本工业园、中国珲春韩国工业园和中国珲春香港工业园建设，增强边境经济合作区的经济实力；推进与俄朝毗邻边境地区基础设施的合作建设，实现借港出海。适度扩大城市规模，提升国际合作竞争力，把珲春开放窗口建设成为集边境区域性出口加工制造、境外资源开发、生产服务、国际物流采购、跨国旅游等多种对外合作形式于一体的特殊经济功能区，成为图们江区域合作开发的桥头堡"。为了发挥珲春的窗口功能，建议把珲春设立为"以开放促进经济发展方式转型示范区"，在创新对外合作模式上大胆先行先试，通过对外开放带动区域经济发展方式的转型。

珲春经过20年的开发开放，区域经济实现了历史性跨越，成为我国新兴的边境城市。但受起步基础差、国际合作进展缓慢等因素制约，珲春仍然属于经济总量小、发展层次低的落后地区。珲春市三次产业结构失衡，第二产业比重高达68%，而金融、商贸、物流等现代服务业发展严重滞后，远远不能适应"窗口"城市的要求。而且其主导产业仍然是主要依赖本地资源的能源矿产开采加工业，第三产业仍以餐饮、娱乐等传统服务业为主，现代服务业十分落后，不能胜任长吉图对外开放"窗口"和桥头堡的功能。因此，珲春市转变经济发展方式的任务十分艰巨。为了推进长吉图开发开放先导区建设，吉林省必须抓好珲春"窗口"城市的经济发展方式转型工作，通过设立"以开放促进经济发展方式转型示范区"，促进珲春创新对外合作模式，在开放促转型上大胆先行先试。就目前情况而言，建议珲春在以下几个方面实现突破。

一是创新能源与资源合作模式，促进珲春由依赖境内资源发展经济向利用境外资源发展经济转型。例如，可以引进俄罗斯油气资源，在朝鲜罗先境外加工区进行初步炼化，在珲春进行深加工；利用朝鲜和俄罗斯的煤炭资源，在境外进行采掘和初加工，在境内发展能源转化和煤化工产业；利用俄、朝、蒙三国的金、铜等矿石资源，在境外进行冶炼，在珲春进行深加工处理；引进非洲钼矿粉，在合作区生产钼铁合金。

二是以开放带动产业升级，打造现代化出口加工基地。珲春可依托朝鲜茂山铁矿资源，通过跨境区域合作机制，在罗先地区建设炼钢企业，在珲春境内发展钢铁冷热轧等精深加工；依托俄罗斯远东林木资源，以境外加工区和境内俄罗斯工业园为载体，大力发展面向欧美市场的木制品出口加工业。依托长春一汽集团和日韩汽车产业，积极发展汽车组装及零部件加工业，建设面向俄、日、朝以及北美市场的珲春特种车辆及汽车零部件产业基地。以俄罗斯等市场为目标，建设日化等轻工产品加工基地。积极培育新能源、新材料、信息、电子、生物医药等战略性新兴产业。

三是通过创新对外合作模式畅通对外通道，打造图们江地区国际物流基地。珲春应通过对外开放，构建现代国际物流体系，配合能源矿产基地和出口加工基地建设，积极培育和引进大型专业化物流组织，发展与俄、韩、日的油气化工产品贸易，快速壮大物流规模。全面加快循环经济产业园和珲春口岸国际商品交易中心等物流基础设施建设，用足用活区域通关、固体废弃物进口、跨境邮递、内贸外运等优惠政策。2015年珲春口岸过货量超过1000万吨，成为东北亚重要的国际物流集散地。

四是创新对外合作模式，大力发展跨境旅游业，打造面向东北亚的跨境旅游基地。珲春应发挥区位优势，大力深化国际旅游合作，争取建立中、俄、朝跨境旅游经济合作区，积极探索中、俄、朝跨境旅游新模式。扎实推进防川景区综合开发，加快运行中、俄、朝环形跨国跨境旅游线路，促进图们江出海游取得突破性进展。2015年珲春市接待游客总量达到300万人次，旅游业已成为珲春新兴的支柱产业。

体制机制创新是珲春"以开放促进经济发展方式转型示范区"建设的关键。必须落实《长吉图先导区规划》赋予的"先行先试"优惠政策，努力实现体制机制的重大突破。珲春市目前应加快"中国图们江区域国际合作开发示范区"建设工作，积极推进建设中俄跨境旅游经济合作区。同时，珲春市应积极配合商务部，探索次区域经济合作的新模式，有序推动中朝珲春-罗先跨境合作区建设。珲春市还应抓紧落实吉林省《〈中国图们江区域合作开发规划纲要——以长吉图为开发开放先导区〉实施方案》中关于"扩大珲春经济管理权限"的要求，有效提高自主能力，拓展发展空间。这些先行先试的重大举措，有利于珲春市对外开放和区域经济体制机制的创新，有利于打造图们江地区对外开放和国际合作的政策高地，在以开放促进转变经济发展方式上实现新的突破，成为吉林省转变经济发展方式的先行先试示范区。

第七章
图们江地区开发开放与边疆安全战略

图们江地区国际合作开发是我国对外开放格局中的重要组成部分，是扩大我国对外开放和振兴东北的一项重要战略任务。它对促进延边州和吉林省的经济发展、巩固我国东北边疆和富民兴边、维护我国在日本海的政治经济利益以及推动整个东北亚区域经济合作与交流都具有十分重要的意义。但是，由于影响图们江地区对外开放和外向型经济发展的国际地缘政治因素非常复杂，图们江地区对外开放与跨国区域合作开发受到区域地缘政治稳定与安全的严重制约，也对吉林省边疆的政治经济形势有着深刻的影响。再加上图们江流域是迁入民族朝鲜族的聚居区，民族问题与国际问题交织在一起，形成了一种非常复杂而敏感的边疆安全局势。而且图们江流域的长白山区已经被列入国家级自然保护区和联合国人与生物圈自然保护区，属于生态环境敏感地带。鉴于图们江地区是民族问题、宗教问题、生态环境问题错综交织的敏感地区，对吉林省乃至全国的安全与稳定具有特别重要的战略意义。因此，在对外开放和跨国合作开发过程中如何维护图们江地区的安全与稳定，是一个亟待研究的重大现实课题。

一 地缘政治与边疆安全问题

地缘政治关系是指两个或多个国家间因地域上的邻接而产生的政治关系，是影响国家关系的重要因素之一。图们江地区位于中国、朝鲜、俄罗斯三个国家的交界处，也是沿江、沿海、沿边的"三沿"地带，东与俄罗斯滨海边疆区相邻，南隔图们江同朝鲜咸镜北道接壤。中国与朝鲜半岛、俄罗斯山水相连，使得图们江地区的边疆安全问题成为中国国家安全的重中之重。

1. 朝鲜半岛与我国边疆安全问题

国家安全是一个历史范畴，其内涵包括政治、经济、军事、文化等多个方面，核心内容是国家的领土和主权、国家根本制度、国家经济以及民族和人民等国家根本利益。一个国家的安全取决于内部因素和外部因素两个方面。在外部因素中，周边国家和地区对本国安全的影响最为直接和深刻。朝鲜半岛与中国唇齿相依，中国与半岛国家的关系源远流长。地缘政治因素使得朝鲜半岛局势的安危直接关系到中国的国家安全。朝鲜半岛从陆地和海洋方向面对着中国的东北、华北、华东等多个战略地区，历史上多次成为外部势力侵入中国的通道。新中国成立不久，朝鲜战争爆发，在中国安全受到严重威胁的情况下，中国派出志愿军与朝鲜共同抗击美帝国主义。

政治安全是国家安全的首要方面，任何国家都有保持政治独立、国家稳定的需求。从政治安全的要求出发，对外要防止外部势力的干涉、控制与颠覆，保持国家的独立自主；对内要防止暴力、犯罪，保持各民族的和睦共处，维护社会稳定。朝鲜与我国有1300多公里的共同边界。朝鲜的社会制度与中国相同。美国以"共产主义威胁论"为由，一意孤行地对中国、朝鲜等国家推行和平演变战略。在半岛方向，美国企图以朝鲜为突破口，进而将其战略推向中国。美国在"三八线"以南扶植了韩国，使半岛南北形成剧烈反差，迫使朝鲜按美国的希望改变。布热津斯基认为，南北之间存在巨大的经济差距，朝鲜为了保持与韩国平衡的军事力量，不得不将国民生产总值中的一大部分用于军事，从而造成经济困难。韩国经济的成功不仅能对政治和意识形态产生影响，而且可以产生对朝鲜稳定构成威胁的意识形态和民族意识。朝鲜与中国是美国和平演变战略的共同目标，中国与朝鲜在反对美国强权政治方面具有共同利益。朝鲜保持主权独立、政治稳定，免遭外部大国势力的渗透、控制、颠覆，这对中国的政治安全是有利的；反之，中国的政治安全环境将面临威胁。

经济是社会的基础，没有经济的安全，就不可能有真正的国家安全。经济是国家安全利益的重要体现。当今世界，国与国之间的竞争已由过去的以军备竞赛为主要形式转变为综合实力的较量。一国经济的发展水平在很大程度上决定了其国际地位。发达国家竞相发展高科技，逐渐拉大与发展中国家的差距。而许多贫穷的发展中国家在不平等的国际经济秩序中，经济发展缓慢，从而引发了许多社会问题，成为国家安全隐患。朝鲜半岛与我国经济安全关系紧密，在经济上已形成互补关系。中朝之间有长期的经济合作历史。近年来双方均在调整对外经贸政策，在某些方面影响了中朝贸易的发展。但度过这一调整期，中朝的经济合作将步入正常轨道。今后中朝在图们江、罗津、先锋等开发区的合作会有新的进展。中韩贸易合作范围已由沿海延伸至内地，产业合作也由小规模投资转向大规模直接投资、联合开发技术、共同开拓市场和推行技术商业化等领域。今后随着南北关系的改善，中、韩、朝之间的三角贸易也会有所发展，这将加大三方合作的力度，对东北亚经济合作起到积极的作用。

军事安全是国家安全中一个基本的、传统的方面。军事安全要求国家采取军事手段，防止或击退外敌的进攻和武力威胁，保卫国家的领土完整和统一。朝鲜半岛与我国东北战略区直接相连，同华北等战略要害地区靠近，这里一旦被任何敌对大国势力所控制，将对中国安全造成极大的威胁。朝鲜半岛从陆地和海洋方向面对我国东北、华北、华东等多个战略地区，从军事地理角度看，敌人可利用它从不同方向对我国进行威胁、进攻。它不仅直接关系到我国东北地区的安全与得失，而且对华北地区的稳定、首都北京的安全乃至整个北部沿海地区的防卫都有十分重要的作用。在中国看来，朝鲜半岛北与东北接壤，西隔黄海与华北相望，一旦敌对势力掌握朝鲜半岛，东北不仅无险可守，华北也告门户洞开。

2. 俄罗斯的政治形势与我国边疆安全问题

俄罗斯的政治形势趋于稳定，中俄关系出现了前所未有的新发展。2001年7月16日《中俄睦邻友好合作条约》的签订，标志着两国关系迈入了新的历史阶段。该条约以"促进建立以恪守公认的国际法原则与准则为基础的公正合理的国际新秩序，致力于将两国关系提高到崭新的水平以及使两国人民间的友谊世代相传"为目的，保证中俄将"齐心协力支持全球战略均衡和稳定"，强调了两国的军事和军事技术合作并不针对"任何第三国"，并重申了1972年的《反弹道导弹条约》是"战略稳定和削减战略防御武器的基础"。《中俄睦邻友好合作条约》的签署，对俄罗斯发展远东经济、融入亚太经济体系、稳定东亚区域安全，以及平衡俄美中全球战略格局与发展多极体系具有积极的战略意义。

近年来形成的中俄战略伙伴关系是双边关系稳定的重要因素。中俄两国通过共同努力，不仅防止了朝鲜半岛危机的加剧，而且防止了对南斯拉夫侵略的进一步升级。中俄两国在联合国及安理会的相互支持成为稳定亚洲地区乃至全球局势的重要因素。发展与加强对俄关系，有助于抗衡更趋紧密的美日关系，也有助于中国在促进亚太安全与合作问题上获得支持。同时，通过与俄罗斯的经贸合作，中国可以获取俄罗斯的先进技术和丰富的资源，从而促进东北地区乃至图们江地区的建设开发。

伴随着中俄战略伙伴关系的确立和《中俄睦邻友好合作条约》的签署，中俄关系呈现稳步发展的态势。而中俄两国在防止朝鲜半岛危机加剧、维护亚洲地区乃至全球局势的稳定方面也表现出了前所未有的相互协调，这对促进东北亚地区乃至图们江地区的建设开发起到了至关重要的作用。

3. 东北安全形势对图们江合作开发的影响

东北亚地区复杂的国际环境仍然存在很多问题与矛盾。如朝鲜半岛南北双方长达半个世纪的分裂所造成的相互不信任不可能在短期内完全消除。另外，朝鲜核问题"六方会谈"停滞不前，一个矛盾尚未解决又出现新的矛盾，从而使这一地区的国际政治环境非常不稳定，无法形成国际合作开发的氛围。尤其是日本作为图们江地区国际合作开发最主要的资本来源，在日美同盟的原则下日朝邦交正常化长期得不到解决，日本一直作为观察员国参与图们江地区国际合作开发的相关事项。事实上，在东北亚区域合作开发中，日本同周边国家也存在一些矛盾，诸如日俄之间的"南千岛群岛"问题、日韩之间的历史积怨和独岛问题、日朝关系的非正常化，以及所有国家对日本"军国主义复活"的警戒心理等。上述种种问题都影响了东北亚地区国际经济合作的发展，直接影响了图们江地区国际合作开发的推进。

对于多国区域经济合作或者多国区域共同市场的形成，参与国的对外开放是必要条件。"二战"以后，区域经济集团化是世界经济的重要发展趋势。进入20世纪80年代以后，区域经济集团化的发展更为迅速，目前世界上存在程度不同、形式多样化的区域性经济组织，这些组织的经济合作内容多样，基本上表现为资本、技术、劳务、信息等要素在国际的自由移动。但是图们江地区周边各国的经济体制存在明显的差异，而且成为在这一地区多国共同开发的主要阻力之一。这又必然导致合作开发呈松散状态。由于图们江地区周边国家在社会制度、意识形态、经济体制和技术水平等方面存在很大差异，因此从目前的情况看，图们江地区的国际合作处于初级阶段，合作缺少广泛性和紧密性，合作形态呈松散型，合作的方式基本上以双边合作为主。在图们江地区开发的初级阶段，朝鲜作为主要参与国，其经济体制即使不是市场经济体制，也应该是商品经济体制，并且在区域国际市场上的经济行为必须符合市场规律。为此，朝鲜首先必须实行积极的对外开放政策。否则，朝鲜即使拥有开发的优越条件，而且制定了详细的相关法律，也无法达到其目的。事实上，罗津-先锋自由经济贸易区的外资引进远未达到原计划的外资引进目标。其根本原因就是朝鲜的体制问题和对外封闭政策，而这些又直接影响周边国家促进图们江地区开发项目的实施。因此，未能实现图们江地区开发活跃化的根本原因是朝鲜的现行经济体制和对外封闭政策。

该地区脆弱的经济基础无法实现对基础设施建设的自身投资。鉴于朝鲜的经济体制，在基础设施领域引进外商投资的希望不大，因此朝鲜的基础设施建设比较落后，外商投资环境建设也相对滞后。俄罗斯远东地区是原有投资环境非常落后的地区，再加上联邦政府削减对远东地区的财政援助，对各地区的投资持续减少，因此，在远东地区地方财政对急剧上升的通货膨胀也无法应对的情况下，对基础设施建设的投入更是不可能的。同时，图们江地区开发的国际环境问题没有得到解决，使远东地区失去了联邦政府对该地区的投资吸引力，所以远东地区的基础设施和投资环境得不到根本的改善。图们江地区处于毗邻中、俄、朝三国的边远地区，基础建设均很薄弱，大量的基础建设资金如何筹集？要解决这个问题，必须依靠政府支持，特别是各国中央政府的支持以及国际组织的支持。但是，目前三者对该地区的投资都很有限。日韩两国是该地区资金实力比较雄厚的国家，但它们与朝鲜均没有建立外交关系，没有签署投资保护协定，日韩资金的进入，也需要克服现存的困难。所以，国际组织中有关各国政府及商业界，必须寻找适当方式，开拓有效的渠道，解决图们江地区开发所需的资金问题。

二 图们江地区对外开放对边疆安全的影响

图们江地区的开发和开放,给该地区乃至整个东北亚地区带来了新的机遇与挑战。面对经济发展的良好态势,我们也应注意到国家以及民族间如此频繁地交流联系势必带来一系列不稳定因素,无论是国内民心动向还是国外宣传鼓动,各国各地区财富与地位的不平等势必在民间造成不安定因素日渐活跃与非法活动日益猖獗的后果。为了地区的安全稳定和可持续发展,也为了各国合法经济活动的顺利进行,必须加大力度防治边疆地区的安全问题。鉴于此,我们将在下文中就图们江地区经济开放与跨国区域经济合作所带来的非常突出的边疆安全问题进行逐一分析,以找出其发生的根源及治理的有效措施。

1. 朝鲜人非法越境对边疆安全的影响

世界经济发展的不平衡一直是移民活动发生的原动力。谋求经济地位的改善,追求更好的生活,一直是移民最主要的动因。随着图们江地区的进一步开放,以及图们江跨国区域经济合作的进一步展开,近年来,与其相对应的朝鲜半岛局势不甚乐观,岛内经济更是萎靡不振,这直接导致了岛内的朝鲜人频频非法越境。资料显示,2001年12月29日,朝鲜警备队员非法越境后还盗伐图们市凉水镇的林木。2002年6月16日凌晨,和龙市南坪镇柳洞林场家属房内发生了一起特大入室抢劫杀人案,造成中国边民3人死亡,后经公共安全机关调查,案件系由朝鲜非法越境人员所为。凤凰卫视2003年9月17日消息,2003年1月29日和2月19日,在离吉林省延边州延吉市约70公里的龙井市三合镇草坪村和大苏村,接连发生了由朝鲜人引发的越境恶性抢劫杀人案,共致死中国边民4人。2003年1月6日,和龙市崇善镇古城村发生朝鲜非法越境人员盗窃中国耕牛案件。2003年1月23日,珲春市板石镇边疆发生了一起朝鲜警备队员违反两国协议持枪越境,在中国境内公然鸣枪,并用枪刺刺伤中国边民的恶性事件。2003年1月27日,延边州下辖的珲春公共安全专家边防大队敬信边防派出所根据群众举报,在敬信镇二道村抓获一名非法越入中国境内的朝鲜警备队员,当场缴获朝鲜六八式自动步枪1支、弹夹4个、实弹15发、空爆弹3发、枪刺1把、弹夹袋1个。2003年1月30日,延边州公共安全专家边防机关在龙井市朝阳川镇山城一队抓获5名朝鲜非法越境人员。经审查,该5人自2002年10月起在延吉、龙井等地连续盗窃、绺窃作案21起,涉案总金额达5000余元。

总之,延边州边境地区发生多起朝鲜警备队员非法越境滋事事件及由朝鲜人引发的越境盗窃、抢劫、杀人等恶性案件。朝鲜人非法越境问题严重影响了该州的治安秩序,严重扰乱了边民正常的生产生活秩序,给边民群众的生命和财产安全带来了极大隐患。以上这些事实都是该州边境地区发生的境外军警人员越境滋事和朝方人员非法越境后在中国实施的盗窃、抢劫、杀人的典型案例。这些实证都说明了经济的不平等给边疆地区造成的危险性远远大于非边疆地区。东北亚各国间经济的快速发展与互利共赢应成为今后开展区域经济合作的重点。

2. 延边地区人口发展态势与民族人口构成变化

民族问题是关系边疆多民族地区社会主义和谐与社会建设的首要问题。正确处理民族问题是边疆多民族地区建设社会主义和谐社会的基本工作。进入21世纪,对延边地区人口发展与民族人口构成做一个历史性回顾与分析是很有意义的。新中国成立时,延边地区总人口约为83.5万人。其中,朝鲜族人口约为52.9万人,占总人口的63.36%;汉族人口约为28.8万人,占总人口的34.57%;满族、回族等人口约为1.7万人,占总人口的2.07%。新中国成立后,延边地区民族人口的构成发生了巨大变化。1949～2000年,汉族人口比例由34.57%上升至58.54%,提高了23.97个百分点;朝鲜族人口比例由63.36%下降至38.50%,下降了24.86个百分点;其他民族人口比例仅提高0.88个百分点。因此,朝鲜族人口由绝大多数变为少数,汉族人口由少数变为绝大多数,朝鲜族干部在延边州干部中的比例由20世纪50年代初期的74%下降至42%。民族人口构成变化的原因是多方面的,归根到底是由各民族人口发展不平衡引起的。1949～1970年,延边地区人口增长81.1%。其中,朝鲜族人口增长29.8%,汉族人口增长187.4%,相当于延边地区人口发展平均水平的2倍和朝鲜族人口发展水平的5倍以上。1972～2000年的28年间,朝鲜族人口增长20.7%,年均增长率为0.67%;而汉族人口增长44.15%,年均增长率为1.31%,约为朝鲜族人口年均增长率的2倍。1949～2000年的51年间,朝鲜族人口由52.9万人增加到84.2万人,增长59.2%;汉族人口由28.8万人增加到127.8万人,增长343.8%,朝鲜族人口和汉族人口增长率之比为1：5.8。据延边州民政局统计,1993~2001年全州登记跨国婚姻18885人,其中去韩国的朝鲜族女性为18000人,占总数的95%以上,而未婚女性则达9540人,占去韩国的朝鲜族女性总数的53%。第五次全国人口普查数据显示,延边地区外出人口280757人,其中边境城市83540人、边境乡镇12031人,这些人绝大部分是朝鲜族,其中女青年所占比重较大。截至2010年1月,滞留在韩国的朝鲜族人口达299796人。图们江地区朝鲜族人口大量外流,特别是大量朝鲜族年轻人口的流动,使不少朝鲜族聚居的乡村劳动力不足,一些村屯老弱户、病残户比例高达30%~40%,甚至中朝边境有许多村庄出现"空巢化"现象,成为中朝边境安全的不确定因素。人口大量外迁带来的是离婚率的上升和朝鲜族人口出生率的下降,民族教育萎缩等情况也日益严重,导致传统家族关系发生变化,使朝鲜族传统聚居区趋向解体。而进入城市的散居朝鲜族人口往往不能融入当地社会,有很强的孤独感,在与汉族群众的频繁接触中发生摩擦、产生误会的因素也随之增多,增加了社会的不稳定因素。

延边地区民族人口构成发生变化的直接原因在于各民族人口发展不平衡,而朝鲜族人口的低增长率及绝对人口的减少,主要归因于边疆经济的不断开放和跨国经济合作的展开。在经济一体化、国际经济合作潮流的带动下,在加强各地区间经济合作的过程中,朝鲜族人民语言上的优势,以及同一民族内历史文化、风俗习惯的相似性,使得延边地区的朝鲜族同胞在我国与韩国、朝鲜两国的经济交往中扮演了重要的角色。我国朝鲜族人口大量外流到经济发达的韩国以寻求经济状况的改变,尤其是文化水平较低的朝鲜族女性,不顾危险与法律责任偷渡到韩国从事劳动密集型的工作以贴补家用。这些实际情况既体现了经济开放政策对提高人民生活质量、加速就业有着巨大的帮助作用,也体现了经济开放给边疆地区人民带来的不安定思想和不稳定情绪。而延边地区朝鲜族人口的大幅度减少也证实了经济增长所带来的安全问题的滋生。

3. 外国宗教势力的渗透及其对边疆安全的影响

随着改革开放的不断深入和国际交往的日益扩大,境外宗教敌对势力一直把延边地区作为宗教渗透的重点,它们利用延边地区的民族、宗教感情,采取各种手段,不断调整渗透策略,采取"少量派遣,防止冲突,华外培养，华内开花"的新策略，有组织、有计划地对延边地区进行宗教渗透活动。它们不断变换手法，把宗教渗透与贸易、科技、文化交流、兴办"三资"企业、创办社会福利事业等交织在一起，使宗教渗透活动更加隐蔽、更加复杂、更加敏感。宗教敌对势力对延边地区进行渗透的主要手段有以下几种。一是空中传教。利用广播电台、书信进行传教活动，还举办广播神学函授班。根据有关方面的调查，延边地区有20多人参加神学函授学习。韩国基督教电台还专门派人到延边了解收听效果和函授生的学习情况。二是偷运、邮寄宗教宣传品，进行"文书布道"。采取分散携带、少量邮寄、托人带入等方法向延边地区寄送宗教宣传品。1996年6月，韩国汉城圣经大学牧师南某某等4人携带大量的宗教宣传品入境到延边地区，在敦化市圣山教会执事曹某某家聚集12名执事非法举办了"小教会指导者培训班"。三是在延边地区出境人员中发展教徒，培植代理人。近年来，延边地区出境人员在国外期间被发展为教徒的有200多人，有的还被委任为"传教士""牧师"等。这些人回国后，在延边地区策动建立聚会点57处，有的还公开反对"三自"办教方针，拒不接受政府的管理，公开与合法教会对着干，造成严重的危害。龙井市崔某某于1991年10月去美国塞班劳务期间被发展为教徒，1995年6月回国后在延边地区建立非法聚会点，并被任命为"青年会"会长。崔某某按照境外宗教敌对势力的旨意进行非法活动。四是以各种合法身份重复入境，对延边地区进行渗透活动。1994年以来，被沿边公安机关发现的就有200多人。例如，1995年2月，美籍韩人牧师金某某受韩国教会的委派，以健康教育专家身份在延边职工疗养院非法成立"安息日教"，多次举办宗教培训班，发展教徒数百人，建立非法聚会点36处。1995年以来，韩国牧师具某某多次入境，到延吉市北山街等地建立聚会点，登台讲道，施洗发展教徒。韩国长老金某某，在延吉市延西街秘密建立"新生命教会"，发展教徒30余人。除此之外，韩国宗教组织还以旅游为名，到延边地区组织宗教活动。这些组织为了扩大宗教的影响，每年在长白山举行规模较大的集体祈祷活动。五是以投资办企业、学校、慈善事业为名，立足延边，为长期进行宗教渗透活动打基础。根据调查了解，到目前为止，延边地区由境外宗教组织协助并派人办学校6所，其中延吉市5所，即延边大学科技学院、延吉海员学校、外国语训练院、三育外语学院、钢琴学校，龙井市还有1所；在延吉市创办

"三资"企业3家，开办慈善机构6个，即延边州盲人康乐中心、延吉纺织厂幼儿园、延吉市兴安乡敬老院、龙井市善邻敬老院等；韩国基督教世界善邻会的在延边地区搞扶贫资助活动，建立了6个善邻村，即和龙市章项村、龙井市大成村、龙井市龙江村、延吉市依兰乡兴光村、延吉市依兰乡台岩村、图们市兴家村。韩国基督教世界善邻会的名誉会长是韩国前国务总理高健，名誉副会长是韩国KBS前会长徐英勋、会长李秀民及该会的7名理事均为教职人员。李秀民等人从1994年开始每年到延边来一趟，对其"扶贫点"进行视察和投资，村民只要同意加入"善邻会"，就可以得到资助。1995年8月，韩国牧师崔某某、传教士禹某某以办疗养院的名义，在延吉市兴安乡政府所在地购买了一栋房屋作为传教点。他们组织了十几个人的传教队伍，以"治病"为由进行传教和禁食祈祷等活动。六是资助办教经费，投资建教堂，提供津贴。根据调查，延边地区绝大部分宗教活动场所及个人都不同程度地接受了境外宗教组织和个人的资助。其中数额最大的是"延吉教会"，超过800万元。其次是"北山教会"15万元、"朝阳朝鲜族教会"15万元、"光进教会"10万元。其他县市的宗教组织也都不同程度地接受了境外宗教组织的资助。据不完全统计，延边地区接受境外宗教组织资助的金额已经达到4000万元。韩国基督教组织还在延边地区建立企业10余处，企业规定不信教的工人不能进厂，工人工资的10%作为"奉献金"。据统计，2010年在我国200万朝鲜族人口中，基督教徒已有12万人，仅在吉林省就有60个教会和1000个处所，牧师有15人。不仅如此，韩国基督教团体还在研究如何通过朝鲜族教会扩大向中国传教的问题。

  以上这些宗教势力的恶意活动均是以经济开放为前提条件的，经济开放政策下东北亚各国间通关手续的简化和互动往来的密切为其作案提供了便利条件。但其所从事的是一些不利于各地区、各国家间关系健康发展的分裂主义活动，给边疆地区带来了诸多不安定因素。一是宗教的扩张性及其对公共权力的影响。宗教的扩张性及其认同感的强化，在一定程度上不利于维护以公共权力为基础的政府权威。从宗教发展的内在动因和外在表现看，宗教具有扩张性。事实上，图们江地区出现的"宗教热"，在某种程度上是这种扩张性的外在表现。这种扩张性超出一定限度，往往影响社会公共生活的正常运转。如果考虑到在有些地方宗教已成为一种有信仰、有组织、有教会资产的实体性组织力量，那么这种扩张性对公共权力的影响就不容忽视。有关调查材料表明，"在一些地方农村，宗教组织欺骗挟持群众，干预党政事务，争夺基层政权，甚至把持村委会"。这些问题，尽管是局部的和个别的，但是其性质无疑是严重的。二是宗教的国际性为国外敌对势力的渗透提供了某种可能的途径。国内外反动势力利用宗教进行破坏活动，对社会政治稳定构成一定威胁。图们江地区是多民族、多宗教地区，这既有利于促进各国人民的友好往来和相互了解，也为国际势力的渗透提供了某种可能渠道。尤其是在国际格局大转变、民族宗教问题突出的情况下，世界上不少国家和地区的民族矛盾与宗教纷争十分突出，频频发生流血冲突和局部战争。三是宗教的信仰至上原则在某种程度上可能会成为社会灾难的根源。信仰决定着信教者的意识和行为，为了信仰，他们可以从事一切。因此，对神的绝对信仰必然降低对人应负的道德义务感，对神的绝对肯定必然包含对人的否定，对神的绝对服从必然意味着对人的抛弃。信奉宗教信仰至上的原则，在某种程度上会导致宗教狂热和盲从。受宗教的影响，信教群众的政治态度和行为常常表现出两极化趋向，即一般情势下的冷漠和特殊情势下的狂热。所谓一般情势下的冷漠，主要是指社会安定，社会秩序比较安宁，宗教活动正常，宗教与社会、政府的关系正常时，信教群众比不信教群众对政治更冷漠。所谓特殊情势下的狂热，主要是指社会比较动荡，社会秩序比较混乱，或社会变化过于迅速，人们普遍感觉难以把握，或者社会出现了侮辱或损害宗教的事件，在宗教上层人士的影响下，信教群众显得较活跃，其行为甚至近似狂热，利用狂热的宗教煽动叛乱。总之，宗教对图们江地区政治、经济稳定的影响是双重性的，也是长期的。只有全面正确地认识宗教的这种特性，才能进一步搞好新时期的宗教工作，从而促进图们江地区乃至全国的政治稳定与发展。

4. 延边地区跨国犯罪问题及其对边疆安全的影响

跨国犯罪主要表现为跨国偷渡和走私等非法行为。吉林省中朝边界线长1428.7公里，近年来，各类走私贩私违法犯罪活动，尤其是走私汽车犯罪活动尤为猖獗，不仅扰乱了经济秩序，而且败坏了社会风气。几年来，收缴的大量走私汽车以及香烟、毒品等总价值约6930万元。其中，和龙市边界线长164.5公里，2000年以来共查缴走私汽车348辆。延边州共查扣各类走私汽车 127 辆,价值 970 余万元。

从朝鲜走私汽车到中国,曾经形成大规模的"地下经济"。朝鲜没有私人汽车,但是中国有庞大的汽车市场。南方的汽车走私被遏制之后,中朝边界又成为新的汽车走私地区。朝鲜的进口汽车来自日本和欧洲,既有新车,也有旧车,免税进口后再走私到中国。据吉林省的朋友说,朝鲜经营汽车走私的都是"公营机构",因为走私利润丰厚,一度成为朝鲜重要的"外贸"支柱。朝鲜军队向中国走私汽车,可谓服务到家,实行"三包",负责将中国人买下的汽车包运到指定地点。这样,中国的走私者和朝鲜的"出口商"勾结在一起,形成了一支走私大军,将汽车源源不断地走私到中国境内。仅罗津一地 2005 年 6 月已到货的汽车就有 10000 多辆,只要有可能,朝鲜就会将汽车运进来向中国走私,因为这是朝鲜维持生计的重要来源。据中新社报道,海关总署 2005 年 1~4 月在长春、哈尔滨、满洲里海关关区开展了打击边境地区汽车走私的专项行动,在不到 4 个月的时间里,共查获走私汽车及无合法证明车辆 192 台,抓获走私犯罪嫌疑人 92 名。海关总署统计资料显示,自全国掀起打私风暴以来,大规模一次走私数十辆甚至上百辆汽车的猖獗势头已得到明显遏制。在中国海关系统查获的四五百辆整车中,东北地区海关查获量占七成以上,足见东北地区汽车走私势头之凶猛。

新华网 2008 年 1 月 14 日指出,近年来延边、白山地区边境走私贩毒呈现境内外贩毒人员相互勾结、通道日趋网络化、种类日趋精品化的趋势。据中广网 2009 年 6 月 28 日报道,2009 年上半年被吉林省公安部门逮捕的毒品走私犯罪嫌疑人达 367 人,缴获的毒品达 6.139 吨,在中国各省份中排名第一。这主要是由于朝鲜国内毒品管理失控的影响,中朝边境已经成为境内外不法分子走私毒品入境的一条重要通道。据吉林省延边州公安局禁毒支队队长尹京万介绍,目前中朝边境走私贩毒主要以朝鲜人非法越境为主。延边州 90% 以上的冰毒和鸦片是朝鲜贩卖过来的。诸如此类的刑事犯罪案件在延边地区还有许多,严重威胁了当地中国百姓的生命和财产安全,破坏了当地民众平静的生活,扰乱了正常的经济秩序,败坏了社会风气。有些偷渡者长期非法滞留中国,使内地人口管理和出入境管理愈发混乱。在中国政府对各种犯罪行为的严厉打击下,虽然走私活动的猖獗势头已得到明显遏制,但是其造成的影响和后果十分严重,要想彻底解决这一问题还有许多困难。

跨国犯罪问题也是在经济开放的基础上衍生出的不正当、不健康的地区间交流合作问题。东北亚地区各国间的经济发展水平差异过大，政治格局也各不相同，这必然导致一些不法分子为了达到经济目标或是毒害他人思想等目标而做出违反法律法规的事情来。

5. 生态环境问题及其对边疆安全的影响

森林资源遭到破坏，珍贵动植物减少。长期以来，管理落后、过量采伐、采育失调，使森林资源遭到不断破坏，再加上林龄和林种结构不合理，导致珍贵动植物数量和种类减少，涵养水源功能下降，水质日趋恶化。据统计，在最近的 10 年间，优质针叶树种比重下降 0.62 个百分点，红松树种比重下降 1.91 个百分点，云杉树种比重下降 0.68 个百分点。目前，除长白山保护区和极少数地区尚保存有原始森林外，几乎全部原始森林都已变成次生林，东北虎等一些珍贵动物已濒临灭绝的危险。

水土流失严重。据统计，图们江流域水土流失面积为 33.75 万公顷，占流域总面积的 14.9%，年平均土壤流失量为 812.4 万吨。按水土流失程度分，轻度流失面积占现有流失面积的 47.9%，中度流失面积占比为 25.8%，强度流失面积占比为 26.3%，中强度流失面积合计占比达 50% 以上。特别是在布尔哈通河和海兰江流域，由于人口密度大，林草覆盖率低，耕地、荒地面积大，水土流失现象尤为严重。严重的水土流失导致土壤贫瘠，河道淤塞变浅，河水含沙量增高，农业生态退化，影响了生态环境的良性循环。

大气质量有恶化的趋势。图们江流域的大气污染主要来自火力发电厂、工业锅炉、采暖炉、民用炉等。该地区的能源主要是当地的煤，燃烧效率低，且山间盆地大气传输能力差，使得坐落在盆地的城镇多数遭受较为严重的大气污染。由于静风、逆温出现的频率较高，污染物在大气环境中停留的时间相对较长。目前影响该地区环境质量的主要是降尘和颗粒污染物。降尘是该地区头号污染物，各地普遍超标。超标率最高的是和龙市，达 70.7%。颗粒物是流域内的第二号污染物，超标率为 32.5% ~ 60.0%。第三号污染物是二氧化硫和氮氧化物。二氧化硫超标率最高的是龙井市，约为 33.3%；氮氧化物超标率最高的是延吉市，为 32.5%。

图们江水质污染严重。流域内的水土流失和未经处理的各种工业和城镇居民生活污水的直接排放，严重污染了图们江流域内的局部河流。图们江干流从茂山到我国出境口的 350 公里江段均受固体悬浮物的严重污染。水中悬浮物主要来自朝鲜的茂山铁矿，该矿每年向图们江排放大约 1600 万吨尾矿砂，位于茂江下游 30 公里处的南坪断面，悬浮物平均浓度达 940 毫克/升。图们江下游还受到有机物的严重污染，这里的 COD（化学需氧量）和 BOD5（五日生化需氧量）均超过地表水 V 类标准十几倍。这些有机物主要来自我国境内的开山屯化学纤维浆厂和石岘造纸厂，两家工厂每年向图们江排放约 6000 万吨造纸废水。流域内的其他河流在城市下游处的水质亦超过地表水 III 类标准。此外，不同水期河流污染物的类型有所变化，枯水期和平水期污染物以 COD 为主，而丰水期则以悬浮物为主。图们江干流及其他河流水质的污染，将成为图们江流域今后发展的主要制约因素。

为了经济的迅速增长而不顾社会的可持续发展是我国 20 世纪 80 年代以前的发展格局。随着人们对自己周围生活环境重视程度的提高，党的十六届三中全会提出了"以人为本，全面、协调、可持续"的科学发展观。经济发展的初期必然会以资源的不断采掘为前提。大规模地开采各种资源是我国经济发展迅速的原因之一。但现在我们也意识到经济发展所带来的生态环境破坏的不可弥补性，由于资源环境的不可再生性，我们必须开始关注生态环境破坏所带来的安全问题的影响。

三 促进图们江地区和谐稳定的战略对策

1. 社会安全与稳定状况的指标体系

影响边疆安全与稳定的因素众多，而且在不同的区域这些因素又有差异，将这些因素归类并分析其共有特性，可以形成相对比较适用的评价和预测社会安全与稳定状况的指标体系。指标是衡量检测社会安全与稳定的数量关系，研究社会安全与稳定的现状、相互关系和发展趋势的手段。它对边疆安全与稳定的现状具有描述、评价和预测的功能。边疆安全与稳定指标的确定主要有两种方式：其一是以理论分析为基础，运用演绎推理方法，由范畴演绎出概念，再由概念演绎出变量，并用各种类型指标予以指示；其二是以经验分析为基础，从丰富多彩、错综复杂的社会现象中归纳概括出一些基本分类事项和度量标准，由此建立指标，用以指示现象。由于社会安全与稳定是一个复杂的变量，所以它由多个指标构成，形成指标体系。关于社会安全与稳定指标体系的构建，有两个问题必须明确：一是城市之差异，城市不同则其社会安全与稳定的影响因素也有区别，因而确定指标必须从实际出发，不可统一概之；二是随着社会的发展和变迁，不同的历史时期其指标也会有所变化，应当积极采取多元化、动态性预警策略。确定边疆安全与稳定的指标并非如自然现象预警那样容易选择量化指标，社会现象的异质性、复杂性以及社会成员的个体差异性给明确指标和构建指标体系增加了难度。就我国目前的城市发展状况而言，下列警源性指标十分重要。

（1）公共安全。这里指的是狭义的公共安全，主要是边疆社会治安的状况。社会治安直接决定了居民的生命、财产安全以及内心的安全感，直接决定了社会是否安定。影响社会安全与稳定的因素包括刑事案件立案数、治安案件查处数、群体性事件、恐怖袭击事件、公共场所滋事事件、民族宗教突发事件、涉外突发事件、影响校园安全稳定事件等。

（2）社会经济。社会经济发展状况是影响社会安全与稳定的重要因素，人民生活富足、安居乐业，社会自然安全。影响社会安全与稳定的因素包括经济对外开放度、发展速度、流动人口、下岗失业情况、贫富分化、贪污腐败、社会保障程度等。

（3）自然灾害。自然灾害是一种突发性的影响社会安全与稳定的因素。破坏性强的自然灾害一旦发生，就会给人民的生命和财产造成难以挽回的巨大损失，产生民心不稳、疫病流行等问题。影响社会安全与稳定的因素包括破坏性地震或海啸、突发性地质灾害、水旱灾害、大风及沙尘暴天气、浓雾天气、冰雪天气、暴雨雷电天气、森林火灾等。

（4）公共卫生。随着人类社会的发展和科学技术水平的提高，人类拥有的医疗资源和具有的医疗水平都明显改善，但与此同时，面临的公共卫生风险依然巨大，2003年的SARS疫情就清楚地说明了这一点。人类历史上已经出现过多次疫病流行导致人人自危、社会动荡、政府失控的例子。影响社会安全与稳定的因素包括食物中毒事件、职业中毒事件、重特大传染病疫情、重大动物疫病等。

（5）重大事故。重大事故的发生往往会对民众的心理产生巨大冲击，或直接危害民众的人身安全，其对社会安全与稳定的影响也是巨大的。影响社会安全与稳定的因素包括危险化学品事故、矿山事故、特种设备事故、轨道交通运营突发事件、火灾事故、建筑施工突发事故、公共供水突发事件、城市排水突发事件、重大电力突发事件、燃气事故、供热事故、环境污染和生态破坏性突发事件等。

（6）重大活动。各种重大活动在社会生活中随处可见，如节庆活动、大型展览、大型演出、大型体育比赛等。重大活动的举办并不一定带来安全与稳定的风险，但蕴含风险。由于这些活动往往是社会关注的焦点，影响面大，一旦发生问题，消息马上传播，容易对社会稳定造成不利影响。

（7）生态环境。我国的城市基本上是某一区域内人群聚集和政治、经济、文化的中心，因此周边区域的各种生态破坏与环境污染问题易引发矛盾冲突和社会公共安全事件。

2. 加强国际经贸往来，利用正规就业渠道解决非法偷渡问题

非法越境是涉及输出国与输入国的复杂的跨国行为，这一问题的解决有赖于各国的合作，尤其是要加强国际经贸往来，重点在于开辟移民来源地及周边地区的就业门路，拓宽出入境渠道，利用正规就业渠道解决非法偷渡问题。同时，还要加大国际对非法越境的打击合作力度，各国各地区间要主动交流信息、统一行动、相互配合。

（1）加强出入境管理，严厉打击偷渡犯罪。非法移民现象之所以猖獗，一个重要原因就是国际上存在一个队伍庞大、范围广泛、组织严密的偷渡网络，"蛇头"们为了获取暴利，采取多种形式，从事组织偷渡活动。而各国对其边境管理不严，打击不力，为偷渡活动提供了机会。因此，要有效控制非法移民，各国必须从源头入手，即加强出入境管理，重点打击专门从事偷渡犯罪的"蛇头"及其组织。为加强出入境管理，各国应采取以下措施。第一，出入境管理部门要严格执行出入证件的签发、审批和检查程序，杜绝以假签证、假护照和假证件蒙混过关的现象。第二，针对利用出境旅游进行偷渡的情况，要加强对出境旅游的管理。第三，针对一些不法分子利用劳务输出组织偷渡的情况，要加强对劳务输出的管理。第四，加强边境巡逻与边境管理，防止非法越境。第五，鉴于国际人口犯罪集团行贿收买出入境管理部门官员和边境检查人员的现象比较普遍，各国必须整治有关官员的腐败行为。在加强出入境管理方面，一些国家已经采取了行动。非法移民和偷渡活动大多受国际"蛇头"蒙骗或组织偷渡集团

的操纵，要控制非法移民活动，必须斩断操纵非法移民活动的"黑手"。为此，必须制定处罚"蛇头"和组织偷渡集团的相关法规。

（2）加强打击非法移民的立法。打击非法移民不可能一蹴而就，它是一项长期而艰巨的任务，这就需要国际社会把解决非法移民问题长期化、制度化和法治化。为此，各国必须制定或完善有关移民政策以及打击非法移民的法律与法规，做到有法可依、有法必依、执法必严、违法必究。在我国，日趋严重的非法移民问题引起了政府的高度关注。1994年全国人大常委会第六次会议通过的《关于严惩组织、运送他人偷越国（边）境犯罪的补充规定》指出，凡组织他人偷越国（边）境的，或者以劳务输出经贸往来或其他名义，弄虚作假，骗取护照、签证等出境证件的，以及为他人提供伪造出境证件或倒卖出境证件的，均应分别量刑惩处。1979年的旧刑法和1997年的新刑法均对偷渡行为做出了严厉惩罚的规定。对一般偷渡者进行罚款，甚至判处有期徒刑；对组织偷渡的"蛇头"可判处7年以上有期徒刑甚至无期徒刑。目前，中国已形成了以刑事法律为主，行政法规、部门规章相配套的打击非法移民的法律体系。但总体而言，国际社会现有的打击非法移民的立法仍存在不少问题，如立法漏洞多且不完善、范围不够广泛、执法力度不够大、各国相关法律法规之间的协调性不强等。因此，那些仍无非法移民立法的国家，应尽早出台有关法律法规；已经制定了法律法规的国家，应完善立法并切实执行。

（3）避免非法移民问题政治化，严格规定难民资格。非法移民主要是一种由经济因素引起的跨国犯罪现象，但往往夹杂着许多政治因素，近年来其政治倾向日益明显。部分西方国家基于意识形态的偏见和本国政治文化传统，在给予别国公民"政治庇护"和难民签证问题上的尺度很宽，使许多非法移民轻易获得难民身份或居留权。国际社会必须充分意识到非法移民问题政治化现象带来的消极影响，避免非法移民政治化倾向。在此，有必要对难民与非法移民做明确的区分对待。难民的基本含义，是指那些为躲避危险或迫害而逃离家园远走异国他乡的人。联合国以及一些地区有关公约对难民的概念和范围做了具体规定。与非法移民问题一样，日益严重的难民问题引起了国际社会的广泛关注。由于难民问题产生的情形不同于非法移民问题，它往往是由战争、种族和民族冲突、环境和经济灾难等引起的，因此在国际社会中受到同情与保护。在联合国的主持下，1951年签订的《关于难民地位的公约》和1967年签订的《关于难民地位议定书》，为国际社会保护难民做了最基本的规定。国家虽然没有主动接受获得难民地位的人，但对难民的入境、居留和出境应给予一定的宽容和便利，在难民服从所在国属地管辖权的前提下，所在国有义务不分种族、宗教或国籍对他们适用难民公约的规定。而与之相反，非法移民应遭到国际社会的打击。正因如此，从事非法移民活动的组织和个人通过各种渠道和手段，使非法移民在到达所在国之后获得难民资格或难民地位，从而使非法移民合法化。因此，国际社会必须进一步完善现有关于难民的法律文件，严格规定难民资格的确认和难民地位的申请、审批程序，堵塞非法移民获得难民资格的漏洞。

（4）加强反非法移民的宣传教育。非法移民现象之所以屡禁不止，偷渡者不惜倾其所有达到偷渡目的，与偷渡者对偷渡行为及其后果的认识程度有很大的关系。大多数偷渡者认为通过偷渡出境，可以改变自己的处境，甚至实现自己的梦想。偷渡者大多文化水平不高，对外国缺乏了解，易受偷渡犯罪组织和"蛇头"的宣传蛊惑，将迁入国幻想成遍地黄金。因此，加强对居民特别是有偷渡倾向的居民的宣传教育，不仅十分必要，而且对预防和减少非法移民有着重要的意义。各国在加强反非法移民的宣传教育中，要注意强调以下几点。第一，偷渡、非法移民并非光彩的行为，而是一种国际犯罪，任何从事或卷入这一活动的个人或组织都将受到法律的惩罚。第二，偷渡活动对偷渡者所属国的经济、社会乃至国家形象都将造成严重后果。一个国家某些地区的居民大批偷渡出境导致劳动力缺乏、生产荒废、经济衰退的现象比比皆是，因此偷渡活动不仅影响了国家经济的发展，危害了社会治安的稳定，成为滋生各种犯罪的诱因，而且偷渡活动违反了国家出入境管理制度，损害了国家的国际形象和国际声誉。第三，大量的事实证明，对偷渡者来说，偷渡往往得不偿失，甚至要付出生命的代价。这是因为，一是组织偷渡的"蛇头"为了获取暴利，向偷渡者进行巨额勒索，使偷渡者背上沉重的债务负担。二是偷渡过程充满危险，因偷渡运输工具简陋，不少偷渡者在偷渡途中不幸丧生，偷渡过程被称为"死亡之旅"。三是由于非法移民在国外没有正常的身份，只能在一些报酬低廉、环境恶劣的场所打工，还要担心随时受到盘查或被遣返回国，他们多数过着艰难、低人一等的生活。一位研究非法移民问题的华裔学者指出,非法移民就是一场以生命做赌注的赌博,像任何赌博一样,一些人发了财,一些人血本无归,大多数人只能打个平手。

(5)加强国际合作,共同反对非法移民活动。为进一步完善国际合作,共同打击非法移民活动,首先,国际社会应进一步完善这方面的合作机制,包括定期或不定期的会晤磋商、共同立法、成立专门的反非法移民合作机构等。其次,要加强联合国在打击非法移民活动中的作用。联合国是当今世界最重要的国际组织,在处理与解决许多重大国际问题与全球性问题上发挥了重要作用,在协调国际社会共同打击非法移民方面,它所发挥的作用同样是任何国家以及其他任何国际组织所无法替代的。最后,国际社会应在有关非法移民的界定以及如何处理非法移民问题上取得更多的共识,同时也要避免以反非法移民为由干涉别国内政、损害他国主权的行为,这样才能有利于国际社会在平等、互信的基础上加强合作。

3. 营造健康和谐的人民生活环境,保障各民族人民安居乐业

针对图们江地区各民族发展不均衡的问题,以及朝鲜族人民大量外流的社会现象,防治的重点应放在营造健康和谐的人民生活环境、营造健康公正的社会主义法治环境、提高政府的威信和社会的公信度、大力发展经济以提高当地人民的生活水平上。处理好图们江朝鲜民族文化保护与发展过程中政府与当地民众的关系,朝鲜族既有弘扬自身文化传统的意识,也有发展经济、改善生存状况的要求,政府在发展当地经济、制定保护和发展少数民族文化政策时,要充分考虑到这两个方面的要求,正确处理与当地民众的关系。在保障各民族人民安居乐业,以及保证少数民族人民的利益、保护他们的文化习俗的基础上,促进各民族和谐发展。加快图们江地区经济文化的发展,切实提高群众的生活水平,也是实现图们江地区和谐稳定的重要基础,对此应从以下几个方面着手。

(1)为扶持图们江地区经济的发展,在安排全省国民经济和社会事业发展计划的同时,要把少数民族经济的发展放在突出位置。如在建设资金上给予适当照顾;在主要物资分配和供应上对少数民族地区给予最大限度的照顾;积极扶持少数民族地区开发经济,增强其"造血"功能,提高自我发展能力;等等。

(2)在财政上积极支持图们江少数民族地区发展经济。贯彻落实《民族区域自治法》,确保少数民族地区在财政方面的优惠政策落实到位;在

财政专项资金安排上，对少数民族地区实行重点照顾，如按规定的使用范围并结合全省的实际情况，将国家分配给吉林省的边境建设事业费和支援经济不发达地区发展资金等专项资金大部分安排给图们江地区；对少数民族地区在财政预算执行过程中遇到的特殊困难，要尽力想办法研究解决。

（3）在资金、税收和外贸上给予图们江少数民族地区特殊支持。在同等条件下，对少数民族地区贷款自有资金比例和期限可因产确定，放宽条件；少数民族地区金融机构筹措的信贷资金全部留归地方安排使用，对信贷收支差额难以自求平衡的，吉林省在权力可及的范围内应予以优先考虑安排；对少数民族地区既符合产业政策又关系到当地发展的关键项目，要在信贷计划中给予优先安排；对国家每年批下来的"老、少、边、穷"开发贷款，要做到省里不留、一次下批、周转使用；对一些贷款继续实行低利政策。省政府应积极扶持少数民族地区发展出口创汇项目，全面落实执行国务院制定的各项优惠政策。

（4）用科学发展观武装图们江地区的广大党员和群众，使边疆各族人民能够充分利用当地的地理优势、资源优势和人文优势，深化改革、扩大开放，促进固有的二元经济逐步过渡到一元经济，为乡镇企业的发展营造良好的政策环境。还要充分利用图们江地区与邻国有着广泛联系的特点，继续吸引外资，做好边境互市和边境贸易，为边疆少数民族地区的企业积累资金。

4. 依法管理宗教活动，加强科普教育工作

面对国外宗教势力的恶意渗透，图们江地区各级政府应加强对宗教工作的领导，依法管理宗教活动，加强基层组织建设，充分发挥基层组织的积极作用；依法打击、取缔非法宗教活动和封建迷信活动；加强对涉及群众的教育挽救工作；健全立法工作，提供法律依据。为此，当前和今后一段时间内，应主要做好以下几项工作。

（1）尽快制定宗教法和宗教法规，使宗教工作和宗教活动有章可循、有法可依。目前，由于没有宗教法，基层干部在处理具体宗教问题时无法可依，凭以往经验或临时请示上级毕竟不是办法，况且还有很大的主观随意性。因处理具体问题缺乏依据而弄得彼此都很尴尬的现象时有发生。如延边州天宝山矿的太宗元，因非法传教被谴返回原籍，并被勒令不准离开当地。当问及根据时，宗教工作部门回答说没有根据，就这么办。据了

解，许多被政府取缔的非法宗教家庭聚会点，大多仍在暗中活动，当地有关部门由于无法可依，很难妥善处理。

（2）进一步抓好对广大干部，特别是各级领导干部的马克思主义宗教理论和党的宗教政策教育。当前，要认真组织干部学习中共中央《关于我国社会主义时期宗教问题的基本观点和基本政策》（中发〔1982〕19号文件）和中共中央、国务院《关于进一步做好宗教工作的若干问题的通知》（中发〔1991〕6号文件），深入领会全国和全省宗教工作会议的精神实质。通过学习，广大干部深入了解了在社会主义条件下宗教问题所具有的长期性、群众性、民族性、国际性和复杂性等特点，正确认识了宗教的产生、发展和消亡的客观规律，提高了对正确处理宗教问题和做好宗教工作重要性的认识。要使全体干部真正认识到，必须坚持党的基本路线，保证改革开放的顺利进行；必须维护祖国统一，增强民族团结，发展边疆民族地区的经济建设；必须坚持反颠覆、反"和平演变"，从而保证我们党和国家不改变颜色。要使全体干部真正能从这一政治高度来重视和加强宗教工作。学习方法应继续采取办班培训、以会代训等形式，学习对象应侧重于农村的基层干部。

（3）进一步抓好对信教群众，特别是宗教界人士的思想教育。要继续深入对宗教教职人员和信教群众进行拥护党、热爱社会主义、爱国爱教、独立自主自办教会、遵纪守法的教育；要帮助教职人员树立对政府负责与对教徒负责相一致，宗教要与社会主义相协调、与爱国爱教相统一以及宗教活动要与正常的社会生产、生活秩序相适应的观念；教育信教群众分辨并划清宗教信仰自由与宗教活动自由、合法的宗教活动与非法违法的宗教活动、正常的宗教界国际交往与境外宗教敌对势力渗透的界限；引导信教群众做好教徒、好公民，为社会的稳定、民族的团结、经济的发展贡献力量。

（4）进一步抓好对广大群众，特别是青少年的马克思主义唯物史观和无神论的宣传教育。从调查和统计的数据来看，各机关、学校等一些事业单位的教徒甚少。近年来教徒数量不正常的迅猛增加，主要表现在农村及部分厂矿，而且青年人信教的比例逐年上升。因此，各级宣传、教育、文化、卫生、科技等部门和工会、共青团、妇联等群团组织要在党委和政府的统一领导下，开展有针对性、有计划、有重点的科学文化知识的普及教育工作，帮助广大群众尤其是青少年树立科学的世界观和人生观。教育部门要重点加强对信教群众子女的思想政治工作，根据他们的特点，因人施教，以增强他们抵制有神论影响的自觉性。要增加文化活动专项经费，逐步恢复农村科普、文化活动场所，组织农民特别是青少年开展各种有益健康的娱乐活动。据调查，在国家拨款的各项经费中，县（市）一级都没有专项文化经费，乡镇一级更没有这笔活动经费。为此，建议专门增拨文化活动经费，积极开展社会主义文化活动，抵制各种宗教活动的影响。要做好农村医疗卫生和扶贫工作，加强农村社会主义精神文明建设，真正用社会主义思想牢固占领城乡阵地。

（5）继续加强对宗教活动的行政管理。首先要继续做好对宗教活动场所的全面清理整顿工作。按照中共吉林省委办公厅、吉林省人民政府办公厅转发省政府宗教事务局《〈关于整顿宗教活动秩序的意见〉的通知》（吉办发〔1992〕2号）要求，对已批准的宗教活动场所，进照全面的登记；对未批准的宗教活动场所，按照政策规定及时实行"三定"，并进行登记；对不符合"三定"原则的宗教活动场所要予以合并、解散或取缔。要从严掌握不属于落实政策的新建、扩建教堂的建设工程。同时，要加强对经书的监督管理。翻印、出版、出售宗教书刊的，要由政府有关部门统一掌握。

（6）进一步加强抵制境外宗教敌对势力的渗透活动。要积极支持宗教界爱国人士在独立自主、互相尊重、平等友好的基础上，同国外宗教组织和人士进行友好往来，广交朋友，宣传政策，扩大影响，积极引进外资，为经济建设服务。继续建立和完善有关加强反渗透工作方面的规章制度，严明外事纪律。建立健全由统战、宗教、外事、公安、安全、侨务、对台、旅游等部门负责同志参加的反渗透协调组织及其规章制度，不断使之系统化、规范化、程序化。宗教工作部门要做好对国外宗教组织背景等资料的收集和分析工作。

（7）进一步加强党对宗教工作的领导，建立健全宗教工作管理网络。各级党委特别是农村基层党组织要把宗教工作真正纳入议事日程，每年至少进行专题研究一次，遇到重大问题要及时研究处理。要解决乡镇、村、街道负责宗教工作的兼职干部兼而不管的问题。各级党委要切实加强基层党、团组织的建设，充分发挥基层党支部的战斗堡垒和党员的先锋模范作用。在教会比较活跃的地方，群团组织也要主动积极地开展活动，改变教会组织活动多、群团组织活动少的局面。

（8）搞好宗教工作两支队伍的建设。加强宗教事务部门的建设，健全宗教工作机构，提高宗教工作干部的素质，把那些事业心强、有能力、素质高、愿意从事宗教工作的干部吸收到宗教工作岗位上来。加强宗教界爱国力量队伍的建设，加强宗教组织班子内部的团结，健全民主管理组织和制度，注意选拔和培养年轻爱国的宗教教职人员，解决各爱国宗教组织首脑后继乏人的问题。这不仅对做好宗教工作是必要的，而且关系到宗教组织将来的面貌。要继续加强宗教行政部门与爱国宗教组织的联系与合作。在重大问题上，爱国宗教组织要及时向政府宗教事务部门请示报告，宗教事务部门也要支持爱国宗教组织独立自主地开展工作。各级党委和政府应充分尊重、信任和关心宗教界人士，建立起肝胆相照、荣辱与共、平等协商、合作共事的良好关系。

5. 加强东北亚国家的经济合作，完善国际禁毒禁私合作

对于跨国偷渡犯罪行为，政府应坚持"堵源节流""疏压结合""以压促变"的高压态势，遏制毒品向我国渗透。积极推动与东北亚国家的经济合作，加强跨国毒品犯罪案件侦察，加强区域性禁毒禁私执法合作，提高缉毒缉私的科技含量，加大禁毒禁私的装备投入，进一步加强和完善国际禁毒禁私合作。

（1）强化禁毒禁私司法建设。加强禁毒禁私司法工作，必须让禁毒禁私执法机构和执法人员提高对禁毒禁私工作长期性、艰巨性、重要性的认识，树立"有毒必肃、贩毒必惩、种毒必究、吸毒必戒"的执法观念，增强禁毒的责任心和使命感，有效遏制毒品犯罪活动的滋长蔓延。公、检、法、司等部门要统一认识，密切合作，对贩毒分子尤其是贩毒团伙的首恶分子要严惩不贷，在侦查破案、搜集证据、审理诉讼、定罪量刑等关键环节，各部门要加强合作，按照"基本事实清楚，基本证据确凿"的原则，该判死刑的坚决判处死刑，该没收财产或并处罚金的坚决没收财产或并处罚金，狠狠打击毒品犯罪分子的嚣张气焰。

（2）健全禁毒禁私机构。根据全国的经验，并结合图们江的实际情况，禁毒机构应包括下列机构。一是组织指挥机构，即禁毒禁私委员会。二是缉查侦破机构。这一机构应当在各级公安机关设立，并吸收武警、海

关、医药、卫生等部门的人员参加,具体负责毒品案件的查破工作。三是法律惩治机构。这一机构的职能应由检察机关、人民法院、劳动改造和劳动教养机关担任。四是情报机构。要建立专门的情报网络,发展侦破毒品犯罪的特情,负责收集国内外毒品违法犯罪信息。情报工作是禁毒工作的基础,由于毒品交易多是双方自愿秘密进行的,因此如果没有情报联络,工作是无法开展的。只有建立健全禁毒机构,才能做到指挥灵敏、分工合理、反应快速、查破及时、惩治有力、防范严密、掌握主动、取得胜利。

(3) 要增加禁毒投入,实现禁毒设备的现代化和科学化。图们江毒品犯罪和全国一样,其形式日趋隐蔽,手段日趋狡猾。目前禁毒工作中的最大困难是人、财、物投入严重不足。禁毒机构和禁毒人员数量少,经费缺,装备差,不能适应打击毒品犯罪的需要,而贩毒走私分子有高级轿车和性能良好的武器,致使缉查难度增大,再加上投入不足,严重影响了堵源截流,影响了打击毒品犯罪的斗争。增加禁毒投入已成为当务之急。因此,必须下大决心,克服困难,增加对禁毒工作的投入,应当单独设立禁毒机构并扩大人员编制,增加经费投入,随着财、物投入的增加,要不断更新技术和装备,提高禁毒人员的待遇,建立一支思想作风过硬,技术水平较高,交通、通信、武器等装备现代化的禁毒队伍,提高缉毒的快速反应能力和侦破水平,及时、有效地打击毒品犯罪。

6. 树立生态意识,促进区域的可持续发展

生态安全是任何一个区域进行资源开发必须遵循的可持续发展准则。为了实现经济的快速发展,盲目依靠资源开发,会使生态安全被破坏,资源枯竭。反过来,生态问题的日益突出,使濒于恶化的生态环境对人类生存和生态安全的影响逐步凸显,人类面临生态环境破坏和生态环境质量下降所带来的新的威胁,生态安全已成为图们江地区亟待解决的民生安全问题。为此,要彻底改变观念,树立生态意识,促进可持续发展;完善水资源管理体系,依法管水、用水、治水;通过科学规划,加强对土地资源的开发与保护;抓住机遇,调整林业产业体系,构筑区域生态安全屏障;通过生态区化,为区域可持续发展提供科学的理论依据。

保护环境和可持续发展思想是在对传统工业化道路深刻反思的基础上形成的,目前已成为影响最为深远、认同程度最高的人类活动之一。但是,由于环境的破坏、资源的衰竭是一个缓慢的积累过程,当问题出现并

引起人们警觉时，往往已时过境迁、回天乏力。尽管我国政府及各区域政府采取了多种综合治理措施对已经遭到破坏的生态环境给予了各种补偿，但长期存在的资源不合理开发对自然环境造成的严重损害，形成了巨大的资源环境赤字，使生态环境破坏积重难返。况且，已经采取的环境补偿措施尚存在不足，因此有必要在此基础上，从多角度研究更加有效的对策，创新环境补偿机制，以更好地解决区域开发中的环境保护和可持续发展问题。

（1）强化并完善区域开发的生态环境补偿和保护机制。在过去的近30年间，我国实施了一系列环境补偿和保护机制，有效地治理并改善了区域环境，为走可持续发展之路奠定了基础。但由于已有的环境补偿措施尚存在一些不足之处，执行的力度也不够，因此，强化并完善区域开发的生态环境补偿和保护机制，建立有关生态环境保护的制度支撑体系，成为今后实施可持续发展战略的重大举措。

（2）通过产业结构调整加强资源环境保护。产业结构可以被看成一个资源转换装置，它是由生活方式和生产方式决定的。要实现自然资源和环境能力所容许的可持续发展，必须改变现有的生活方式和生产方式。这意味着必须减少资源消耗和污染排放，必须改变传统的投入-产出关系。这样，产业结构调整就是不可避免的。一个国家或一个地区的产业结构主要是由需求和发展的可能性决定的。处于工业化阶段的图们江地区，目前正处于污染型产业大发展的时期，而同样以这些产业为内容的乡镇企业则发展得更快。无论是主观能力还是客观条件，图们江地区的产业结构都不得不从那些高污染产业起步，实际上也在以高污染产业发展，要达到轻污染、高收益的产业结构，应该说还有很长的路要走。事实上，经济增长本身就是一个产业结构不断变动的过程，对产业结构进行调整是一项经常性的任务。但以往我国对产业结构调整的主要目的在于提高效率，着眼点在于短期或中期因素。而今天当我们再提及产业结构调整时，就不应仅仅从关注效率发展的角度，还要关注那些与可持续发展不相适应的问题。调整的目的必须着眼于使发展具有可持续性，必须把结构调整作为图们江地区生态环境能力建设的有机组成部分。

（3）在注重生态环境保护的同时加强生态环境再生能力建设。生态能力建设过程是一个对资源利用方向、利用强度、利用效率的诱导和提高过程。自然资源从生产周期上可以分为可再生资源和不可再生资源两种。可再生资源，是指经过开采、使用后还能再生的资源，如树木、水源、草地等。不可再生资源，是指开采后不会再生的资源，如石油、矿产等经过地质年代形成的资源，对它们的过度、不当开采和利用乃至浪费，会加速这些资源的枯竭。这些资源的存量有限，不会因不开采而增多，究竟是现在利用还是将来利用，既要根据需要，又要遵循可持续发展的原则，对于不可再生资源重在保护。而对于可再生资源来说，由于其具有可再生性，因而对其利用与不可再生资源相比空间会相对大一些，但并不等于说可以无节制地使用。从原则上讲，可再生资源的使用速度不应超过其再生速度，否则就会削减自然资本的存量。如森林资源的采伐量不应超过森林的生长量；鱼类资源的捕捞量不能超过鱼类的增长量；草地的载畜量不能超过草地最大的承载能力；地下水的开采量不能超过地下水的可采量；等等。如果对森林资源超采，就必然会导致森林面积缩减，削弱森林在提供生态服务方面的功能；如果对鱼类资源过度捕捞，也必然会导致鱼类资源减少，造成资源生态系统功能下降；如果畜养量超过草地的载畜量，则会导致草原被破坏，我国草地的严重沙化、退化，除气候变迁、滥垦滥伐外，超载过牧也是一个直接原因；如果地下水超采，也会使地下水位下降，导致地表生态恶化、海水入侵、地面沉降等一系列灾难性后果，对区域的可持续发展构成威胁。因此，对于可再生资源来说，加强其再生能力建设至关重要。重视环境污染治理固然无可厚非，因为我国目前的环境污染十分严重，迫切需要花大力气解决，但是如果因此而忽略环境保护中的环境资源再生能力建设，显然是缺乏战略眼光的，那样只能是"头痛医头、脚痛医脚"，这种状况应尽快改变。为此，必须强化对环境资源再生能力建设重要性的认识，积极探索资源环境恢复治理新机制；进一步加大这方面的投资力度，坚持"谁投资、谁受益"的原则；保持政策和制度的连续性、稳定性，以确保建设者的利益不受侵害。

（4）正确处理区域经济发展与生态环境保护的关系。处理区域经济发展与生态环境保护的关系，既是对人们社会实践行为提出的要求，也是对人们认知、思想、观念方面提出的要求。正确处理生态环境道德建设与法治的关系，首先，要明确道德与法律之间的内在联系，将道德作为基础，法律作为手段，明确道德和法律各自管辖的范围、领域及所具有的作用。

其次，要把环境意识的培养和教育作为环境道德建设的基础，要让老百姓都知道，环境保护绝不只是政府的事情，无论是环境建设还是可持续发展，都是每个人自己的事情，可持续发展需要全体公民捍卫自己的环境权益和享受可持续发展的利益。再次，走可持续发展道路，要加强对官员的教育，主要是地方各级政府中的政策制定者和执行者，他们对可持续发展战略的原则、思想要有一个接受和认识的过程。对他们进行这方面的教育，有助于各级地方政府做好有关政策的选择，执行好环境保护及可持续发展政策。最后，由于法律具有权威性，能够以其强制力达到协调人与自然关系的目的，因此，在环境道德涉及不到甚至起不到作用的领域，必须用法的精神、法的方式去解决。总之，应以环境道德建设做支撑，以法律做保证，使其相辅相成，在保护生态环境建设和实施可持续发展战略中发挥应有的作用。

（5）制定和实施可持续发展的区域开发规划。为了保证区域经济的可持续发展，要制定一整套具有可行性、战略性和指导性的可持续区域开发规划，其中包含区域经济发展政策的制定、区域经济发展管理机制及监测和调控机制的完善等。由于各个区域发展的基础和条件不同，发展的水平和问题也有差异，因此可持续发展的内容也要因地制宜，不同区域的发展要求和目标不可能完全一样。例如，在以农业为主的地区，应依靠农业系统内部来维持土壤肥力，促使农业稳定增产，进一步使生态良性循环，使社会既能得到丰富且质地优良的农产品，又能保持良好的生态环境；在以工业为主的地区，由于工业生产必然要消耗大量资源，并伴生水资源污染、大气污染以及土地资源中耕地迅速减少等问题，因此要兼顾工业发展和生态平衡；在一些高新技术产业开发区和出口加工区，由于其知识、资金、技术密集程度高且处于加速发展阶段，因此要特别加强环境保护，同时不断改善投资和开发的软环境。

7. 实施"强基富民固边"工程，使边境地区安宁富裕

2011年8月初，吉林省军区、省直19个部门和边境地区3个市（州）相关部门深入边境地区调研。在调研的基础上，吉林省决定实施"强基富民固边"工程，推行加强边疆地区基础设施建设、开发特色优势产业及保障和改善民生等八个方面的举措，历时5年，实现边民富裕、边境安宁的目标。

"强基富民固边"工程首先要加强边疆地区的基础设施建设。吉林省

将全面推进边防一线铁路和公路建设，打通对外公路、铁路运输通道。重点建设吉林—珲春客运专线，连通东、西的长春—珲春高速公路已于2010年建成并正式通车，将过去1天的车程缩短为4个小时；总投资377亿元、设计时速为250公里的吉（吉林）图（图们）珲（珲春）高铁全线通车运营后，2个小时即可从长春直抵珲春；从长春到长白山下抚松县的高速公路也已建设完工。截至2015年，边境一线干线公路基本达到三级及以上标准，基本实现边境一线所有建制村通上水泥路或沥青路。此外，吉林省还要在边境地区开发特色优势产业。实施发展林木资源系列、有色金属矿产系列、长白山动植物资源系列，重点提升林木、人参、中药材等的产业化程度。大力推进"一村一品、一村一业"，建设一批特色产品种植和养殖基地。同时，加快发展特色旅游业，拓展东北亚区域跨境旅游。调整优化产业结构，支持边境地区依托现有产业基础和资源优势，发展汽车零部件、农产品加工等产业，大力发展物流、服务贸易等现代服务业，逐步提高边境地区居民的收入，扩大再就业，鼓励边民创业，支持建立民族创业园，改善边境地区居民的生活条件。2011年吉林省投入兴边富民专项资金7000万元，采取"龙头企业＋农户""基地＋农户""合作组织＋农户"等模式，重点扶持100个村，辐射带动1万户村民致富，实施富民项目120个，增加农民收入1亿多元，直接受益群众达7000多户。吉林省还积极发展职业教育和高中阶段教育，改善边境地区公共医疗卫生基础设施，完善新型农村合作医疗和大病医疗救助制度，实现了新农保制度全覆盖。吉林省文化厅还实施"两江"（图们江、鸭绿江）文化建设工程，努力打造边境地区文化建设新载体。

四 加强边疆地区安全预警机制的建议

1. 要处理好对外开放度的把握问题

在区域开发过程中，不是越开放越好。区域开放度要与区域社会经济发展水平相适应，并要考虑区域安全的因素。尤其是对图们江这样的边疆地区而言，在对外开放和区域开发中，更应重视对外开放度和区域安全度耦合关系的分析，通过对大量数据和案例的分析，确定影响图们江地区对外开放度和区域安全度的各项变量，编制较科学的动态分析模型，再运用这个模型对图们江地区对外开放度和区域安全度的耦合关系进行实证分析，在此基础上做出图们江地区对外开放与跨国区域合作开发对吉林省边疆安全形势影响的科学评估。

2. 要建立高效的社会安全预警机制

鉴于边疆民族地区具有高度的敏感性，应根据这种类型地区的特殊性，依据边疆地区错综复杂的社会经济环境，提炼出一些影响边疆安全与稳定的测度变量，由此建立符合实际的指标体系。关于社会安全与稳定指标体系的构建，应注意两个问题：一是必须从边疆实际出发确定指标事项；二是要根据社会发展变化的趋势采取动态性预警策略。在确定边疆安全与稳定测度指标体系的基础上，制作一个便于操作的安全控制动态模型。通过对这些指标和模型进行计量管理，能够科学预测边疆地区的社会稳定和安全局势。

3. 要建立完备的信息反馈系统

社会安全预警机制的运行需要一个完备的信息反馈系统。在预警机制建构过程中，对于管理机构、预警流程应制定明确的规范，以指导实际工作。各级政府有关部门要如实上报信息，利用预警系统进行分析和评价，以准确评定边疆安全的等级。有关机构应及时上报或公布信息，避免使局部性隐患转化成现实的突发性案件，把问题消灭在萌芽中，避免引发严重事件。尤其应注意个别地方有些官员在传统政绩观的支配下，报喜不报忧，使社会安全预警机制失灵。

4. 要做好危机处理预案演练

图们江地处东北亚地缘政治敏感地带，周边国际形势的重大变化必然对边疆的安全与稳定造成深刻影响。因此，应根据图们江地区安全形势的特殊性和复杂性，对周边国际局势可能发生的重大事件做出及时的预测和有效的应变反应。例如，一旦出现朝鲜核问题激化、爆发军事冲突甚至战争、朝鲜半岛发生政权更迭、大量难民涌入等突发性事变，我国从地方到中央都应做好危机处理预案，以免在国际局势发生重大变故时惊慌失措，酿成大祸。

总之，对于图们江地区开发开放，一定要充分估计其所处环境的复杂性和敏感性，重视边疆开发过程中各种影响边疆安全与稳定的隐患，建立有效的安全预警机制和信息反馈系统，做好充分的危机处理预案演练，才能保证边疆开发开放的顺利进行，确保我国边疆的安全与稳定。

参考文献

[1] 陈才、丁四保：《东北地区边境口岸经济发展现状的调查与分析》，《东北亚论坛》1999年第2期。

[2] 张庆辉：《内蒙古口岸经济地理特征》，《北京工商大学学报》（社会科学版）2008年第1期。

[3] 任志华：《黑龙江省沿边开放带发展战略研究》，东北林业大学硕士学位论文，2011。

[4] 韩玉玫、牛德林：《论陆路口岸在我国东北部经济发展中的作用》，《大连大学学报》2003年第1期。

[5] 杨家文、周一星：《虚拟腹地：中国大陆口岸地位的度量与解释》，《人文地理》2001年第6期。

[6] 工由礼：《论经济的区域联动与良性互动》，《江海学刊》2003年第6期。

[7] 吕涛、聂锐：《产业联动的内涵理论依据及表现形式》，《工业技术经济》2007年第5期。

[8] 徐子青：《区域经济联动发展研究——以海峡西岸经济区为例》，福建师范大学博士学位论文，2010。

[9] 慈廷光：《横向联合是区域经济协调发展的重要途径》，《前沿》1996年第3期。

[10] 王燕祥、张丽君：《西部边境城市发展模式研究》，东北财经大学出版社，2002。

[11] 杨清震：《中国边境贸易概论》，中国商务出版社，2005。

[12] 邓正琦、李碧宏：《区域经济联动与整合研究》，中国社会科学出版社，2009。

[13] 罗淳、梁双陆：《边贸经济与口岸城镇：西南边疆民族地区小城镇建设的一个依托》，《经济问题探索》2008年第10期。

[14] 程国平、张东军、宁磊：《辽宁丹东建设东北东部区域物流中心研究》，《法制与社会》2008年第1期。

[15] 于国政：《中俄边境口岸体系研究》，东北师范大学硕士学位论文，2008。

[16] 迟庆林：《边境贸易与经济发展》，中国社会科学院研究生院博士学位论文，2001。

[17] 王丽明：《略谈口岸资源在经济发展中的作用》，《哈尔滨师范大学自然科学学报》2000年第3期。

[18] 金昭：《兴边富民——设立满洲里边境自由贸易区的构想》，《国际贸易》2000年第9期。

[19] 付俊龙、李金宝：《发挥吉林省文化资源优势 推动长吉图建设》，《劳动保障世界》2011年第2期。

[20] 马伊双：《新疆边境贸易发展研究》，西北民族大学硕士学位论文，2007年第6期。

[21] 吴昊：《长吉图开发开放先导区：探索统筹区域发展的新模式》，《吉林大学社会科学学报》2010年第2期。

[22] 李刚：《东北地区沿海沿边与腹地经济互动发展的问题思考》，《经济纵横》2010年第8期。

[23] 安筱鹏：《制度变迁与区域经济一体化》，《当代财经》2003年第6期。

[24] 李小建：《全新框架的〈经济地理学〉》，《中国大学教学》2000年第5期。

[25] 〔英〕亚当·斯密：《国民财富的性质和原因的研究》，郭大力、王亚南译，商务印书馆，1972。

[26] 〔英〕大卫·李嘉图：《政治经济学及赋税原理》，郭大力、王亚南译，商务印书馆，1962。

[27] 常绍舜：《系统科学原理》，中国政法大学出版社，1998。

[28] 陆大道：《区域发展及其空间结构》，科学出版社，1995。

[29] 陈秀山、张云可：《区域经济理论》，商务印书馆，2005。

[30] 沈正平、简晓彬、施同兵：《产业联动与区域经济竞争力提升》，全国经济地理研究会第十一届学术年会暨中国区域协调发展学术研讨会，2007。

[31] 沈正平、简晓彬、施同兵：《产业地域联动的测度方法及其应用探讨》，《经济地理》2007年第6期。

[32] 王芹：《区域经济差异及协调发展研究——以江苏省为例》，广西师范大学硕士学位论文，2008。

[33] 李翀：《我国对外开放程度的度量与比较》，《经济研究》1998年第1期。

[34] 姚士谋、朱英明、陈振光：《中国城市群》，中国科学技术大学出版社，2006。

[35] 任志华：《黑龙江省沿边开放带发展战略研究》，东北林业大学硕士学位论文，2008。

[36] 曲艺峰、李明焕：《黑龙江省在东北亚经济合作中的地位及对策研究》，《东北亚论坛》1994年第1期。

[37] 丁宇、丁荟语：《黑龙江省沿边开放带与俄罗斯区域合作的优势——以沿边开放城市黑河为例》，《经济合作》2011年第2期。

[38] 张亮、曹建洲：《丹东地缘经济环境的空间优化问题》，《辽东学院学报》（自然科学版）2011年第2期。

[39] 徐子青：《区域联动发展指标体系与评价方法探讨》，《福建师范大学学报》（哲学社会科学版）2009年第2期。

[40] 朱麟奇：《中国东北对俄边境口岸体系研究》，东北师范大学硕士学位论文，2006。

[41] 张立巍、裴子英：《长吉图开发开放先导区对吉林省工业结构的优化研究》，《企业经济》2011年第7期。

[42] 于潇：《长吉图开发开放先导区的国际大通道建设》，《吉林大学社会科学学报》，2010。

[43] 夏雨虹：《加强区域国际合作，构筑吉林省对外开放的新优势——以图们江区域为视角》，《行政与法》2009年第12期。

[44] 王爽：《吉林省对外贸易发展现状及前景探析》，吉林大学硕士学位论文，2011。

[45] 付世军：《丹东在两条经济带中的经济联系强度及发展定位研究》，

辽宁师范大学硕士学位论文，2009。

[46] 董爽：《"东边道"建设与东北东部地区经济空间结构研究》，东北师范大学硕士学位论文，2006。

[47] 李靖宇、韩青：《关于辽宁沿海城市群经济带开发的推进论证》，振兴东北网，2010年5月10日，http://www.chinaeast.gov.cn。

[48] 车慧恩、孟庆民：《甘肃与毗邻省区区域经济联系研究》，《经济地理》1998年第3期。

[49] 陆大道：《区域发展及其空间结构》，科学出版社，1995。

[50] 谢和亮：《黑吉两省边境贸易比较研究》，吉林大学硕士学位论文，2007。

[51] 豆建民：《中国区域经济合作组织及其合作成效分析》，《经济问题探索》2003年第9期。

[52] 李海东：《关于在中俄沿边口岸建立保税区问题的研究》，黑龙江大学硕士学位论文，2009。

[53] 郝寿义：《区域经济学原理》，上海人民出版社，2007。

[54] 金英笋：《大图们江地区开发对吉林省对外开放的影响》，《延边大学学报》（社会科学版）2009年第4期。

[55] 王洛林、魏后凯：《振兴东北地区经济的未来政策选择》，《财贸经济》2006年第2期。

[56] 衣保中：《建设长吉图先导区保税物流体系》，《新长征》2010年第7期。

[57] A. O. Hirscluman, *The Strategy of Economic Development*, Yale University Press, 1958.

[58] Krugman, "Increasing Returns and Economic Geography", *Journal of Political Economy*, 1991, Vol. 99, No. 3.

后 记

中央实施东北老工业基地振兴战略以来，东北沿边地区发挥地缘优势，积极参与东北亚区域合作，跨境区域合作全面展开。尤其是自2009年以来，伴随着《辽宁沿海经济带发展规划》《中国图们江区域合作开发规划纲要》《内蒙古满洲里重点开发开放试验区建设实施方案》《中国东北地区面向东北亚区域开放规划纲要（2012~2020年）》《关于支持中国图们江区域（珲春）国际合作示范区建设的若干意见》《大小兴安岭林区生态保护与经济转型规划》的批准实施，以及《中国东北地区同俄罗斯远东及东西伯利亚地区合作规划纲要（2009~2018年）》《朝中罗先经济贸易地带和黄金坪岛经济地带共同开发计划纲要》等双边合作开发规划的启动，东北沿边地区开发开放迎来了新的大发展时期。但是，东北边疆地区的对外开放和跨境合作开发一直受到周边国际地缘安全环境的制约，我国东北沿边地区的边疆安全、社会稳定、民族关系、生态环境等各方面也面临新的挑战。本书紧紧抓住东北沿边地区面向东北亚开发开放必须处理好沿边发展与腹地支撑、区域开发与环境保护、对外开放与边疆安全、经济发展与社会和谐四个主要矛盾，针对东北边疆地区以及东北亚周边环境的特殊性，提出东北沿边地区开发开放的战略构想，加快推进东北沿边地区开发开放步伐，确保我国东北边疆的经济发展、社会稳定和边防巩固。

本书是教育部人文社会科学重点研究基地重大项目"东北亚地区跨境合作开发与东北边疆安全战略研究"（2009JJD810008）的结项报告。本书由七章组成。第一章，相关概念和理论研究综述；第二章，东北沿边地区与腹地联动发展战略；第三章，东北地区沿边口岸开发开放战略；第四章，东北沿边地区开发开放与生态环境可持续发展战略；第五章，中俄跨境区域经济合作战略；第六章，长吉图开发开放先导区发展战略；第七章，图们江地区开发开放与边疆安全战略。本书依据区域经济联动发展的理论，科学设计东北沿边地区与腹地联动发展的评价指标，通过对东北沿边地区与腹地联动发展的现状分析、联动发展不足的成因分析，提出推进东北沿边地区与腹地联动发展的对策。该理论对于从联动模式、经济社会和政府政策三个层面开展联动发展的战略研究，具有一定的创新价值。本书认为，东北沿边地区开发开放，必须发挥边境口岸的前沿优势和窗口作用，大胆创新跨境合作模式，提升开放水平，在对外合作的体制机制上勇于先行先试，力争在国际合作中实现突破。本书还认为，东北地区与东北亚国家跨境合作开发，必须从可持续发展的战略视野出发，建立边疆经济与社会协调发展的机制，为此提出东北沿边地区开发开放与社会和谐发展、东北沿边地区开发开放与生态环境协调发展等战略思路，具有一定的理论创新性。

  本书由衣保中主持完成。第一章和第二章由齐义振执笔，第四章由郭思齐执笔，第五章由王晓光执笔，第七章由赵鹏程执笔，其余由衣保中执笔。韩景、乔瑞中、姜国刚、谷林、王聪等同志参与了课题研究与部分结项报告的起草工作，王聪对后期书稿的修订也做了大量工作。本书是集体智慧的结晶。

衣保中
于吉林大学匡亚明楼
2016 年 5 月 15 日

图书在版编目(CIP)数据

东北沿边地区开发开放战略研究/衣保中等著. --北京：社会科学文献出版社，2017.4
（东北亚研究丛书）
ISBN 978-7-5097-9854-6

Ⅰ.①东… Ⅱ.①衣… Ⅲ.①沿边开放-区域经济发展-研究-东北地区 Ⅳ.①F127.3

中国版本图书馆CIP数据核字（2016）第254808号

·东北亚研究丛书·

东北沿边地区开发开放战略研究

著　　者／衣保中 等

出 版 人／谢寿光
项目统筹／恽　薇　高　雁
责任编辑／冯咏梅

出　　版／社会科学文献出版社·经济与管理分社（010）59367226
　　　　　地址：北京市北三环中路甲29号院华龙大厦　邮编：100029
　　　　　网址：www.ssap.com.cn
发　　行／市场营销中心（010）59367081　59367018
印　　装／三河市东方印刷有限公司
规　　格／开　本：787mm×1092mm　1/16
　　　　　印　张：15　字　数：243千字
版　　次／2017年4月第1版　2017年4月第1次印刷
书　　号／ISBN 978-7-5097-9854-6
定　　价／79.00元

本书如有印装质量问题，请与读者服务中心（010-59367028）联系

▲ 版权所有 翻印必究